Beck'scheReihe

BsR 1108

D1640339

Was geht in Italien vor? Die politische Landschaft verändert sich in den letzten zwei Jahren mit atemberaubender Geschwindigkeit. Ein ganze politische Klasse ist abgetreten, das ganze Parteiensystem hat sich tiefgreifend verändert. Die „partitocrazia", die Parteien(miß-)herrschaft, hatte viele ökonomische und gesellschaftliche Machtzentren okkupiert und so zu einer negativen Elitenauslese geführt. Mit einer fast hemmungslosen Ausgabenwirtschaft sorgten die Parteien für ihre Klientele und erkauften sich den Konsens für ihre Politik. Sie lebten so auf Kosten der künftigen Generationen. Die Präsenz der stärksten kommunistischen Partei des Westens hatte jeden Machtwechsel verhindert. Korruption, Ineffizienz, eine weit verbreitete Parteienverdrossenheit und die Herausbildung von Protestbewegungen waren die Folge. Mit dem Plan einer Föderalisierung Italiens schien sogar die Staatseinheit in Gefahr zu geraten. Der Zusammenbruch des Ostblocks und die Verpflichtungen der europäischen Einigung (Vertrag von Maastricht) zwangen zum Umdenken. Der Protest der öffentlichen Meinung schuf Raum für eine große Offensive der Justiz, die die Schmiergeldpraxis des bisherigen Parteiensystems unter Anklage stellte. Ein Newcomer auf der politischen Bühne, der Medienzar Silvio Berlusconi, hat innerhalb weniger Monate eine Massenbewegung „Forza Italia" geschaffen und sie in den Parlamentswahlen vom März 1994 zur stärksten politischen Kraft Italiens gemacht. Eine Revolution? Oder nur ein Sturm im Wasserglas? Kommt ein neues telekratisches Zeitalter? Haben wir es mit einem neuen „sanften" Faschismus zu tun? Der vorliegende Band, speziell für den deutschen Leser geschrieben, erhellt die historischen Hintergründe der Krise Italiens und zeigt mögliche Zukunftsperspektiven.

Jens Petersen, geb. 1934, ist Stellvertretender Direktor am Deutschen Historischen Institut in Rom.

JENS PETERSEN

Quo vadis, Italia?

Ein Staat in der Krise

VERLAG C.H. BECK

Die Deutsche Bibliothek – CIP-Einheitsaufnahme

Petersen, Jens:
Quo vadis, Italia? : Ein Staat in der Krise / Jens Petersen. –
München : Beck, 1995
   (Beck'sche Reihe ; 1108)
   ISBN 3 406 39208 3
NE: GT

Originalausgabe
ISBN 3 406 39208 3

Umschlagentwurf: Uwe Göbel, München
© C.H.Beck'sche Verlagsbuchhandlung (Oscar Beck), München 1995
Satz: Fotosatz Otto Gutfreund GmbH, Darmstadt
Druck und Bindung: C.H.Beck'sche Buchdruckerei, Nördlingen
Gedruckt auf säurefreiem,
aus chlorfrei gebleichtem Zellstoff hergestelltem Papier
Printed in Germany

Inhalt

Einleitung

„Die seltsame Revolution"

„Weiß Gott, was aus dieser italienischen Umwälzung werden wird. So wie es in Italien war, konnte es nicht bleiben, so wie es ist, wird es nicht bleiben, so wie es sein sollte, wird es leider nicht werden. Ich habe kein Urteil über das Resultat dieser seltsamen Revolution, aber mir ist ein lebendig fließender Strom, dessen Richtung ich nicht kenne, immer lieber als der faule stehende Sumpf; und in diesen hatte sich Italien nach und nach verwandelt."

Welcher Italien-Korrespondent welcher deutschen Tageszeitung hat 1993 oder 1994 diese halb entmutigten, halb hoffnungsvollen Zeilen geschrieben? Sie sind nicht vor wenigen Wochen oder Monaten, sondern vor vielen Jahren entstanden. Sie stammen von dem Rom-Historiker und Publizisten Ferdinand Gregorovius. Er schilderte im Dezember 1860 in einem Brief an den preußischen Staatssekretär Hermann v. Thile seine Eindrücke über die „seltsame Revolution", die damals Italien tiefgreifend veränderte und wenige Wochen später zur Gründung des Einheitsstaates führte. Diese Zeilen, die so haargenau auch auf die gegenwärtige Situation passen, sind ein Signal für die historische Tiefendimension bestimmter heutiger gesellschaftlich-politischer Vorgänge. Italien erlebt heute einen Zustand, den es – unter anderen Vorzeichen – schon wiederholt in seiner Geschichte erlebt hat, einen Augenblick beschleunigten Wandels. Das gilt für die Umbrüche 1878, 1922 oder 1943. Bisweilen bleiben solche kaleidoskopartigen Szenenwechsel auch in den Ansätzen stecken, wie 1898 oder 1975/76. Schon damals, Mitte der siebziger Jahre, fragte sich Europa besorgt: Quo vadis, Italia? Die hegemoniale Stellung der Democrazia Cristiana schien gefährdet, das politische Herrschaftssystem schien am Ende, der Vormarsch der

Kommunisten – im Zeichen des Eurokommunismus – schien unaufhaltsam. Die Inflation galoppierte, die Industrie schrieb rote Zahlen, Italien schien in seiner Wettbewerbsfähigkeit immer weiter zurückzufallen, ein Elitentausch unmöglich. Eine Regierungsbeteiligung der Kommunisten traf auf das Veto Washingtons und das tiefe Mißvergnügen der Bonner Politik. Mit deutschen und europäischen Anleihen wurde die römische Politik unter eine Art Kuratel gestellt. Die Experten des Internationalen Währungsfonds erschienen alle halbe Jahr am Tiber, um die Fieberkurve des Patienten zu messen und um neue Kuren und Medizinen zu verschreiben. In Italien selbst, wie im Ausland, verbreitete sich der Eindruck, so wie es bislang gelaufen war, konnte es nicht weitergehen. Aber *wie* es weitergehen sollte, wußte niemand zu sagen. Die Zukunft schien offen und gefährlich. Die einzige sichtbare Alternative bot der Partito Comunista Italiano, der bei den Parlamentswahlen 1976 auf 34 % gekommen war und bei einem weiteren Vormarsch mit dem Anschluß der Sozialisten (1976: 9,6 %) und anderer kleinerer Parteien der linken Mitte auf eine Linkskoalition von über 50 % hoffen konnte. Diese Alternative oder – wie es der charismatische Führer der Kommunisten, Enrico Berlinguer, vorschlug – ein „historischer Kompromiß", d. h. ein Bündnis mit der geschwächten, gedemütigten und eventuell gespaltenen Democrazia Cristiana, sollte die Kommunisten in Italien an die Macht bringen. Die Zukunft schien unter vielen Gesichtspunkten offen und – je nach Standort – gefährdet oder verheißungsvoll.

Damals entstand in Italien eine politische „science fiction" – fantascienza-Literatur, in der die Autoren mit einer Mischung von politologischer Analyse, fortgeschriebenen Entwicklungstrends, romanhaften Elementen und Politkrimis ein mögliches Bild der Situation Italiens Anfang der neunziger Jahre zu zeichnen suchten. Die meisten dieser Texte schilderten in der einen oder anderen Form den „roten Marsch auf Rom". Eine kleine Auswahl von Titeln: „Accadde in Italia" (Es geschah in Italien) (Alberto Ronchey); „Un paese senza" (Ein Land, dem etwas fehlt) (Alberto Arbasino); „Italia spiegata al popolo" (Italien volkstümlich beschrieben) (Gianfranco Piazzesi); „Rapporto veridico sulle ultime opportunità di salvare il capitalismo in Italia" (Letzte Möglichkeit der Rettung für den Kapitalismus in Italien) (anonym unter dem Namen „Censor"). Der berühmteste dieser Texte, in viele Sprachen übersetzt, erschien anonym unter dem Titel „Berlinguer e il professore". Auch dieser Autor schilderte die Vorgänge in Italien aus der Sicht des Jahres 2000. Im Zeichen einer kommunistischen Erziehungs- und Tugenddiktatur waren längst Anstand, Ordnung, Disziplin und Pünktlichkeit wieder eingekehrt. Ein verdeckter Staatsstreich, mit dem führenden Christdemokraten Amintore Fanfani als Deckungs- und Galionsfigur und mit der Zustimmung Washingtons, hatte das Wunder bewirkt.

Heute erscheinen diese Texte, in denen sich diffuse Zukunftsängste und Kollektivbefürchtungen konkretisierten, als eher naiv und fast als phantasielos. Alle diese Texte hatten in den gewohnten Kategorien argumentiert und bestimmte Trends fortgeschrieben. Die Wirklichkeit hat die Fiktion einmal mehr bei weitem überholt. So viel Kühnheit und Phantasie, den Zusammenbruch des Weltkommunismus, den Zerfall der Sowjetunion, die Umwandlung des PCI, die Gesamtkrise des italienischen Parteiensystems und die Offensive der Staatsanwälte vorauszusagen, so viel Kühnheit hat niemand gehabt. Weit phantasievoller und damit realistischer erscheint Federico Fellini, der seine Landsleute damals in seinem Film „Orchesterprobe" porträtierte. Mangelnde Disziplin, Einzel- und Gruppenegoismen, Primadonna-Allüren und anarchische Lust am Rabatz lassen gegen Schluß des Stücks die „prova d'orchestra" in ein akustisches Tohuwabohu ausarten, bis dann die riesige Abrißbirne allem ein Ende macht. Eine Allegorie für Italiens Zukunft?

„Quo vadis, Italia?", so fragt die Weltpresse heute wie damals. Was geht in Italien vor? Eine Revolution? Die Heraufkunft einer zweiten Republik? Ein neuer Faschismus? Der Beginn des telekratischen Zeitalters? Italien als Laboratorium der Moderne, in dem die neuartigen mediengestützten Herrschaftsformen des 21. Jahrhunderts ausprobiert werden? Oder nur ein „Sturm im Wasserglas"? Eine Wiederkehr des Alten in neuem Gewand?

Wird sich einmal mehr der Spruch Tancredis aus dem „Leoparden" von Tommasi di Lampedusa bestätigen: „Es muß sich alles verändern, damit alles so bleibt, wie es ist"? Fragen über Fragen, auf die die prognostische Kraft auch der scharfsinnigsten Italien-Beobachter keine schlüssige Antwort weiß. Der Turiner Sozialphilosoph und Senator Norberto Bobbio hat 1993 die Situation der Italiener mit drei Metaphern beschrieben. Sie befinden sich in einem Labyrinth. Es gibt einen Ausweg, aber es ist unsicher, ob man ihn findet. Oder sie erleben die Situation von Bergsteigern. Sie kennen das Ziel, aber wissen nicht, ob Kondition und Wetterbedingungen ihnen den Aufstieg erlauben. Oder schließlich: Sie sind Schiffbrüchige auf einem Floß. Möglichkeit und Stunde der Rettung hängen von Faktoren ab, auf die sie kaum mehr Einfluß haben. Alle drei Metaphern, und vor allem die letzte, sind beunruhigend genug.

Als ein „Erdbeben in Zeitlupe", so hat die Spiegel-Korrespondentin Valeska von Roques die italienischen Vorgänge nach 1992 beschrieben. Italien ist von einem der berechenbarsten Länder in Westeuropa über Nacht zu einem der unberechenbarsten geworden. Das kann man als Gefahr wie als Chance sehen. „Wir werden alle als Christdemokraten sterben", so hieß noch Anfang der neunziger Jahre vielfach die resignierte Devise. Der langlebigste Politiker in Westeuropa, Giulio Andreotti (Jg. 1918), Zeitgenosse von Konrad Adenauer und Alan W. Dulles, konnte noch vor drei Jahren konsternierten Journalisten anvertrauen, so zwei bis drei Legislaturperioden hoffe er noch auf der politischen Bühne Italiens wirken zu können. Die DC-Herrschaft schien auf lange Dauer hin angelegt.

Dieses so feste Gebäude, ein „Regime", wie seine Kritiker sagten, ist wie ein Kartenhaus zusammengebrochen und von einem Sturm weggefegt worden, einem Sturm der Enthüllungen, der Entrüstungen, der richterlichen Aktionen, einem Sturm des Wählerprotestes und der individuellen Neuentscheidungen. Italien, so der bekannteste Staatsanwalt aus dem Mailänder Ermittlungsteam, Antonio Di Pietro, „gehört zu den wenigen westlichen Demokratien, denen es gelungen ist, sich ohne Revolution und Zwang tiefgreifend zu erneuern – allein durch die freien

Wahlen eines freien Volkes". Selbst dieser Spruch könnte sich als voreilig und zu optimistisch erweisen.

Im vorliegenden Text wird kein Versuch unternommen, die vielen Zukunftsprognosen der letzten Jahre um eine weitere zu vermehren. Eine ganze Lawine von politischer, politologischer und publizistischer Literatur im In- und Ausland hat die sensationell wirkenden Vorgänge der letzten Jahre begleitet. Aber der Gang der Geschichte ist weit unberechenbarer, als die meisten, auch die klügsten Interpreten wahrhaben wollen. Niemand z. B. hat noch im Sommer 1993 den möglichen politischen Auftritt des Medienzaren Silvio Berlusconi vorausgesehen. Sein meteorhafter Aufstieg könnte ebenso abrupt enden. Die Umrisse eines künftigen restabilisierten Italien sind heute noch nicht erkennbar. So will dieser Text nur Materialien liefern zum Verständnis der heutigen Krise. Es gibt keine schlüssigen Prognosen für das, was kommen wird. Aber es gibt eine ganze Anzahl von Bedingungsfaktoren, die auf die künftige Politikgestaltung einwirken werden. Dazu zählen beispielsweise die Staatsverschuldung, das Problem der organisierten Kriminalität, der Nord-Süd-Dualismus, der Föderalismus oder die Verwaltungsreform. Erstmals seit der Staatsgründung vor fast anderthalb Jahrhunderten ist auch die staatliche Einheit als solche in Frage gestellt. „Die Nation", so schreibt Ernest Renan, „ist eine große Gemeinschaft, die konstituiert wird durch das Gefühl der gemeinsam erbrachten Opfer und durch die Bereitschaft, solche Opfer auch in Zukunft zu erbringen. Die Nation setzt eine Vergangenheit voraus, in der Gegenwart verwirklicht sie sich in dem klar ausgedrückten Wunsch, auch in der Zukunft miteinander zu leben." Die Nation ist, so in der berühmten Formulierung Renans, „ein Plebiszit, das jeden Tag stattfindet". Und bei diesem Plebiszit stimmen heute, wie viele demoskopische Umfragen zeigen, nicht unbeträchtliche Minderheiten vor allem im Norden Italiens gegen eine Fortsetzung der staatlichen Einheit in der bisherigen Form. So ist ein Hauptkapitel dem Identitätsgefühl der Italiener und dem Wandel des Nationalbewußtseins im 20. Jahrhundert gewidmet.

Der Autor arbeitet seit zwei Jahrzehnten am Deutschen Historischen Institut in Rom. Bei seinen Arbeiten zur Geschichte

Italiens im 19. und 20. Jahrhundert hat sich ihm immer wieder der enge Zusammenhang zwischen Geschichte und Politik in der italienischen Kultur aufgedrängt. Alle Geschichte ist „Zeitgeschichte", so behauptete der Neapolitaner Philosoph und Historiker Benedetto Croce. Denn selbst eine Arbeit über Caesar oder über Cola di Rienzo bezieht ihre Fragestellungen und ihre erkenntnisleitenden Interessen aus der Erfahrung der Gegenwart. Der Historiker, der in die Politik geht, und der Politiker, der auch über Geschichte schreibt, das sind – von Giovanni Spadolini und Giuseppe Galasso bis hin zu Giulio Andreotti – zwei häufig auf der italienischen Öffentlichkeitsbühne anzutreffende Gestalten. Diplomatie wie Journalismus leben ebenfalls aus dem Wurzelboden historischer Reflexion. Parteien und Bewegungen in Italien beziehen einen großen Teil ihrer Legitimität, ihres Selbstverständnisses und ihrer politischen Programmatik aus der Vergangenheit. Wer nicht fähig ist, sein Tun und sein Planen in den Zusammenhang eines nationalhistorischen Diskurses zu stellen, läuft Gefahr, nicht für voll genommen zu werden. Geschichte ist ein weitverbreitetes „Rauschgift" und wird in Italien in den vielfältigsten Formen, bis hin zum „Comic strip" und zum Fernsehfeature, konsumiert. Geschichte ist „einer der tragenden Pfeiler, wenn nicht das beherrschende Element der gegenwärtigen Kultur" in Italien (Giuseppe Galasso). So läßt sich auch die gegenwärtige Krise nicht verstehen, wenn man ihre historischen Wurzeln nicht freilegt. Zu einem so vertieften Verständnis sollen die folgenden Seiten beitragen.

Der Autor hat darauf verzichtet, die Entwicklung der Republik vor dem Hintergrund ihrer zweiten schattenhaften Geschichte der Illegalität zu sehen, mit ihren Verschwörungen, ihren Geheimlogen, ihren Strategien der Spannung, ihren fehlgeleiteten Geheimdiensten, ihren unaufgeklärten Attentaten und ihren Toten. Die historische und politische Bedeutung dieser Schattengeschichte der Illegalität ist heute noch keineswegs überschaubar. Auch hier gibt es eine reiche, aber rasch vergängliche und kaum weiterführende Literatur. Statt Vermutungen, Verdächtigungen, Thesen und luftige Konstruktionen zu bringen, beschränkt sich dieser Text auf Fakten und beweisbare

Zusammenhänge. Aus ihnen wird auch die Zukunft Italiens konstruiert sein.

Schließlich: Der Text wendet sich an einen deutschen Leser und berücksichtigt dessen eigentümliches Vorverständnis. Deshalb findet dieser einleitend einige Überlegungen zur Verschränkung und gegenseitigen Beeinflussung der deutschen Italien- und der italienischen Deutschlandperzeption. Sie möchten Nachdenklichkeit und eine Prise Selbstkritik erzeugen. Der Text ist, so hofft der Autor, ohne moralischen Zeigefinger geschrieben. Von dieser Art Belehrung und vorschneller Entrüstung gab und gibt es in der deutschen Italienliteratur mehr als genug. Die Vorgänge in Italien sind auch bei nüchternster Betrachtung bedeutend und bedrohlich. „Italia docet" hieß es in den zwanziger Jahren in deutschen Rechtskreisen, die bewundernd auf Mussolini schauten. Flammenzeichen an der Wand gibt es auch heute wieder. Es gilt sie zu entziffern.

Der Text ist für einen breiteren Leserkreis geschrieben. Er verzichtet deshalb auf Anmerkungen und einen wissenschaftlichen Apparat. Wer bestimmte Themen vertiefen möchte, findet am Schluß einige weiterführende Literaturhinweise. Einige Statistiken erschienen dem Autor unentbehrlich. Auch sie findet der Leser im Anhang. Die Währungsdaten beziehen sich überwiegend auf die Lirawerte der jeweiligen Jahre. Eine Umrechnungstabelle soll dem Leser die Umsetzung dieser astronomischen Ziffern in seine vertraute Vorstellungswelt erleichtern. Die historischen Längsschnitte der jeweiligen Kapitel ergeben keinen chronologisch geordneten Erzählzusammenhang. Die ebenfalls im Anhang aufgenommene Chronik der Jahre 1992–1994 soll dem Leser bei der Orientierung helfen.

I. Deutsche und Italiener:
„Die Pole der westeuropäischen Menschheit"

Ein Deutscher liest ein Italienbuch anders als ein Engländer oder Franzose. Jenseits gemeineuropäischer Urteilshorizonte gibt es spezifisch national-historisch gebundene Urteile und Perzeptionen des jeweils anderen. Um dieses *deutsche* Vorverständnis soll es hier gehen.

Das Italienbild als Summe historischer Erfahrungen

Welche Erwartungen, welche Kenntnisse, welche Urteile bringt ein Leser mit, wenn er diesen Text in die Hand nimmt? Er hat etliches über Italien in den Zeitungen und im Fernsehen erfahren, er hat vielleicht Winckelmann, Goethe oder Gregorovius gelesen und ist den Italienreisen von Jacob Burckhardt, Hermann Hesse oder Thomas Mann gefolgt. Er kennt das Land vielleicht auch aus eigener Anschauung und zählt zu jenen mehr als sechs Millionen Deutschen, die jährlich Italien besuchen. Dann verfügt er über einen Schatz eigener Erfahrungen, erfreuliche und unangenehme, positive und negative, die seine Eindrücke und Urteile mitprägen. Er steht, bewußt oder unbewußt, damit in einem Traditionszusammenhang, der über etliche Jahrhunderte, ja über Jahrtausende zurückreicht. Die Beziehungen zwischen zwei Völkern und zwei Nationen sind das Resultat und quasi die Summe ihrer vielschichtigen, historisch gewachsenen Realkontakte und wechselseitigen Perzeptionen. Prägende geistige Gestalten haben eine lange und bis in die Gegenwart reichende Wirkungsgeschichte. Tacitus' Germanen-Porträts haben seit ihrem Bekanntwerden im 15. Jahrhundert die Urteile der beiden Völker übereinander in der vielfältigsten Weise beeinflußt. Die Spuren von Luthers so herben und negativ getönten Italien-

und Romerfahrungen lassen sich in der deutschen Kultur noch bis ins 19. und 20. Jahrhundert verfolgen. In bestimmten polternd-kritischen Urteilen aus dem Umfeld des protestantischen Deutschland schwingen noch heute lutherische Reminiszenzen mit. Goethes Italiensehnsucht, sein „Et-Ego-in-Arcadia" bildet den Goldhintergrund noch weit späterer Südbegeisterungen. Daneben stehen die großen kollektiven Erfahrungen: Bündnisse, Kriege, Siege, Niederlagen, Migrationen, Besetzungen, Kriegsgefangenschaften, Reisen oder Arbeitsaufenthalte. Deutsche und Italiener waren zweimal in diesem Jahrhundert verbündet und zu einem gemeinsam geplanten Krieg entschlossen. Zweimal haben sie *gegeneinander* Krieg geführt. Die Jahre 1915–1918 und 1939–1945 sind noch heute in der vielfältigsten Form im kollektiven Bewußtsein der beiden Nationen eingegraben. Wer den Blick über die Polemiken des Tages hinweg auf die Vergangenheit richtet, entdeckt die überraschendsten, in bestimmten politischen Konjunkturen wiederkehrenden Kontinuitätslinien. Um nur ein Beispiel zu nennen: Die immer wiederkehrende Polemik deutscher Tierfreunde gegen Vogelmord und Tiermißhandlung in Italien hat eine lange Vorgeschichte. In der damals angesehensten deutschen Tageszeitung, der *Augsburger Allgemeinen*, findet sich nach 1860 eine über zwei Jahrzehnte dauernde Polemik gegen diesen „widerlichen Flecken" im italienischen Volkscharakter. Die Zeitung wetterte in zahlreichen Artikeln und Reiseberichten aus Italien gegen die Roheit der Tierquälerei, die Mißhandlung von Zug- und Reittieren, das Steinigen von Katzen und Hunden, das Schießen von Zug- und Singvögeln. Die Italiener verhielten sich gegen das Tier wie ein Teufel. „Ihre Grausamkeit, ihre Lust am Wüten gegen das Tier" sei ein „Übel bestialischer Art". Aus dem Tierquäler müsse notwendig ein Menschenquäler werden. „Tierquälerei und Räuberunwesen, Mord, Verstümmelung, das sind zwei Früchte, die so recht aus einer Wurzel wachsen." Einer der Hauptanführer dieser Polemik, der Theologe und Publizist Friedrich Theodor Vischer, sah in diesen Vorgängen eine „Schande vor dem Ausland". Zur Abhilfe forderte er radikale Methoden, weitgespannte Staatseingriffe in Schule, Kirche, private und öffentliche Erziehung, das

Rechtssystem und eine Politik der allgemeinen Einwirkung vom Ausland her. Was an diesen Polemiken auffällt, ist – jenseits von ihrer sachlich kaum bestreitbaren Berechtigung – ihr missionarisch-eifernder Ton und die *Praeceptor-Italiae*-Haltung, die offenbar weit verbreiteten mentalen Dispositionen der deutschen bildungsbürgerlichen Leserschaft entsprachen. Hinzu kam ein deutlicher antikatholischer Affekt. Diesen „schwarzen Zug" im italienischen Volkscharakter schrieb Vischer nämlich dem Einfluß der katholischen Theologie zu, nach der „das Tier keine Seele" habe. Es wäre leicht, auf andere missionarische Feldzüge zu verweisen, die spätere Phasen der deutsch-italienischen Beziehungen charakterisiert haben.

Mentalitäten und kulturelle Dispositionen

Die wechselseitigen Perzeptionen sind nicht nur durch die Summe der historischen Erfahrungen bestimmt. In den Bildern und Erwartungshorizonten des jeweils anderen spiegeln sich auch die eigenen Mentalitäten und kulturellen Dispositionen. Zwei Bonmots zeigen etwas von den Nationalstereotypen, die Deutschen und Italienern zugeordnet werden. Das erste lautet: „In England ist alles erlaubt, was nicht verboten ist; in Deutschland ist alles verboten, was nicht erlaubt ist; in Rußland ist alles verboten, auch was erlaubt ist; in Italien ist alles erlaubt, auch was verboten ist." Das zweite Bonmot sei seiner Würze wegen auf Englisch zitiert: „Heaven is where: the police are British, the cooks are French, the mechanics are German, the lovers are Italian, and everything is organized by the Swiss. Hell is where: the police are German, the cooks are British, the mechanics are French, the lovers are Swiss and everything is organized by the Italians."

In beiden Bonmots befinden sich Deutsche und Italiener auf der jeweils entgegengesetzten Seite einer hypothetischen volkscharakterologischen Skala. Ordnung und Disziplin im Zeichen der Kollektivität gegen Freiheit und Anarchie im Zeichen des Individuums, Effizienz und Leistung gegen Desorganisation und Kreativität. Die Gegensatzpaare ließen sich leicht um ein Vielfaches vermehren: Norden und Süden, Germanentum und Romanentum, Barbarei und Kultur, romantische Tiefe gegen klassische Klarheit, Wald gegen Tempel, schweifende Grenzenlosigkeit gegen planende Harmonie, moralischer Rigorismus gegen das Bewußtsein von Maß und Relativität, Daseinsvorsorge gegen Lebensgenuß, nordische Kühle und Strenge gegen südliche Wärme und Heiterkeit. Der „Homo teutonicus", so schreibt der Italienkorrespondent Dietmar Polaczek, „wird von den südlichen Nachbarn gemeinhin als gotisch-düster, romantisch-verworren und verschroben-kompliziert beschrieben. Er neigt seinerseits dazu, dem Bewohner der Mediterranée kristallklare Rationalität, vernünftiges Augenmaß und lebenserleichternden Sinn für das Praktische nachzusagen." Schon die ethnopsychologische Literatur des 19. Jahrhunderts formulierte den Eindruck, es mit entgegengesetzten Ausprägungen individuellen und kollektiven Lebens zu tun zu haben. So heißt es in der ersten Auflage des Meyer-Lexikons von 1846: „Der Deutsche und der Italiener divergiren in ihrem Charakter so sehr, daß beide gleichsam die Pole der westeuropäischen Menschheit bilden." In den Kategorien von Umberto Eco gesprochen gehören die Italiener eher zu den „Integrierten", die Deutschen eher zu den „Apokalyptikern". „Sorge" und „Furcht" sind auf italienischer Seite häufig Schlüsselbegriffe zur Erklärung des deutschen Volkscharakters. Der frühere italienische Botschafter in Bonn, Graf Vittorio Ferraris, und der Starjournalist Saverio Vertone haben kürzlich Deutschlandbücher geschrieben, in denen der sorgende Blick in die Zukunft zum prägenden Charakteristikum der Deutschen wird. Die Sorge gehört quasi zu ihrem Seelenhaushalt: die Sorge um das atomare Harmageddon, das Waldsterben, die Klimaverschiebung oder das Ozonloch. Mit fast lustvoller Insistenz wartet die deutsche Volksseele auf das jeweils nächste Untergangs- oder Zerstörungsszenario: die Halle König Etzels mit dem heroisch-tragischen Untergang der Nibelungen liegt jeweils nur um die nächste Ecke. In den Deutschen, so Saverio Vertone, sitzt eine tief verankerte Furcht, eine Art „seelischer Krampf", der sie nicht zur Ruhe kommen läßt. Sie hassen das

Unberechenbare und das Unvorhergesehene. „Diesem Krampf verdanken die Deutschen alles. Vor allem natürlich ihren Mut und ihre ungewöhnliche Entschlossenheit; manchmal auch ihre Brutalität, fast immer ihren Mangel an Leichtigkeit. Ihm verdanken sie die Fähigkeit zur Vorausschau, zum Planen, die Fähigkeit zu organisieren, zu entscheiden, vorzusorgen." Damit hängt auch ihre Befähigung zu Systembildungen, aber auch ihr Hang zu Gehorsam und zu Konformismus zusammen. Gegen solche apokalyptischen Ausschweifungen und Aufregungen glaubt sich der Italiener gefeit. So sieht auch Ferraris den Hang der Deutschen, alles viel zu ernst zu nehmen, und rät ihnen zu mehr innerer Distanz und mehr Skepsis: „kein Fanatismus, Humor, Gelassenheit, Verständnis, Toleranz, Geduld".

Dieses Spannungsverhältnis zwischen den beiden Kulturen läßt sich ebenso in seinen Gegensätzen wie auch in seinem Komplementärcharakter beschreiben. Recht, Philosophie, Theologie, Musik, Architektur, Literatur, bildende Künste – welches vielstimmige Konzert von wechselseitigen Beeinflussungen und Bereicherungen wäre hier aufzuzeichnen, wenn man nur die letzten Jahrhunderte überblickt. Die deutsche Literatur etwa, von Winckelmann, Goethe und Eichendorff bis hin zu Heine, Hesse, Thomas und Heinrich Mann wäre, ohne den Süden, das Italienerlebnis und seinen Mythos gar nicht zu denken. Dabei steht dem deutschen Urteil das Land und die Landschaft Italiens häufig höher als seine Bewohner. Der Wunschtraum eines „Italien ohne Italiener" zählt zu den Topoi der deutschen Südbegeisterung. In extremster Form hieß es schon im 18. Jahrhundert: Italien, ein Paradies, von Teufeln bewohnt. Auch der Vergleich zwischen Vergangenheit und Gegenwart fällt fast immer zugunsten der ersteren aus. „Die Deutschen", so Ferraris, „neigen dazu, das jeweilige Italien von gestern besser zu kennen als das Italien der Gegenwart."

Vorurteile und Feindbilder

Viele Jahrhunderte gegenseitiger friedlicher wie feindlicher Begegnung haben einen Fundus an Erfahrungen geschaffen, der sich zu Vorurteilen und Feindbildern verdichtet hat. In Zeiten der Krise werden diese Stereotype am deutlichsten artikuliert. Hören wir einen deutschen Beobachter aus der Mitte des vorigen Jahrhunderts: Die Italiener, so heißt es hier, sind ein müßiggängerisches Volk und als ein solches „unsittlich, ehrlos und miserabel". Sie präsentieren sich mit einer „geschmeidig lüderlichen nichtsnutzigen Naivität". „Der Italiener hat weder Verstandesnoch Gemütstiefe, wenig Gewissen, wenig sittliche Indignation, keine Vernunftbildung, blutwenig Ehrgefühl und noch weniger Scham." „Der Italiener begreift einen ächten Deutschen weder auf der Peripherie seines Wesens noch in irgendeinem Punkte." „Von deutscher Schamhaftigkeit und Gewissenstiefe, von deutscher Herzensdelikatesse, Sentimentalität und Romantik versteht er ... kein Wort." Dies ist ein extremes Negativporträt, geschrieben 1860/61 von einem anonymen Autor in dem Augenblick, als der italienische Einheitsstaat entstand. Es wurde veröffentlicht in dem damals führenden, fast dreißig Bände umfassenden politisch-historischen Lexikon des preußisch-deutschen Konservativismus. Aus ihm spricht der damals weit verbreitete Zorn über den von Cavour und Garibaldi praktizierten „Kronenraub" und ihren „Souveränitätsschwindel". Ohne Mühe läßt sich die Charakteristik in die vorstehend skizzierte bipolare Nationalcharakteristik einordnen: Moral gegen Amoralität, Tiefe gegen Oberflächlichkeit oder Substanz gegen bloße Form und Rhetorik.

Der zweite Text entstand ein knappes Jahrhundert später. Der Autor, ein junger italienischer Diplomat, der seinen Landsleuten 1945 zu erklären versuchte, wieso es zum Bündnis zwischen Hitler und Mussolini und zu Stahlpakt und Kriegsteilnahme gekommen war, schrieb über das „ewig barbarische Deutschland". Der Nationalsozialismus habe den wahren Charakter dieses schrecklichen Landes enthüllt. „Mit dem Naziregime konnte sich Deutschland leicht und schnell von der übrigen Welt entfernen. Nach der Aufgabe seines europäischen Kostüms trat sein ursprünglicher barbarischer Charakter wieder zutage. Wenn man die Geschichte des deutschen Volkes in den vergangenen Jahrhunderten Revue passieren läßt, kann man rasch feststellen, daß im Untergrund dieser ursprüngliche Geist immer lebendig geblieben ist. Zwischen der Welt der westlichen Kultur und den Deutschen ... besteht ein grundlegender Unterschied. Was Deutschland plant oder realisiert, ist unvermeidlich antieuropäisch. Wenn sein Einfluß überwiegt, steht Europa vor der schrecklichen Alternative, es zu unterdrücken oder überwältigt zu werden." Um das „ewige" Deutschland mit seiner Praxis der Gewalt, dem Geist der Rache und dem Prinzip der Sippenhaft zu begreifen, gibt es kein besseres Buch als Tacitus' „Germania". Soweit dieses Deutschlandporträt aus dem Jahre 1945. Der Autor, Mario Luciolli, war in den sechziger Jahren etliche Zeit hochgeschätzter Botschafter in Bonn und hätte sich vermutlich ungern an diesen Text erinnern lassen. Wie in dem vorhergehenden Beispiel spiegeln sich in dem Text die Erfahrungen einer extremen politischen Umbruchsituation. 1945 ging es um den totalen Zusammenbruch Hitlerdeutschlands und um die Frage, wie sich das künftige Europa ohne und gegen „Germanien" rekonstruieren ließe. Beide Texte zeigen in extremer Form eine Konzeption, die von einem als statisch gedachten, metahistorisch vorgegebenen Volks- und Nationalcharakter ausgeht. Nach dieser stark von Johann Gottfried Herder beeinflußten Auffassung gibt es quasi einen National- oder Volksgeist der einzelnen Nationen, der sich in immer neuen, aber substantiell ähnlichen Hervorbringungen konkretisiert.

Selbst- und Fremdperzeption

Urteile über den anderen bezeugen nicht nur die eigenen Wahrnehmungsmuster und Erfahrungshorizonte, sondern erweisen sich vielfach als Projektionen des eigenen nationalen Selbstverständnisses, sind Gegenentwürfe zu den Klischees von sich selbst. „Vor-Wissen, Vor-Stellungen, Vor-Urteile beeinflussen oder bestimmen ... die Perspektive, unter der der jeweils andere gesehen wird. Fremdbilder sind mit nationalen Selbstbildnissen eng verbunden, ja sie bedingen sich geradezu. Spezifische Eigenschaften, die die eigene Nation auszeichnet oder vermissen läßt, werden nämlich dem Nachbarn abgesprochen oder zugebilligt." Dieser Zusammenhang von Selbst- und Fremdperzeption ist besonders am Verhältnis Frankreich–Deutschland studiert worden. Seit der Geburt des Nationalstaats und der steilen Karriere der Nation als zentraler Sinngebungsinstanz sind nationale Selbst- und Feindbilder unaufhebbar miteinander verknüpft. Schon Herder sprach von der „Erbfeindschaft" zwischen Römern und Germanen. Das Konzept der „Erbfeindschaft" hat das deutsch-französische Verhältnis bis 1945 begleitet und überschattet. Der „Ent-Feindung", d. h. der deutsch-französischen Aussöhnung, ist seit den fünfziger Jahren in Paris und Bonn ein hoher Grad an Priorität zugemessen worden. Erinnert sei an die „politische Achse" Bonn–Paris, an das deutsch-französische Jugendwerk, an die Intensivierung der Städtepartnerschaften, an Frankreich-Institute und Lehrstühle an deutschen Universitäten. Kaum etwas von alledem existiert für das deutsch-italienische Verhältnis.

Das italienische Deutschlandbild nach 1945

Die wechselseitige Wahrnehmung ist hier bis heute in hohem Maße bestimmt von den Erfahrungen des Ersten Weltkrieges und den damals aufgebauten Furcht- und Feindbildern. Noch stärkere Nachwirkungen zeigen die Erfahrungen der beiden Diktaturen, von Achsenbündnis und Stahlpakt. Prägenden Charakter besitzen vor allem die Jahre 1943–1945, mit dem Sturz Mussolinis, der Kapitulation Italiens am 8. September 1943 (von deutscher Seite vielfach als „Verrat" gebrandmarkt), der Besetzung Italiens durch deutsche Truppen, Krieg und Bürgerkrieg auf italienischem Boden, Resistenza und Republik von Salò. Bei einer Analyse französischer Schüleraufsätze über den deutschen Nachbarn beschäftigen sich im Bereich der Zeitgeschichte 80 %

der Texte mit den Jahren 1939–1945. Eine ähnliche Schwerpunktbildung würde sicherlich für italienische Jugendliche gelten. Die Erfahrung der NS-Zeit hat das Bild Deutschlands im Urteil der italienischen Öffentlichkeit bis in die Tiefe hin geprägt. Die Perzeption Deutschlands blieb nach 1945 von einem „fast rassistischen Antigermanismus" (so der Historiker Rosario Romeo) und einer Kultur des Verdachts begleitet. Die Geschichte und der Negativmythos des Dritten Reiches blieben als drohende Schatten Teil der italienischen Deutschlandwahrnehmung. Die Bundesrepublik stand unter dem Dauerverdacht, ihre Vergangenheit nicht aufgearbeitet zu haben, zu viele Elemente der Kontinuität mit dieser zu besitzen, Nachgeschichte eines alten oder Vorgeschichte eines neuen Nazismus zu sein. Die italienische Linke bevorzugte vielfach die Deutsche Demokratische Republik, die den Anspruch erhob, einen radikalen Schnitt mit der nazistischen Vergangenheit gemacht zu haben. In diesem „anderen", besseren Deutschland schien die Nabelschnur zwischen Kapitalismus und Faschismus zerschnitten.

Resistenza und Widerstand

Hier hätte man von manchen Miß- und Unverständnissen zu sprechen, die untergründig das bilaterale Verhältnis mitprägten. Dazu zählte der Resistenzamythos, der in der deutschen Öffentlichkeit, falls überhaupt wahrgenommen, eher zu mitleidigen Kommentaren über die mangelnden militärischen Qualitäten der Italiener reizte. In der Rückschau erschienen den Italienern die Jahre 1943–1945 dagegen schon bald als Höhepunkt der Nationalgeschichte im 20. Jahrhundert und als einzige Phase der Vergangenheit, auf die sich „ein Mythos der Würde und des Anstands" aufbauen ließ. Die Resistenza wurde so, vor allem seit Beginn der sechziger Jahre, zum Gründungsmythos des neuen Staates und als „Zivilreligion" ein Teil der politischen Kultur Italiens. In Hunderten von Denkmälern, Tausenden von Erinnerungstafeln, Zehntausenden von Straßennamen, von Widmungen von Schulen und öffentlichen Gebäuden wurde dieser Mythos institutionalisiert. Jeder aufmerksame Wanderer kann in den Städten Nord- und Mittelitaliens zahlreiche Zeugnisse dieses Mythos entdecken. Keine Stadt ohne eine via Matteotti, einen viale Bruno Buozzi (ein von den Deutschen im Juni 1944 ermordeter Gewerkschaftsführer) oder eine piazza Salvo D'Acquisto (ein Carabinieri-Offizier, der sich opferte, um zehn Geiseln vor der Erschießung zu retten). Die deutsche Öffentlichkeit hat lange Zeit dem Phänomen der Resistenza mit fast völligem Unverständnis gegenübergestanden. Erst die Achtundsechziger-Generation brachte die Sensibilität und das Interesse mit, um auch diesen politisch so bedeutsamen Teil der italienischen Wirklichkeit wahrzunehmen. Der Krieg in Italien 1943–1945 ist im deutschen Kollektivbewußtsein merkwürdig erinnerungslos geblieben. Hunderttausende von deutschen Soldaten haben dort gekämpft. Aber diese Erfahrung hat kaum Spuren der Erinnerung, etwa in Tagebüchern, Briefen oder Memoiren, hinterlassen. Wo es Zeugnisse gibt, stammen sie zumeist aus dem Umkreis der Opposition oder der Verweigerung. Geblieben ist ansonsten bis heute ein fast sprachloses Schweigen.

Spiegelbildlich hat auch die italienische Öffentlichkeit den deutschen Widerstand lange Zeit so gut wie nicht wahrgenommen, ihn als „Badoglio-Phänomen" betrachtet und ihn als einen opportunistischen Ausstieg in letzter Stunde beschrieben. Ein deutscher „Widerstand" schien eher eine Legende zu sein und eine apologetische Erfindung der Zeit nach 1945. Vor allem das Faktum, daß der Krieg bis zur letzten Stunde fortgeführt werden mußte und daß nach dem 20. Juli keine Widerstandskräfte innerhalb der deutschen Gesellschaft mehr sichtbar wurden, die die totalitäre Diktatur von innen her hätten stürzen können, machte die vom NS-Regime immer postulierte Gleichsetzung zwischen Nationalsozialismus und deutschem Volk mehr plausibel. Erst seit den achtziger Jahren ist hier schrittweise ein Wandel eingetreten.

Bonn – Rom im Dauerhoch?

Folgt man den regierungsamtlichen Kommentaren, die anläßlich der periodisch wiederkehrenden Konsultationen zwischen Bonn und Rom herausgegeben werden, so steht das Stimmungsbarometer seit vielen Jahren – mit kleinen Unterbrechungen – unverändert auf „Schönwetter". Mit den bilateralen Beziehungen könnte es kaum besser aussehen, die beiden Völker leben, was ihr Verhältnis angeht, in der besten aller Welten. De facto jedoch hätte man ein sehr viel differenzierteres und von manchen Schatten durchsetztes Bild zu zeichnen. Zwei italienische Botschafter in Bonn, beide exzellente Kenner der beiderseitigen Probleme, haben sich nach Abschluß ihrer Amtszeit über ihre Eindrücke geäußert. Mitte der sechziger Jahre schrieb Pietro Quaroni: „Die Italiener kennen die Deutschen zu wenig, die Deutschen die Italiener vielleicht noch weniger." Es fehle an „tieferen inneren Berührungspunkten" zwischen den beiden Nationen. Jenseits der offiziellen Ebene mangele es an breiteren gesellschaftlichen Kontakten. Die Hunderttausende italienischer Gastarbeiter im Norden und die Millionen deutscher Urlaubsreisender im Süden „haben keinen großen Fortschritt für das gegenseitige Verständnis gebracht". Quaroni kam zu dem skeptischen Urteil, das Verhältnis sei „von historischen Vorurteilen verschleiert" und durch geistigen Abstand und Mangel an Interesse charakterisiert.

Graf Vittorio Ferraris kam in seiner Bonner Zeit mit dem Deutschland der achtziger Jahre in Kontakt. Italiener und Deutsche, so sein Fazit, kennen sich seit vielen hundert Jahren so gut, daß „sie sich gegenseitig *ver*kennen". Ferraris sieht auf beiden Seiten viele, von geistiger Trägheit oder Ignoranz zeugende Vorurteile am Werke, die einer vertieften Kenntnis des anderen im Wege stehen. „Wenn wir im Teufelskreis der Vorurteile gefangenbleiben, werden wir niemals Europa aufbauen (...). Wir müssen die gegenseitigen Grenzen abbauen, nicht um allesamt gleich zu sein, sondern um uns in unseren Verschiedenheiten zu erkennen."

Aus dem Vorstehenden mag aber schon deutlich geworden sein, daß es in diesem Verhältnis nicht nur um den Abbau von Vorurteilen, um ein Mehr an Kenntnissen und Verständnis geht, sondern daß in dem Neben- und Miteinander dieser beiden „schwierigen Vaterländer" auch seelische Dispositionen und mentale Strukturen mitspielen. Der deutsche „Besserwessi" ist, von Italien aus gesehen, eine säkulare Figur. „Wie schön ist es, wenn Deutsche nicht vernünftig oder totlogisch sind!" (Ferraris). Prinzipienreiterei und Rechthaberei sind dem Italiener zutiefst verdächtig. In einer Kosten-Nutzen-Rechnung schaut er auf die jeweils konkrete Realität. Wie lebensrettend bürokratischer Schlendrian und Korruption sein können, läßt sich aus dem Werk des Berliner Historikers Klaus Voigt über die deutsche (überwiegend jüdische) Emigration im faschistischen Italien lernen. Es gibt kaum ein Werk der letzten Jahre, das das deutsch-italienische Verhältnis in böser Zeit so konkret und in so nachdenklicher Weise schildert. Während eifernde linientreue deutsche Professoren noch die letzten Spuren der Weimarer Kultur in Italien auszumerzen suchten und deutsche Bürokraten und Diplomaten sich auf die Suche nach dem letzten Emigranten machten, um ihn den Häschern auszuliefern, fanden die Verfolgten tausendfache Hilfe beim einfachen Italiener.

Der Daseinsbezug der beiden Kulturen wird widergespiegelt in der Lafontaineschen Fabel von der Grille und der Ameise. Aus deutscher Sicht erschienen die Südländer vielfach als „ein lärmendes und leichtsinniges Volk von Kindern" oder „schreienden Komödianten", denen „deutscher Ernst und deutsche Tiefe des Denkens und des Gemütslebens" fehlt (so ein Schulbuch 1895). Die antagonistische Gegenüberstellung von Lebensgenuß und Daseinsvorsorge kann aber auch in der selbstkritischen Umkehrversion eines Geographielehrbuches von 1967 erscheinen: „Bei uns ist man sehr schnell mit dem Urteil da, die Italiener seien faul. Keineswegs, sie sind anders als wir, genügsamer, zuversichtlicher, glücklicher. Sie leben nicht, um zu arbeiten, sie arbeiten, um zu leben."

Die deutsche Einigung 1989/90 im Urteil Italiens

Wir hatten schon einleitend gezeigt, daß in den großen Krisen-
wettern mehr über die gegenseitigen Perzeptionen, über Basis-
annahmen und Grundbefindlichkeiten zu erfahren ist als in normalen Zeiten. Das zeigte sich noch einmal 1989/90, als das Thema
„Deutschland" in Italien eine so große Aufmerksamkeit fand wie
vielleicht niemals zuvor nach 1945. In den Berichten und Kommentaren der Massenmedien trat etwas von den Grundannah-
men italienischer Deutschlanderfahrung zutage. Das galt etwa
für Urteile über den deutschen Volkscharakter, die politische
Kultur Deutschlands, den latenten Rassismus, den Umgang mit
der NS-Vergangenheit, die Denk- und Planungshorizonte der
gegenwärtigen ökonomischen und politischen Eliten.

Fast die gesamte italienische Berichterstattung gehört zu zwei
Modellen, die man die Typen „Ja-aber" und „Nein-jedoch"
nennen könnte, eine Art Patchwork, in dem Altes und Neues,
Negatives und Positives unverbunden nebeneinandergestellt
wird. Es gibt in den italienischen Zeitungsredaktionen offenbar
eine Art Alchemie, nach der Hoffnung und Furcht, Lob und
Kritik, der gute und der böse Deutsche gemischt werden. Zu
dieser eigentümlichen Perzeption gehört, daß die italienische
Öffentlichkeit dank Übersetzungen, Interviews und Einladun-
gen ihre Tore weit geöffnet hält für alle Formen der radikalen,
nicht selten durch Selbsthaß gekennzeichneten deutschen Selbstkritik. Wer besorgt, kritisch oder gar anklagend über Deutschland schreibt, hat erheblich größere Chancen, in Italien gedruckt
zu werden, als derjenige, der von einer positiv getönten Grund-
stimmung ausgeht. Die gleichsam automatisch wirkende Be-
schwörung des „häßlichen Deutschen" und seine Gleichsetzung
mit dem „Nazi" hat in bestimmten Momenten sogar die Selbstkritik der Linken auf den Plan gerufen. So schrieb die kommunistische Tageszeitung *Il Manifesto* 1987, „ein ‚linker' Italiener
verbindet die durchgehende Verachtung des Teutonen mit einer
moralischen Revanche: der ‚Deutsche' ist nicht nur ein Trottel,
er ist außerdem noch ein ‚Nazi'. ... Wir müssen auch mit dem
Alptraum des Vierten Reiches in unseren Köpfen abrechnen."

Die Öffnung der Mauer

Die Öffnung der Mauer kam für Italien ebenso überraschend wie für die übrige Weltöffentlichkeit und beherrschte als großes bewegendes Spektakel für einige Tage die Massenmedien. Zwei menschheitliche Urerlebnisse wurden hier inszeniert: das Odysseus-Motiv – verwandtschaftliches Wiedersehen nach langer Trennung – und die Fidelio-Befreiung aus bitterer Kerkerhaft. Vielleicht zum ersten Mal nach 1945 schlug den Deutschen weltweit, und so auch in Italien, eine Welle von Sympathie entgegen.

Unmittelbar darauf setzte auch die Reflexion darüber ein, was diese Vorgänge macht- und europapolitisch bedeuten mußten. Die Turiner Tageszeitung *La Stampa* sah schon drei Tage später die „De-facto-Vereinigung der deutschen Nation" voraus. Deutschland erschien so als „der Sieger jener Ereignisse, die man unter dem Namen des Zweiten Weltkrieges zusammenzufassen pflegt". Ein Wechselbad von Besorgnis, Furcht und Hoffnungen prägte die Szene auch der folgenden Monate. Selbst die deutschfreundlichste unter den großen Tageszeitungen, der Mailänder *Giornale Nuovo* von Indro Montanelli, kommentierte den 3. Oktober 1990, die Vorgänge des Vorjahres hätten die Kriegsniederlage ausgelöscht und praktisch eine Hegemonie Deutschlands etabliert. „Achtzig Millionen Deutsche im Herzen Europas haben keinen Krieg nötig, und nicht einmal eine Armee, um sich zu seinem Herren aufzuschwingen: sie werden es werden, weil sie mehr arbeiten, weil sie mehr sparen, weil sie sich zu opfern und zu leiden wissen, weil sie ‚mehr daran glauben'."

Der Schatten Hitlers wird weit länger sein als die vergangenen fünfzig Jahre. Sein zwölf Jahre während Reich wird wie gewünscht ein tausendjähriges sein in der Erinnerung. So werden viele, auch völlig unbegründete, törichte und auch instrumentalisierte Besorgnisse und Ängste fortdauern. An „unfreundlichen Mutmaßungen und regelrechten Verfälschungen" hat es, wie der Publizist Angelo Bolaffi kürzlich in einem *Spiegel*-Essay schrieb, in Italien auch nach 1990 nicht gefehlt. Notwendig wäre auf beiden Seiten und auf vielen Ebenen eine vertiefte Kenntnis voneinander, eine kontinuierliche Wahrnehmung und Bericht-

erstattung, ein neues, solidarisches, die mannigfaltigen kontra-
stierenden Vergangenheiten ,aufhebendes' gemeinsames euro-
päisches Bewußtsein, das die Probleme des und der anderen auch
als eigene Probleme empfindet und deshalb, statt mit Mißtrauen
und vorschneller Anklage zu reagieren, in Krisensituationen in
kritischer Solidarität mit zu argumentieren vermag.

Der deutsche Blick auf das Italien von heute, das versuchten
die vorstehenden Überlegungen zu zeigen, beruht auf vielen
früheren Erfahrungen und Vergangenheiten. Es hilft, die kollektiven Erinnerungen, Belastungen und Bereicherungen beider
Seiten präsent zu halten. Der in der Toskana lebende Nonsens-
Dichter Robert Gernhardt hat die Erfahrungen seiner Doppel-
existenz auf die witzige Formel gebracht: „Italiener sein, ver-
flucht! Ich habe es oft und oft versucht – es geht nicht."

Deutsche wie Italiener haben es – aus völlig unterschiedlichen
Gründen – mit einem „schwierigen Vaterland" zu tun. Es wäre
beiden geholfen, wenn sie ein wenig besser verstehen würden,
warum das so ist.

II. Voraussetzungen und Wandlungen des italienischen Nationalbewußtseins

Italien gehört – vergleicht man die Herausbildung der National-staaten in Europa – zu den „späten" Nationen, ja vielleicht gar – als sei mit dieser zeitlichen Verschiebung eine Art unauslösch-licher Geburtsfehler verbunden – zu den „verspäteten" Natio-nen. Die Entstehung des Nationalstaates in der stürmischen Mittelphase des 19. Jahrhunderts in Europa bewirkte massive Verschiebungen innerhalb des europäischen Staatensystems. Anders als das neugegründete Deutsche Reich, das bewußtseins- und machtpolitisch in die Fußstapfen der preußischen Groß-macht treten konnte, erschien der Nationalstaat Italien nach 1860 als Neuankömmling auf dem europäischen Parkett.

Das Risorgimento

Diese Nationalstaatswerdung bildet einen der zentralen Vor-gänge in der Geschichte Europas und in der Morphologie der Nationalbewegungen überhaupt. Sie hatte – weit mehr als die zeitgleichen Vorgänge in Deutschland – Vorbildcharakter für viele Nationalbewegungen im Europa des 19. Jahrhunderts, und die Ausstrahlung ihrer Wirkungen reicht bis in die Geschichte der nationalen Befreiungsbewegungen der dritten Welt in der zweiten Hälfte des 20. Jahrhunderts. Im Œuvre von Giuseppe Mazzini und Carlo Cattaneo, in den diplomatischen und militä-rischen Aktionen von Giuseppe Garibaldi und von Camillo Cavour sind quasi idealtypisch bestimmte Lösungen bei der Neuordnung von Staat und Gesellschaft angelegt.

Nicht ohne Grund hat die Nationalismusforschung in den italienischen Vorgängen geradezu ein Modell gesehen, indem sie den Begriff des „Risorgimento-Nationalismus" in die Diskus-

sion einführte. Hier wie auch mit den Begriffen der „Irredenta"
oder des „sacro egoismo" sind bestimmte Konstellationen oder
Dispositionen beschrieben, die am Exempel Italiens in besonders deutlicher Form hervortreten. Das Risorgimento Italiens im
19. Jahrhundert ist dank seiner überraschenden Schnelligkeit
und seines über schwierigste Gratwanderungen hinüberführen-
den Erfolges vielfach als das gelungenste Exempel der europäischen Nationalbewegungen empfunden und interpretiert worden. Demokratische, liberale und konservativ-monarchische
Bestrebungen hatten hier in einer coincidentia oppositorum ein
Resultat hervorgebracht, das in der konstitutionellen Monarchie
eine zukunftsweisende Lebensform und ein Gehäuse für viele
differierende politische Bestrebungen schuf.

Italien als Kulturnation

Benedetto Croce nannte rückblickend das Risorgimento „das
Meisterwerk der nationalliberalen Bewegungen im 19. Jahrhundert".

Die Italiener empfanden sich als „Kulturnation" (Friedrich
Meinecke), weit bevor der Wunsch nach einer staatlich-politi-
schen Einigung sichtbare Formen annahm. Die Erinnerung an
die vielfach als direkter Besitz empfundene römische Vergangenheit, die Latinität als deren geistliches Erbe, der Stolz auf das in
seinen baulichen Zeugnissen noch vielfach sichtbare Zeitalter der
Kommunen, die Kultur der Renaissance, die die Italiener, die
„Erstgeborenen Europas" (Jacob Burckhardt), in einer europäischen Spitzenstellung sah, alle diese Erinnerungen wirkten als
Stimuli. Schließlich sei hingewiesen auf die Stellung der katholischen Weltkirche, die vielfach als das Meisterwerk des italienischen Genius betrachtet wurde. Das italienische Volk besaß seit
spätestens dem 14. Jahrhundert ein Bewußtsein seiner Eigen-
tümlichkeit und Individualität. Dieses Bewußtsein bezog sich
vor allem auf Sprache und Literatur. Person und Werk Dantes
bilden bis heute das Fundament, auf dem sich dieses gemeinsame
Kulturbewußtsein aufbaut. „Mit Dante beginnt geistig die Exi-

stenz Italiens." Die ‚Göttliche Komödie' ist Ausdruck jener „vertieften Italianität", „die Dante zu allen Zeiten quasi als geistigen Vater der Nation hat erscheinen lassen". „Im Lichte der Danteschen Dichtung erscheinen alle Orte Italiens, seine Erinnerungen, Traditionen und Hoffnungen, seine geschichtlichen Erfahrungen und seine Schmerzen und Schwächen. Sie alle formen das Bild des ‚Bel paese' (des schönen Landes), das dann zu den Gemütern aller zukünftigen Generationen sprechen wird" (Giovanni Gentile). Dante gilt „als Vater der italienischen Sprache" und als „Symbol jeder nationalen Größe [Italiens] über die Jahrhunderte hinweg". Die Italiener hatten so in Sprache und Literatur ein Bewußtsein ihrer spezifischen Individualität entwickelt, längst bevor eine politische Dimension hinzutrat.

Italien als Lebensform

Dieses Identitätsbewußtsein trägt nicht nur sprachlich-literarische Züge. Es besteht auch in den Verhaltensformen, der Mentalität, der Ernährung, den Eßsitten, den Formen der Geselligkeit und des Benimms. Der „Cortigiano" von Baldassare Castiglione und der „Galateo" von Giovanni Della Casa galten im 16. und 17. Jahrhundert in Europa als *die* Lehrbücher für gutes Benehmen. Die italienische Küche bildet ein starkes Moment des Zusammenhalts. Mit Pasta, Pizza, Polenta, mit Gelato, Wein und Olivenöl und der ihnen zugehörigen gastronomischen Geselligkeit hat sie im letzten Jahrhundert ihren Siegeszug über die Welt angetreten. Ebenso hat der Welterfolg der italienischen Mode, der Frisuren, des Schmucks eine lange, historisch bedingte Vorgeschichte. Die aus der Antikenrezeption des Humanismus hervorgehende Figur des „Intellektuellen", verkörpert etwa von Niccolò Machiavelli, hat in Europa Schule gemacht. Die nach 1860 ausgewanderten fast 30 Mio. Italiener haben überall auf der Welt, in Brasilien oder Argentinien, in Australien, Kanada oder den USA, ein „little Italy" gebildet. In diesem Auslandsitalienertum haben sich über Generationen hinweg viele Züge des Heimatlandes erhalten. Schließlich sei erinnert an „die Italiener mit

Koffer. Das ‚Bel Paese' auf Reisen" (so der Titel eines amüsanten Buches von Beppe Severgnini). In der Fremde ist der zumeist in Gruppen reisende Italiener rasch zu erkennen: laut, lebhaft, unterhaltsam, unternehmungslustig. „Auf Reisen bleiben wir Italiener, was wir sind, oder werden es noch mehr" (Severgnini).

Die Stadt als Lebenszentrum

In der Existenz der „hundert Städte", ihrem Selbstbewußtsein, ihrer Beharrungskraft und ihrem inneren wie äußeren Reichtum hatte Carlo Cattaneo um die Mitte des 19. Jahrhunderts die Quintessenz der italienischen Geschichte sehen wollen. Das Nebeneinander dieser hundert Städte hieß zugleich: Vielfalt, Spannungsreichtum, Binnenkonkurrenz, Lokalpatriotismus, Partikularismus. Die italienische Sprache hat für dieses Phänomen den Begriff des ‚campanilismo'. Die Stadt hatte, wie die griechische Polis, quasi das gesamte Loyalitätspotential ihrer Bürger auf sich gezogen und keinen Platz mehr für großräumigere Gebilde gelassen. Nach Auffassung vieler Beobachter gab es eine historisch-organische Unfähigkeit des Italieners zu einer modernen Großstaatsbildung. Die Italiener, so kann man in Goethes *Italienischer Reise* lesen, „sind auf die wunderbarste Weise sämtlich Widersacher, haben den sonderbarsten Provinzial- und Stadtteifer, können sich alle nicht leiden, die Stände sind in ewigem Streit und das alles mit immer lebhafter gegenwärtiger Leidenschaft".

Aufgrund dieses dem Italiener quasi angeborenen „Geistes der Trennung" schien vielen Beobachtern eine dauerhafte staatliche Vereinigung dieser an geschichtlichen Traditionen, Kultur, Selbstbewußtsein und innerer Vitalität so reichen Gebilde wie Venedig, Genua, Florenz, Rom, Neapel oder Palermo auf Dauer ein Ding der Unmöglichkeit. Die von diesen Städten verkörperten Regionen, so schreibt Giuseppe Galasso, Herausgeber einer vielbändigen, für die Zeit vor 1860 nach Regionen aufgegliederten Geschichte Italiens, „präsentieren in Italien historische Individualitäten, die eigenen großen Kulturkreisen entsprechen". Die Geschichtsschreibung ist gerade jetzt dabei, die Fortdauer dieses Polyzentrismus und dieses Lokalismus nach 1860 jenseits aller unifizierenden Bemühungen von seiten des Zentralstaates wiederzuentdecken.

Die Sprache

Die Sprache ist die Basis und der Kern des italienischen Identitätsbewußtseins. „Wenn ein Volk sein Vaterland und seine Freiheit verloren hat und sich über die Welt verstreut, dann ist die Sprache sein Vaterland und Ersatz für alles andere. ... Die Sprache war für uns die Erinnerung an Größe, an Wissenschaft, an Freiheit." Ihr Studium „war das erste Zeichen des Nationalgefühls" (L. Settembrini). Florenz war seit den Tagen von Dante, Petrarca und Boccaccio die sprachlich-geistige Hauptstadt Italiens, das Zentrum der Kulturnation, Sitz der ältesten Sprachakademie, der Crusca (seit ca. 1590), Kapitale in allen Fragen, die Sprache, Literatur und die Republik der Gelehrten anging. Die Wahl des Florentinisch-Toskanischen als Nationalsprache erfolgte seit dem 14. Jahrhundert in völliger Freiheit, ohne den Zwang einer staatlichen Zentralinstanz oder den gesellschaftlichen Druck eines beherrschenden ökonomischen Zentrums.

Außerhalb der Toskana blieb das Italienische die ganzen Jahrhunderte der Neuzeit hindurch die Sprache einer zahlenmäßig äußerst schmalen kulturellen und geistigen Elite. Man hat kalkuliert, daß 1860 kaum mehr als 2 % der Italiener Italienisch sprechen konnten. Die vorherrschende Realität war die der Dialekte und der Sondersprachen: Sardisch, Sizilianisch, Neapolitanisch, bis hin zu Piemontesisch und Venezianisch. Cavour sprach und schrieb vorwiegend Französisch, selbst König Viktor Emanuel II. sprach mit Vorliebe Piemontesisch. Diese Dialekte sind so weit voneinander entfernt, daß eine Verständigung miteinander nicht möglich ist. Italienische Auswanderer in den USA sprachen miteinander in ihrem rudimentären Englisch. Dialektfilme laufen in Italien mit nationalsprachlichen Untertiteln. Ein sizilianisch gesprochener Text würde in anderen Teilen des Landes nicht verstanden werden.

Das Italienische galt noch zu Beginn des 19. Jahrhunderts als „tote Sprache", eingeschlossen und quasi petrifiziert in ihrer Schriftlichkeit, ihrem Schriftenkanon, ihren Charakteristiken als Vehikel einer schmalen Elitenkultur. Tullio De Mauro spricht von dem Paradox „einer Sprache, die gefeiert, aber nicht genutzt wurde und die sozusagen eine Fremde in ihrem Vaterland" war. 1860, im Augenblick der staatlichen Einigung, war nur ein Viertel der Bevölkerung von 28 Millionen alphabetisiert. Der Aufstieg des Italienischen war nicht Voraussetzung, sondern Folge der nationalen Einigung. Sie setzte eine „tiefgreifende linguistische Revolution" in Gang.

Die Italiener schaffen

1867 erschienen posthum die Lebenserinnerungen von Massimo D'Azeglio „I miei ricordi". In der Einleitung heißt es: „Man plant, Italien zu reformieren. Aber keiner denkt daran, daß, wenn dieses Werk gelingen soll, man sich zuerst selbst reformieren muß." Dazu braucht es „jener kostbaren Mitgift, die kurz gesagt Charakter heißt". „Italien ist geschaffen, aber leider schafft man nicht die Italiener." Aus diesem Passus ist in Kurzfassung jene vielzitierte Sentenz entstanden: „Italien ist geschaffen. Jetzt müssen wir die Italiener schaffen." Allen informierten Betrachtern war klar, daß die staatliche Einigung ein Gewaltstreich war, der sich als Alterstorheit der Nation erweisen konnte, wenn es nicht gelang, das staatliche Gerüst mit Geist und innerem Leben zu erfüllen, die verschiedenen Traditionen zu harmonisieren und zu integrieren. Eine ganze Generation von Intellektuellen, Dichtern, Literaten, Historikern, Komponisten, „Ingenieuren der Italianität" (Giulio Bollati) war damit beschäftigt, in historischem Roman, Drama, Oper oder geschichtlicher Darstellung der Nation ihr Werden und Sein zu „erfinden" und zu erzählen. Zu den „hundert Büchern, die Italien schufen", gehören Alessandro Manzoni, *I promessi sposi*, und Gaetano De Sanctis, *Storia della letteratura italiana*. Die „nationale Mission" des Hauses Savoyen wurde in legendären Formen neu gedeutet.

Die dynastische Loyalität wurde eine der stärksten Integrationskräfte des neuen Staates.

Seine narrative, visuelle und symbolische Selbstdarstellung in Texten, Bildern, Inschriften, Monumenten, Denkmälern, Festen und Zeremonien ist erst in jüngster Zeit Gegenstand der forschenden Aufmerksamkeit geworden. Das große Epos der nationalen Einigung mit seinen Märtyrern, seinen zukunftsverheißenden Niederlagen, seinen Heroen, seinen Schlachtfeldern, Ossarien und „historischen" Lokalitäten wurde schrittweise lesebuchfähig erzählt und visuell sichtbar gemacht. Die urbane Topographie aller italienischen Städte übernahm mit der Benennung von Straßen und Plätzen das risorgimentale Epos. Kein Ort mehr ohne Piazza Garibaldi, Corso Vittorio Emanuele II oder via Cavour. In einer wahren Denkmalswut füllten sich Plätze und Parks des urbanen Italien in den Jahrzehnten vor 1914 mit Monumenten für die großen Figuren der nationalen Einigung.

Der kulturelle und moralische Primat Italiens

Was war die Botschaft, die hinter diesen Bemühungen stand? Das markanteste Gebäude der für 1942 geplanten Weltausstellung in Rom, das von den Römern spöttisch so getaufte „Quadratische Kolosseum", trägt an der Ostseite in meterhohen Lettern die Inschrift: (Italien) „ein Volk von Helden, Dichtern, Künstlern, Heiligen, Entdeckern, Erfindern, Seefahrern, Auswanderern". Der Text stammt von Mussolini. Es ist eines der wenigen Relikte der Zitate, Slogans und Leitsätze des Diktators, die in der faschistischen Zeit zu Hunderttausenden das Straßenbild und die politischen Veranstaltungen begleiteten.

Es wäre reizvoll, die Empfindungen und Gedanken zu studieren, die dem heutigen Passanten bei der Lektüre dieses Textes durch den Kopf wandern. In sehr prononcierter Form ist hier der historische, kulturelle und moralische Primatanspruch formuliert, der mit dem Werk von Vincenzo Gioberti schon an dem Beginn des Risorgimento stand und dem man im 19. und 20. Jahrhundert an vielen Stellen begegnet.

Die Weltausstellung 1942

Das ganze Projekt dieser Weltausstellung ist wie kaum etwas anderes geeignet, den integralen Nationalismus zu demonstrieren, der damals breite Schichten der italienischen Gesellschaft prägte. Das ehrgeizige Unternehmen wurde seit 1935 diskutiert. Ende 1936 offiziell beschlossen, sollte es anläßlich der Zwanzigjahrfeiern des Regimes 1942 stattfinden. Mit einem Etat von über 2 Mrd. Lire, einem Gelände von mehr als 400 ha und seinen projektierten 50 Ausstellungen und 350 Tagungen war es die vielleicht aufwendigste, sicherlich aber die ambitionierteste Initiative ihrer Art in diesem Jahrhundert. Ein elliptischer, über 200 Meter hoher Bogen aus Aluminium sollte das Gelände überspannen und zum Symbol der neuen Epoche werden wie seinerzeit Kristallpalast und Eiffelturm. Man rechnete für diesen „Wettkampf der Kulturen" („Olimpiadi delle Civiltà") mit mindestens 20 Mio. Besuchern. Italien wollte der Welt seinen Primatanspruch und seine Zukunft als imperiale Großmacht demonstrieren. Ausgestellt werden sollte praktisch alles: Antike, Kunst, Musik, Theater, Film, Handwerk, Schule und Universität, Verkehr, Technik, Industrie, Landwirtschaft usw. Als Glanzpunkte waren vorgesehen die Ausstellungen über Autarkie, korporatives System und die „Civiltà italiana". Man plante auf Dauer. Viele der Ausstellungen sollten später in Museen umgewandelt werden.

Die „Esposizione Universale di Roma" (EUR) kam nicht zustande. 1942 stand Italien vor der militärischen Niederlage, der Faschismus vor dem Zusammenbruch. Das Gelände blieb nach 1945 ein gespenstisches Ruinenfeld. In den fünfziger Jahren wurde die EUR, zum Teil nach den alten Plänen und unter der alten Leitung, mit der neuen Zielsetzung einer Garten- und Verwaltungsstadt fertiggebaut. Neben den säulenumstandenen Travertin- und Marmorpalästen der faschistischen Periode wuchsen die Stahlbeton- und Glaskonstruktionen der neuen Zeit. Von diesem „Klein-Brasilia im Agro Romano" aus wird ein beträchtlicher Teil des heutigen Italien regiert und verwaltet. Ein Teil der Olympischen Spiele von 1960 fand auf diesem Gelände statt. Das Projekt selbst in seiner faschistischen Version wurde nach 1945 als megaloman und als Ausdruck nationalistisch-faschistischer Machtpolitik in Acht und Bann getan. Die Bauten erschienen jetzt der vom nationalistischen Fieber geheilten Öffentlichkeit als eine von leerem Monumentalismus geprägte, auf Disziplinierung und Unterdrückung des Individuums ausgerichtete Herrschaftsarchitektur.

Mit der Historisierung des Faschismus und mit neuen Zeiterfahrungen erscheint das Riesenprojekt heute in einem teilweise neuen Licht. Das gilt für die Architektur selbst, wo die Postmoderne mit ihrer Wiederentdeckung von Säule, Bogen, Gewölbe und Architrav einen neuen Zugang zu den Polemiken der dreißiger Jahre zwischen „Traditionalisten" und „Rationalisten" gewinnt. Der von der Kritik nach 1945 aufgestellte Gegensatz zwischen positiver „antifaschistischer", rationalistischer und negativer faschistisch-traditionalistischer Architektur läßt sich nicht mehr aufrechterhalten. Wie die Akten zeigen, haben fast alle Beteiligten bis in den Krieg hinein gehofft, an diesem mit Abstand größten Bau- und Kunstprojekt, das das Italien der dreißiger Jahre zu vergeben hatte, Ruhm wie Geld zu verdienen. Erst die Kriegsereignisse selbst verschärften die Gegensätze bis zum Bruch.

Aus den Archiven der EUR kommt jetzt ein ganzes ungeschriebenes Kapitel der italienischen Kunstgeschichte mit vielen prominenten Namen zutage. Fast alle, die Rang und Namen hatten, haben sich beteiligt, mit Planungen von bisweilen hoher Qualität, die jedoch „ein starker und zum Teil unerträglicher Primatskomplex" (Eugenio Garin) kennzeichnet.

Der Ruhm Italiens

Zwei weitere Beispiele mögen genügen: Der katholische toskanische Dichter Giovanni Papini publizierte 1939 einen bis 1942 in vierter erweiterter Auflage vorliegenden Lobpreis auf „Italia mia", das einen einzigen Hymnus auf den Fleiß der Italiener, ihren Geist, ihren Heroismus, ihren Erfindungsreichtum und ihr

Schönheitsgefühl darstellt. Das von einzigartigen Naturschönheiten ausgezeichnete Italien präsentiert in einem „märchenhaften Mikrokosmos" alle Möglichkeiten und Realisierungen dieser Erde. Die Italiener sind das erstgeborene Volk, „ohne das Europa nicht Europa wäre und ohne das die Welt unendlich viel düsterer, trauriger und barbarischer aussehen würde". Papini sieht im italienischen Volk das geborene Herrschervolk. „Über zwei Jahrtausende haben die kühnen Italiener ihre Überlegenheit gezeigt und geherrscht ... mit dem Adler oder dem Kreuz, mit dem Gold oder der Feder, mit der Macht des Glaubens und dem Glanz des Genies, aber immer als Herrscher". In der konkreten politischen Situation des Krieges proklamierte Papini die Mission Italiens, Europa auf christlich-katholischer Basis zu einigen. Die Jugend Italiens ermahnte er, in Demut das gloriose Erbe der Väter zu wahren. Die Hauptaufgabe sei, „aus Italien den ... entscheidenden Kern der europäischen Einigung, den Anwalt der westlichen Kultur" zu machen. „Italien besitzt seine wichtigste Aufgabe in der Führung und Erziehung des Menschengeschlechts". Dieses Zeugnis ist deshalb von Interesse, weil es nicht von einem extremistischen Nationalisten, sondern von einem gemäßigten, katholisch orientierten philofaschistischen Schriftsteller stammt. Es nimmt Themen und Stimmungen auf, die Madame de Staël schon Anfang des 19. Jahrhunderts in ihrem Italien-Roman „Corinna" formuliert hatte. Zur Dichterkrönung auf dem Kapitol hatte Corinna „Ruhm und Glück Italiens" gesungen. „Heil Dir Italien, Reich der Sonne, Italien, Gebieterin der Welt und Wiege der Kunst! Erst Deinen Waffen dienstbar, dann Deinen schönen Künsten und Deinem Himmel. ... Rom besiegte die Welt durch seinen Geist und war Königin durch die Freiheit. Der römische Charakter drückte der ganzen Erde sein Siegel auf." Der alte Papini hat in seinen letzten Lebensjahren nach 1945 Wasser in den Wein seiner emphatischen Italienbegeisterung geschüttet und auf das heimische Sprichwort verwiesen „wer allein schafft, schafft für drei". Als einzelner sei der Italiener ein Wunder an Erfindungsreichtum, Fleiß und Überlebenskunst. In einem politischen Großverband und gar in einem Nationalstaat vereint, versagten sie. „Ihnen fehlt der Sinn für

Disziplin, für Eintracht und gemeinsames Handeln. Zehn Italiener können eine verlassene Insel in ein irdisches Paradies verwandeln; fünfzig Millionen Italiener ... schaffen es, aus Italien eine der schwächsten, zerstrittensten, ärmsten und kleinmütigsten Nationen zu machen."

Der Freund und Mitstreiter Papinis, Giuseppe Prezzolini (1882–1982), hat fast ein Jahrhundert lang die Entwicklung der italienischen Kultur begleitet und mitgestaltet. Biographie und Œuvre tragen exemplarischen Charakter. Noch jüngst hat Indro Montanelli mit seiner Zeitungsneugründung *La Voce* Themen und Programm der gleichnamigen ersten Zeitschrift Prezzolinis wieder aufnehmen wollen. Prezzolini hat in vielen Beiträgen über den Charakter seiner Landsleute nachgedacht und ihn analysiert. Die Italiener, so schreibt er in seinem „Codex des italienischen Lebens", „teilen sich in zwei Kategorien: die Schlauen (furbi) und die Dummen (fessi)". Dumm ist, „wer seine Bahnfahrkarte voll bezahlt, wer nicht gratis ins Theater kommt, wer keinen Onkel, keinen Freund der Frau, keinen einflußreichen Bekannten auf dem Gericht, in der Schule usw. besitzt, ... wer seine wirklichen Einkünfte bei der Steuer erklärt, wer zu seinem gegebenen Wort steht". „Die Dummen handeln nach Prinzipien, die Schlauen nach Zwecken." „Italien kommt voran, weil es die Dummen gibt. Sie arbeiten, zahlen und gehen daran zugrunde. ... Die Schlauen tun nichts, geben aus und genießen." „Die Achtung vor dem Gesetz ist im Bewußtsein des Italieners nur wenig verankert." „Im alltäglichen Leben wie in der Geschichte besitzt der Italiener mehr Achtung vor Intelligenz und Begabung als vor den Gesetzen." „Als Bürger taugen die Italiener wenig, aber als Genossen, als Lehrer, als Liebhaber, als Dichter, als Künstler scheinen sie fähig zu sein, der ganzen Welt die Kunst des Lebens beizubringen."

In den Zeugnissen Prezzolinis, Papinis und Mussolinis spiegelt sich etwas von dem bis in die Gegenwart reichenden Selbstverständnis der Italiener wider: Italien als Zentrum des römischen Weltreichs, als Heimat der katholischen Weltkirche, als Wiege von Humanismus und Renaissance, als die große Pflanzstätte von Musik und Architektur, Plastik und Malerei – hier liegen die Hauptruhmestitel. Italien sieht sich zu Recht als eine der fundamentalen Komponenten der europäischen Kultur, in Geschichte und Gegenwart.

Nach Schätzungen der UNESCO befinden sich mehr als 50 % des europäischen Kunst- und Kulturbesitzes auf italienischem Boden. Davon hat der Zweite Weltkrieg ca. ein Sechstel zerstört. Der Reichtum dessen, was bis in die entlegensten Winkel der Halbinsel hinein den aufmerksamen Kunstfreund überrascht, bleibt enorm groß. Jeder Gang durch die Museen der Welt demonstriert die zentrale Rolle, die der „Genius Italiens" auf vielen Gebieten gespielt hat. Diese Traditionen setzen sich bis in die Gegenwart fort. In Mode, Film, Kunsthandwerk, Architektur, industriellem Design und auf vielen anderen Gebieten mehr, wo Ästhetik, Kreativität, Erfindungsgabe und Anpassungsfähigkeit gefragt sind, bietet Italien wichtige Beiträge zur heutigen Weltkultur.

Wie Umfragen zeigen, bilden diese Traditionsstränge entscheidende Komponenten im Selbstverständnis des heutigen Italieners. Die Naturschönheiten Italiens, Kunst, Kultur und Kreativität, Begabung zum Lebensgenuß rangieren in der Liste der Präferenzen ganz obenan.

1945 als Ende eines großen nationalen Projektes

Das Jahr 1945, so schreibt der Historiker und Diplomat Sergio Romano, kennzeichnet „das Ende eines großen politischen Projekts" und bedeutet „einen Bruch in der Kontinuität der nationalen Geschichte". In der Tat heben sich mit größerer zeitlicher

Distanz immer stärker die einheitlichen Züge der Nationalgeschichte zwischen 1860 und 1945 heraus. Die risorgimentalen
Führungseliten der „Historischen Rechten" um Cavour, Ricasoli,
D'Azeglio und Rattazzi waren mit dem Blick auf Frankreich und
England angetreten, den ökonomischen, gesellschaftlichen und
politisch-institutionellen Rückstand Italiens gegenüber Westeuropa aufzuholen und das Land in den Kreis der gleichberech-
tigten Großmächte hinaufzuführen. Das liberale Italien des
Ersten Weltkrieges und noch das faschistische Italien Mussolinis
stand ganz in diesen geistigen Traditionen. Das erklärt auch,
warum nach 1900 der Übergang von nationalen und irredentisti-
schen Zielsetzungen hin zu imperialistischen Ambitionen so
bruchlos vonstatten ging. Im Zeichen dieses macht- und außenpolitischen Programms vollzog sich vielfach das Bündnis zwischen liberalkonservativen und nationalistischen Eliten und dem
Faschismus.

Italien als Groß- und Weltmacht

Auf dem „Altar des Vaterlandes" in Rom, dem größten und
kostspieligsten Nationaldenkmal Europas im 19. Jahrhundert,
stehen die beiden Inschriften „Patriae unitati" und „Civium
libertati". Nationale Einheit und innere Freiheit waren die beiden Leitgedanken der nationalen Wiedergeburt. Das Einigungs-
werk der liberalen Eliten wurde nur von einem sehr schmalen
Konsens getragen. Die Zahl der Wahlberechtigten betrug 1861
kaum mehr als 2 %, in den achtziger und neunziger Jahren kaum
mehr als 6–8 %. Durch die Wahlrechtsreform Giolittis 1912 stieg
die Zahl der Wahlberechtigten auf über 20 %. Aber erst der Erste
Weltkrieg und seine politischen und soziopsychologischen Fol-
gewirkungen führten die Volksmassen auf die Bühne der italienischen Politik. Der Faschismus erzielte über seine Großorganisa-
tionen von Partei, Freizeit, Gewerkschaften, Sport und Jugend
die „Nationalisierung der Massen" und schuf oder potenzierte
die Mythen von Staat, Nation und „neuem Italiener". „Der
Faschismus ... kann interpretiert werden als ‚Versuch, die Italie-

ner, wenn nötig mit Gewalt und Stockschlägen, in eine Nation und ein Volk zu verwandeln'." Um die Größe der Nation zu erreichen, opferte der Faschismus die Freiheit und trennte so die beiden fundamentalen Werte, auf denen das Risorgimento basiert hatte.

Mussolini als die Inkarnation des „homo italicus" und „Genius der Nation" fühlte sich ganz als Vollstrecker dieses Auftrages, wenn er das „Jahrhundert des Faschismus" heraufzuführen versprach und Italien im Jahre 2000 unter den vier führenden imperialen Weltmächten angesiedelt sah. Auch wenn man die Geheimreden Mussolinis 1937–1940, in denen diese Langzeitplanungen eines Mittelmeerimperiums am deutlichsten zum Ausdruck kommen, zum Teil durch Rhetorik geprägt sieht, so bleibt doch der psychologische und mentale Zusammenhang mit den Hoffnungen und Aspirationen der Nation insgesamt unübersehbar.

Rückschauend betrachtet, bildet die Hypertrophierung des Nationalgedankens das vielleicht wichtigste Charakteristikum der faschistischen Zeit. Innen- wie außenpolitisch fungierte der Appell an die wirklichen oder vermeintlichen nationalen Interessen als höchst wirksames Instrument der Konsensgewinnung und der politischen Integration. Über den Primat des Nationalen konnten selbst die progressiven Traditionen des Risorgimento dem Mythos des „neuen" Italien dienstbar gemacht werden und Mazzini und Garibaldi als „Vorläufer" Mussolinis erscheinen. Dieser nationalistische Appell wirkte, wie unter anderem die Geschichte der Klerikofaschisten zeigt, tief auch in die genuin katholischen Teile der italienischen Gesellschaft hinein. Der Antifaschismus nach 1924 blieb vor allem deshalb ohnmächtig und isoliert, weil das Regime ihm das Signum des Verrats und des Antinationalen aufprägen konnte. Auch gegenüber den italienischen Volksgruppen im Ausland wirkten der nationale Appell und die intensive Organisationsarbeit des faschistischen Italien mobilisierend und integrierend. Das Auslandsitalienertum war bis Kriegsbeginn in seiner großen Mehrheit philofaschistisch gesinnt.

Die vom Faschismus propagierten Mythen kreisen um Staat

und Nation. Das gilt für die Machtstaatsverherrlichung, für die Kriegs- und Gewaltphilosophie, für die instrumentelle Zuordnung von Individuum, Bewegung und Staat. Das „Glaubengehorchen-kämpfen"-Motto Mussolinis bildete quasi das Signum des unfreien, zum Objekt gewordenen und in einen totalitären Zwangsapparat eingespannten Individuums. Der Faschismus wurde als triumphaler Höhepunkt der Nationalgeschichte gesehen, die vorhergehenden Jahrhunderte wurden als Vorgeschichte interpretiert.

Diese in den Konturen ungewisse, zwischen Hoffnungen und Befürchtungen schwankende, aber in ihren zentralen Aussagen doch einheitliche und optimistische Selbstinterpretation der Nation brach seit den militärischen Niederlagen des Winters 1940/41 schrittweise zusammen. In den Schlammfeldern Albaniens und Nordgriechenlands und auf den Wüstenstraßen Libyens enthüllten sich die militärische Schwäche des faschistischen Italien und die nicht mehr überbrückbare Kluft zwischen propagandistischem Schein und harter Wirklichkeit. Schrittweise wurde klar, daß es dem totalitären Staat weit weniger als seinem verachteten liberalen Vorgänger im Ersten Weltkrieg gelang, die ökonomischen, materiellen und psychologischen Kraftreserven der Nation zu mobilisieren.

Der Sturz Mussolinis am 25. 7. 1943 und die von den Alliierten erzwungene Kapitulation am 8.9. endeten in einer völligen militärischen und moralischen Katastrophe. Die Regierung Badoglio hatte gehofft, in dem Frontenwechsel ihre politische Handlungsfähigkeit, einen Teil ihres militärischen Potentials und zumindest Sardinien und Süditalien bis Rom in den Machtbereich der Alliierten retten zu können. Als sich die Staubwolken des Zusammenbruchs jedoch verzogen, verlief die neu entstandene Front – auch zur Überraschung der Deutschen – viel weiter südlich, als es sich die ärgsten Pessimisten auf italienischer und alliierter Seite hatten träumen lassen.

Der 8. September 1943

Der 8. September bedeutete für Italien das Verschwinden einer 1,7-Millionen-Armee, den Verlust aller militärischen Okkupationszonen im Mittelmeerraum, auf dem Balkan, in Südfrankreich, die Auslieferung der Flotte, den Verlust der Hauptstadt und die unter schmählichen Umständen erfolgte Flucht von König, Regierung und militärischer Führungsspitze in den äußersten, unbesetzten Süden des Landes. Der 8. September bildet noch heute, weit über den damaligen Anlaß hinaus, im Kollektivbewußtsein der Nation das Symbol für Niederlage und Zusammenbruch schlechthin, ein Tag, der in der Biographie jedes einzelnen eingeschrieben ist. Mit Krieg und Bürgerkrieg auf dem heimischen Boden schien die Zukunft der Nation ausgelöscht zu sein und Italien, wie es die deutsche Propaganda höhnisch aussprach, für ein Fellachendasein bestimmt.

Die Bedeutung des Jahres 1943 und speziell des 8. September für das Selbstverständnis des heutigen Italien kann kaum überschätzt werden. Ernesto Galli della Loggia, Zeithistoriker und einer der scharfsinnigsten Interpreten des heutigen Italien, spricht von „einer Art von schweigendem Pakt", den die breite Mehrheit des italienischen Volkes „in den Tagen des faschistischen Krieges und dann des Befreiungskrieges" mit sich selbst einging: „Ein schweigender, aber deshalb nicht weniger haltbarer Pakt, da aufgebaut auf einem Kollektiverlebnis von Entbehrungen und Leiden, wie sie das Land bis dahin noch nie erlebt hatte. Im Kern sagte dieser Pakt, daß man nie wieder den Verlockungen des Krieges nachgeben werde und daß die Rechnung mit dem Faschismus, mit seinen Idealen und seinen Methoden für immer abgeschlossen sei."

Damals ist „das Bild, das Italien von sich selbst hatte ...., als eines Volkes, das die Einheit gewonnen hatte, um eine große Rolle in der Weltgeschichte zu spielen, dieses Bild ist endgültig zerstört worden und mit ihm die Idee der Nation".

Der 8. September war nicht nur der dunkelste Tag in der Geschichte des Einheitsstaates. Er wurde zugleich das Datum für einen Neubeginn. An diesem Tage trafen sich in Rom die Führer der sechs antifaschistischen Parteien, um das „Komitee für die nationale Befreiung" zu gründen. Dies war der Auftakt für die spätere Resistenza. Italien verfügte über reiche positive Erfahrungen im kleinen, auf Freiwilligkeit, Spontaneität und Charisma aufbauenden Guerillakrieg. Garibaldi war und ist der mit Abstand populärste nationale Heros im Kollektivbewußtsein der Nation. Diese Traditionen lebten mit großer Intensität und in erneuerten Formen in der „Resistenza" wieder auf. Während mehr als 600 000 Italiener in eine harte deutsche Kriegsgefangenschaft gingen und die in Bürgerkrieg und Krieg verstrickte Nation in Resignation und Apathie zu versinken drohte, stiegen erste kleine Gruppen von Jugendlichen bewaffnet in die Berge, organisierte sich in den Städten in der Illegalität der antifaschistische Widerstand. Auf militärischem Gebiet hat die Resistenza, die in der Endphase im Frühjahr 1945 mehr als 150 000 Mann umfaßte, einen nicht unbeträchtlichen Beitrag zur Befreiung des Landes geleistet. Kesselring sprach von sieben Divisionen, die der mit stärkster Abscheu betrachtete „Bandenkrieg" seinem Kräftepotential entzogen habe. Die meisten norditalienischen Städte wurden im April 1945 von den Italienern selbst befreit. Weit größer aber als dieser militärische Beitrag war die moralische und politische Bedeutung des Phänomens. Aus der Illegalität und dem Widerstand heraus organisierte sich das neue Parteiensystem, bildete sich eine neue Elite, fand die Nation ein neues moralisch-politisches Selbstbewußtsein.

Die Pervertierung des Nationalgedankens durch den Faschismus, so notierte ein Florentiner Jurist 1943 in seinem Tagebuch, hat den Patriotismus zerstört, die Volksbewegung nach dem Sommer 1943 hat uns das Vaterland wiedergeschenkt. „Das Wort Vaterland bekam endlich wieder einen humanen und brüderlichen Sinn."

In den Motiven der Resistenza mischten sich drei Zielsetzungen: 1. die außenpolitische Abwehr der teutonischen Invasion aus dem Norden und die Befreiung des nationalen Territoriums, 2. der innenpolitische Kampf gegen den republikanischen Faschismus, 3. die Vorbereitung der politisch-sozialen Revolution. Den kleinsten gemeinsamen Nenner einer in sich sehr heterogenen Kräftekoalition, die von den Liberalen und den Katholiken bis zu den Kommunisten reichte, bildeten die Ziele der Befreiung des nationalen Territoriums und die Wiederherstellung einer handlungsfähigen, den Konsens der Nation und ihre Würde repräsentierenden Regierung. In zielbewußter Anknüpfung an die großen Traditionen des 19. Jahrhunderts sprach man von einem „zweiten Risorgimento". „So rettete man das Bewußtsein einer Kontinuität zwischen den nationalen Traditionen und dem antifaschistischen Italien. Diese Kontinuität sollte sich beim moralischen Aufbau nach dem Krieg als kostbar erweisen."

Für die Wiedergewinnung der nationalen Identität besaß die Resistenza eine hohe Bedeutung. Sergio Cotta, ein an der Universität Rom lehrender katholischer Jurist und selbst, wie viele andere Intellektuelle, aktiver Partisan, schrieb 1977: „Wie immer man den ‚materiellen' militärischen Beitrag der Resistenza einschätzen mag (er war in Wirklichkeit nicht groß und sicherlich nicht kriegsentscheidend), ihre ideelle Bedeutung war enorm. Dank der aktiven und ethisch motivierten Kriegsteilnahme hat sich das italienische Volk die Freiheit in einer bewußten Willensanstrengung erobert."

Als Ausdruck dieses neuen Selbstbewußtseins und dieses antinationalistischen, aber patriotischen Zusammengehörigkeitsgefühls entstand 1946/47 die neue Verfassung, die der frühere Staatspräsident Pertini „eine Eroberung des ganzen italienischen Volkes, seiner Geschichte und seiner politischen Kräfte" nannte. „Sie ist direkt aus den Idealen und der Kultur der Resistenza und aus dem Glauben und den Überzeugungen von Tausenden von antifaschistischen Märtyrern hervorgegangen." Die Resistenza wurde so zum Gründungsmythos des neuen Staates und der neuen Gesellschaft.

Die Flucht von König und Regierung in den Süden rettete die Staatskontinuität. Die zuerst in Brindisi, dann in Salerno residierende Regierung Badoglio, in fast allen ihren Handlungen abhängig von der alliierten Kontrollkommission, begann den unendlich mühsamen Wiederaufbau. Die Rückgewinnung eines gewissen Konsensus scheiterte an dem tiefen institutionellen und personellen Konflikt zwischen dem in der Person des Königs Viktor Emanuel III. verkörperten Ancien régime und den neuen, vom *Comitato di Liberazione Nazionale* repräsentierten Kräften der italienischen Gesellschaft. Der schließlich im Zeichen des Primats der nationalen Befreiung gefundene und von den Kommunisten mit der „Wende von Salerno" (März 1944) eingeleitete Kompromiß fand nach der Befreiung Roms mit der Bildung der Regierung Bonomi (Juni 1944) einen ersten lebenskräftigen Ausdruck.

Mit den Regierungen Parri (Juni–November 1945) und De Gasperi (ab Dezember 1945) geriet die italienische Politik auf neue Geleise. Die Niederlage der Monarchie im Referendum vom 2. 6. 1946 und die Geburt der Republik erscheinen so als konsequenter Abschluß einer Entwicklung, die im Oktober 1922 mit dem Bündnis zwischen Krone und Faschismus begonnen hatte. Die Sommerwochen 1943 zwischen dem 25. Juli und dem 8. September wurden zum eigentlichen Bruch in der jüngsten Vergangenheit Italiens.

Italien nach 1945

Auf deutscher Seite kann man häufiger die Auffassung vertreten finden, die faschistische Periode sei relativ rasch „historisiert" und „bruchlos in die eigene Nationalgeschichte" eingeordnet worden. Eher das Gegenteil ist richtig. Die Jahre 1943–1945 werden auch heute noch als tiefe Zäsur empfunden. Die zentralen Zielsetzungen der Resistenza waren eine direkte Antwort auf die im allgemeinen Bewußtsein als explosiv und zerstörerisch empfundenen Mythen des Faschismus, seine Staatsidolatrie und Nationsverherrlichung, seine Verachtung von Rechtsstaat und Individualrechten, seine aggressive und als antieuropäisch empfundene Außenpolitik. Von verschiedenen christlichen, radikaldemokratischen, marxistischen und föderalistischen Ansätzen her entwickelte sich eine auf die gesamten Bewegungsgesetze der europäischen Politik übergreifende Fundamentalkritik der Staatssouveränität, der zentralistischen Staatsgewalt, der totalitären Machtbesessenheit. Nach weitverbreiteter Auffassung hatten selbstmörderische Nationalismen in Europa jene beiden Bruderkriege ausgelöst, die entscheidend zu seinem weltpolitischen Niedergang beitrugen. Nach Altiero Spinelli wurde der europäische Föderalismus „das wichtigste neue Ideal", das aus den Erfahrungen des Zweiten Weltkrieges hervorgegangen ist.

Wo konnte der Platz Italiens in einer restabilisierten europäischen Nachkriegsordnung sein? Das Land hatte das Glück, ganz in der westlichen Hemisphäre des militärischen Weltkonflikts zu liegen. Die englischen Vorstellungen eines harten Straffriedens konnten sich trotz der gravierenden Kapitulationsbedingungen gegenüber den sehr viel flexibleren und vom italo-amerikanischen Wählerpotential beeinflußten Vorstellungen Washingtons nicht durchsetzen. Es entstand keine getrennte Besatzungsverwaltung. Das Land wurde nicht geteilt. Die nach dem Juni 1944 nach Rom zurückgekehrte Regierung konnte mit der Verlagerung des Krieges nach Norden und der Befreiung im April 1945 schrittweise die Souveränität über das nationale Territorium zurückgewinnen. Ende 1946 verließen die letzten alliierten Truppen das Land.

Italien als staatliche Entität blieb – unter Verlust seiner adriatischen und afrikanischen Gegenküste und der Aufgabe seines Kolonialreichs – erhalten. Der Friedensvertrag von Paris, im Juli 1947 von der Konstituente ratifiziert, bildete eine wichtige Etappe auf dem Wege zur Aussöhnung mit seinen europäischen Nachbarn. Die Aufnahme Italiens in die neu entstandene nordatlantische Verteidigungsorganisation bildete unter manchen Aspekten den Abschluß eines innenpolitisch hart umkämpften und schmerzreichen politischen und psychologischen Umstellungs- und Eingliederungsprozesses. Machtpolitisch trat so Italien in der Nachkriegszeit in den Status einer in die westlichen Bündnissysteme eingegliederten Mittelmacht zurück, die die politische Zukunft vor allem in einem engen Verhältnis zu den

Vereinigten Staaten suchte und nach dem Scheitern einer bis zu Projekten einer Zollunion reichenden Kooperation mit Frankreich ganz auf die Karte der europäischen Einigung und des Wirtschaftsliberalismus setzte. Dieser Umstellungsprozeß wurde dadurch erleichtert, daß im Jahr 1945 mit den Christdemokraten eine neue politische Elite die Verantwortung übernahm, die afaschistisch oder gar antifaschistisch geprägt war und sich in den Jahren des Regimes nicht oder nur wenig kompromittiert hatte. Innerhalb des politischen Katholizismus hatte es schon in den zwanziger Jahren eine deutliche und auf dem linken Flügel um Sturzo, Donati und Gallarati Scotti auch scharf artikulierte Kritik an Staatsidolatrie und nationalistischer Hybris gegeben.

Auch wenn das Sichabfinden mit der Statusminderung und dem Verzicht auf machtpolitische Präsenz nur in schmerzvollen Schüben vor sich ging – den Pariser Friedensvertrag betrachteten breite Kreise der Öffentlichkeit noch lange als Diktat, und die Hoffnungen auf eine zumindest teilweise Rückgewinnung des Kolonialreiches starben erst Mitte der fünfziger Jahre –, so erschienen die Jahre 1943–1945 – je länger entfernt, desto mehr – als tiefer Einschnitt in der Nationalgeschichte. Der Versuch von Risorgimento und Faschismus, militärisch und machtpolitisch zu den europäischen Groß- und Weltmächten aufzuschließen, wurde zunehmend als ein Irrweg interpretiert, der die Kräfte der Nation bei weitem überfordert und schwere ökonomische, finanzielle und soziale Kosten verursacht hatte. Für das historische Bewußtsein verloren das Risorgimento und der von ihm geschaffene Nationalstaat die zentrale Bedeutung, die beide bis dahin besessen hatten. Nach 1945 fand ein tiefgreifender Paradigmenwechsel statt, der jetzt neue Themen, etwa die Gesellschaft, die Parteien, die Kultur, die Kirche und die religiösen Frömmigkeitsformen, in den Vordergrund schob. Die Geschichte Italiens schien jetzt nicht mehr teleologisch auf den militärischen Machtstaat des 20. Jahrhunderts hin ausgerichtet, sondern wandelte sich unter dem Anstoß der neuen politischen Erfahrungen zur „Geschichte der Italiener" (Giuliano Procacci), zur „Geschichte der italienischen Gesellschaft" oder jener der traditionsreichen Städte und Regionen.

Nominell gehören über 95 % der Italiener zur katholischen Konfession. De facto aber bilden die im politischen, sozialen und kulturellen Umfeld des Katholizismus in der sogenannten katholischen Subkultur tätigen und sich der Kirche zugehörig fühlenden Italiener nur eine Minderheit von 20 bis 30 %. Während der Katholizismus schon wegen der römischen Frage dem Risorgimento feindlich gegenüberstand und die Schaffung und Festigung des Nationalstaates „erlitten" hat, kam es nach 1900 zu einer allmählichen Annäherung zwischen katholischem und liberalem System. Die Jahre nach 1945 brachten eine völlige Umkehrung der Machtverhältnisse. Die neue katholische Partei der *Democrazia Cristiana* erreichte mit 35 bis 40 % der Wähler eine hegemoniale Position. Es gelang ihr, bedeutende Teile des liberal-konservativen Bürgertums an sich zu ziehen.

Die *Democrazia Cristiana* stand den großen nationalen Traditionen des Risorgimento indifferent bis ablehnend gegenüber. Einem christdemokratischen Ministerpräsidenten mußte es bis zuletzt schwerfallen, einen Mazzini oder Garibaldi oder den 20. September, den Tag der Eroberung Roms, zu feiern. Die Christdemokraten, die nach 1945 fast permanent das Erziehungsministerium in der Hand gehalten haben, konnten zwar „die Vergangenheit akzeptieren, aber kaum dazu beitragen, die Idee des Risorgimento zugunsten künftiger Generationen lebendig zu erhalten".

Auch an der Resistenza war der Katholizismus nur am Rande beteiligt und hatte nach 1945 Mühe, mit Hilfe seiner wenigen aktiven Repräsentanten sich eine eigene aktive militärische Resistenza-Tradition zu verschaffen. Auch diese zentrale Phase der italienischen Zeitgeschichte hat der Katholizismus eher „erlitten" als aktiv gestaltet.

Die laizistischen und marxistischen Gegner des Katholizismus haben der *Democrazia Cristiana* immer attestiert, daß es ihr an National- wie an Staatsbewußtsein fehle. Es ist nicht ohne Bedeutung, daß der gegenwärtige Generalsekretär des *Partito Popolare*, Rocco Buttiglione, das Thema „Nationalbewußtsein" unter der Fragestellung behandelt: „Glaube und Familie: Patriotismus aus italienischer Sicht". Ein Kritiker nannte die DC die Partei der „Ferien von der Geschichte". Sie habe das Gefühl nationaler Zugehörigkeit durch Westbindung und Anpassung an die USA ersetzt. Diese Orientierung habe zu einem „Verlust des historischen Bewußtseins" geführt. Nach Leonardo Sciascia fehlt dieser Partei jeder „Sinn für den Staat". Luigi Barzini nennt die Christdemokraten „zu skeptisch, zu flau, zu nachsichtig ..., zu resigniert gegenüber der unveränderlichen Fehlbarkeit des Menschen, als daß sie die *res publica* mit Strenge und Unparteilichkeit regieren könnten". „Der Katholizismus in Italien", so schreibt einer der Vertreter der „Neuen Rechten", ist hin- und hergependelt „zwischen übernationalen Bezugspunkten (der Westen, die Ökumene) und Bezügen unterhalb der nationalen Ebene (die Partei der Katholiken, die Gemeindepolitik)". Auch kritische innerkatholische Stimmen konstatieren „einen Mangel an Staatsbewußtsein". Individuelle, klientelare und korporative Interessen besitzen Priorität vor dem Gemeinwohl. Ja, eine der Hauptursachen für den Mangel an nationalem Identitätsgefühl wird bis heute in der jahrzehntelangen Vorherrschaft der DC gesehen. In der Tat sind die transnationalen Bindungen der italienischen Katholiken an Weltkirche und Papsttum besonders intensiv.

Die Kommunisten

Für die zweite hegemoniale politische Kraft, die Partei der Demokratischen Linken (früher KPI), gilt, unter völlig anderen Vorzeichen, etwas Ähnliches. Auch ihre historischen Wurzeln reichen in die risorgimentofernen Räume der italienischen Gesellschaft. Sie sah die Geschichte Italiens stark durch Klassenkampffronten bestimmt. Der Faschismus galt ihr als Resultat der Unterlassungen und Fehlentwicklungen des Risorgimento. Dazu zählen die ausgebliebene Agrarreform, die mangelnde Demokratisierung der italienischen Gesellschaft und die Entmachtung der parlamentarischen Institutionen durch Intervention

1915 und Kriegsbeteiligung. Das Koordinatennetz ihrer politischen Loyalitäten und Prioritäten war überwiegend auf die Sowjetunion und die kommunistische Weltbewegung ausgerichtet. Mit der Volksfrontwende auf dem 7. Weltkongreß der Kommunistischen Internationale 1935 stellte sich die KPI bewußt auf „nationale" Thesen um.

In der Resistenza gewann der Appell an die nationale Solidarität naturgemäß noch größeres Gewicht. Mit der Betonung der garibaldinischen Traditionen und der Einführung der trikoloren Farben, die dem roten Banner als zweite Fahne hinterlegt wurden, versuchte die KPI bewußt an das Risorgimento anzuknüpfen. Gleichwohl blieben solche nationalen Elemente in der Gesamtprogrammatik der Kommunisten minoritär. Sie verstanden und verstehen sich als Teil der internationalistisch ausgerichteten kommunistischen Weltbewegung. Seit Beginn der achtziger Jahre mehrten sich allerdings in den programmatischen Äußerungen die Bezüge auf die „grundlegenden Interessen der Nation". „Italien ist mehr denn je darauf angewiesen, ... eine stärkere kollektive, nationale Identität auszubilden." Es muß sich bereithalten, „große gesellschaftliche und nationale Ziele zu verfolgen".

Ende der Nation?

Der Mißbrauch der Nationalidee durch Nationalismus und Faschismus und der Schock der Niederlage hatten – wie gezeigt – tiefe Folgen. Die Resistenza-Bewegung empfand den Faschismus als Verrat an der Nation. Der Widerstand erschien aus dieser Sicht als „Zweites Risorgimento". Partisan und Patriot verschmolzen in eins. Aber auch in dieser existentiellen Erneuerung haben Worte wie Vaterland und Nation in den folgenden Jahrzehnten in der Erosion des Alltags und dem Wertewechsel der säkularisierten und egalisierten Konsumgesellschaft ihren Goldklang verloren. Die nationalistische Übersteigerung des Nationalbegriffs endete mit tiefgreifender Ernüchterung und Skepsis. In den Worten eines jungen rechten Kritikers: Die Befreiung von der faschistischen Vergangenheit wurde schrittweise „Befreiung vom Gefühl des Nationalen" und am Ende „Befreiung von der Geschichte" schlechthin. „Das Gefühl für die nationale Zugehörigkeit hat sich schrittweise verringert und ist zuletzt fast ganz verschwunden." Heute gibt es in Italien „keine nennenswerten nationalistischen Strömungen mehr, und die nationalen Werte nehmen einen immer geringeren und blasser werdenden Platz unter den Leitwerten des gesellschaftlichen Lebens ein". So schrieb schon vor zwanzig Jahren der liberale Historiker Rosario Romeo. Seit Mitte der siebziger Jahre mehren sich die skeptischen Stimmen, die von einem Verlust der kulturellen und politischen Identität sprechen. Die Italiener hatten das Bewußtsein ihrer selbst verloren.

In einem Interview sagte 1985 der konservative Publizist Indro Montanelli: „Italien hat sich selbst vergessen. Halb will es Amerika, halb will es Rußland werden, aber niemand fragt sich, wer wir sind und was unser Erbe ist. Leider haben wir völlig das Bewußtsein für die Nation verloren. Ich habe den Eindruck, in einer vor-risorgimentalen Zeit zu leben, weil uns eine politische Klasse regiert, die nicht einmal in Ansätzen weiß, was Italien ist."

Fast noch pessimistischer lautete das Fazit, das einer der prominentesten italienischen Zeithistoriker, Renzo De Felice, 1987 zog. Er konstatierte für die Gegenwart den „Verlust der historischen Wurzeln" und den „Mangel an Nationalbewußtsein": „Ich denke an dieses Bewußtsein als Fähigkeit, zu argumentieren und nachzudenken über etwas, was gewesen ist und was sein soll." Das „Selbst-Bild" des Italieners wird nach De Felice heute nur pragmatisch gesehen. „Die Leute ... betrachten Italien nur als Behältnis, als Rahmen, der auf möglichst wenig störende Weise einige Spielregeln des Lebens und des Arbeitens absichern soll." In diesem Verlust an historischem Wurzelboden sieht De Felice die größte Schwäche des heutigen Italien.

Ein dritter Zeitzeuge sei angeführt, der Philosoph und Politologe Norberto Bobbio. Er sagt: „Italien ist keine Nation mehr. In den jüngeren Generationen gibt es nicht mehr das Nationalgefühl, das man früher Vaterlandsliebe nannte. Italien ist heute kaum mehr als ein geographischer Begriff, und die Italiener sind wieder das geworden, ich sage das mit Nachdruck, was einmal hieß ‚un volgo disperso che nome non ha' – ‚eine zerstreute Masse, die keinen Namen besitzt'. Ich frage mich häufig, warum. Aber ich habe noch nie eine befriedigende Antwort gefunden."

Unter zahlreichen weiteren Stimmen sei nur noch die des Philosophen Lucio Colletti genannt, der zu den aufmerksamsten Beobachtern der italienischen Szene gehört. „Italien nach dem Zweiten Weltkrieg ist ein Land, das seine Identität verloren hat und zum Beispiel einige grundlegende Vorgänge seiner kurzen Einheitsgeschichte verleugnet. ... Als Nation hat Italien jene Katastrophe nicht überdauert. Es ist etwas anderes geworden: die Provinz eines Imperiums, ohne eine homogene und selbständige Kultur." Italien ist für Colletti „ein Land, das in die Wirbel der Modernisierung hineingerissen wurde und aus den Strudeln herauskam, ohne geschichtliche Erinnerung seiner selbst und ohne Beziehung mehr zu seinen eigenen Traditionen".

Skeptiker sprechen heute in bezug auf Italien von „einer künstlichen nationalen Gemeinschaft, die mehr durch die Macht der Umstände als durch Willen und Bewußtsein zusammengehalten wird".

Staatsbewußtsein und Gemeinwohl

Eine der Hauptursachen für diesen als desolat empfundenen Zustand liegt in dem schwierigen Verhältnis, das der Italiener zu seinem Staat unterhält. Das Nationalbewußtsein ruht auf dem Staatsbewußtsein. Vertrauen *zum* und aktive Teilnahme *am* Gemeinwesen schaffen erst jenes Klima des Engagements, der partizipierenden Gewohnheiten und der emotiven Wärme, in dem das Gefühl nationaler Zusammengehörigkeit gedeihen kann. In dem Verhältnis von Individuum und Staat sieht es in Italien eigentümlich aus. Meinungsumfragen, aber auch die tägliche Erfahrung lehren einen die große Distanz, die der Italiener gegenüber dem Staat und seinen Institutionen einnimmt. Das

Sprichwort „piove – governo ladro" – „es regnet – dieser Räuberstaat" demonstriert in seiner offenkundigen Absurdität etwas von der Abneigung, der vorgefaßten Enttäuschung, dem generalisierten Mißtrauen, der Wut, die der Italiener gegenüber dem Staat empfindet. Dieser ist nicht „Freund und Helfer", sondern ein als feindlich oder im besten Fall als gleichgültig empfundenes Gegenüber.

Die Forschungen zur politischen Kultur der Italiener haben die historischen, strukturellen und soziopsychologischen Wurzeln dieser Mentalität freilegen können. Hier handelt es sich um die in Verhaltensstrukturen verfestigten Nachwirkungen jahrhundertelanger Zersplitterung, von Fremdherrschaft und Fremdbestimmung, von Korruption und Klientelismus. Die amerikanische Soziologie hat in den fünfziger Jahren mit den Arbeiten von Almond, Verba, La Palombara, Banfield und anderen ein Bild der politischen Kultur Italiens entworfen, in dem der „amoralische Familismus", die „Fragmentierung, Isolierung und Entfremdung", die Politikferne und die Staatsfeindschaft überwogen. Die Italiener haben sich zumeist in diesem düsteren Porträt nicht wiedererkennen wollen. Aber noch neuere Arbeiten etwa von Carlo Tullio-Altan zeigen, daß der durch soziale Mobilität, Säkularisierung und Urbanisierung bewirkte Wandel der Mentalitätsstrukturen und der Verhaltensweisen weit langsamer erfolgt ist, als zu erwarten stand. Wie vergleichende Länderstudien beweisen, liegt Italien auch heute noch am Ende der Skala, wenn es um Information, politisches Interesse oder Partizipation geht. Es erreicht Spitzenwerte dort, wo nach politischer Apathie, Unzufriedenheit und Konflikthäufigkeit gefragt wird. 1983 waren 77 % der Italiener wenig oder gar nicht zufrieden mit dem Funktionieren des Staates, 36,9 % hatten keinerlei Vertrauen in die Regierung (England: 9,6 %, Deutschland: 6,9 %). Was die Bekämpfung der Arbeitslosigkeit, die Fürsorge für die Alten, das Schul- und Bildungssystem, die Krankenversorgung, die Verbrechensbekämpfung, das Funktionieren der Post oder der öffentlichen Verkehrssysteme betrifft, so erhält der Staat überall von seinen Bürgern schlechte bis sehr schlechte Noten. Hans Magnus Enzensberger hat in einem brillanten Italienessay gar in dem fortschreitenden, durch Mafia und Camorra symbolisierten Zusammenwirken von Politik und Verbrechen das Charakteristikum der italienischen Situation sehen wollen und dem südlichen Nachbarn für ganz Westeuropa eine Vorreiterrolle zugesprochen. Italien sei „ein Laboratorium der Postmoderne". Der Italiener sei als „Experte der Krise" und „Facharbeiter des Zusammenbruchs" weit besser auf das kommende „Schlamassel" vorbereitet. Auf die für ganz Europa anstehenden Krisen der Souveränität, der Regierbarkeit, der Planbarkeit und der Arbeit seien die Italiener dank ihrer „alltäglichen Koexistenz mit dem Chaos" vortrefflich eingestellt. Dieser zwinkernde Lobpreis auf das Modell Italien mit seinem „unkalkulierbaren, produktiven, phantastischen Tumult" hat bei den Betroffenen, als der Aufsatz Ende 1983 in italienischer Version im *Espresso* erschien, keinerlei Begeisterung ausgelöst. Dafür ist das aktuelle „Schlamassel" doch zu sichtbar und für die Existenz jedes einzelnen zu bedrohlich und zu kostspielig.

Die Staatsverdrossenheit und Delegitimierung des politischen Systems haben in den zwei letzten Jahrzehnten dramatisch zugenommen. Erinnert sei nur an die leidenschaftliche Anklage des kurz darauf ermordeten Schriftstellers Pier Paolo Pasolini, der 1975 den „Palazzo", das Regime und seine politischen Repräsentanten wegen der materiellen, geistigen und anthropologischen Zerstörung Italiens und der Italiener in einer Art Generalverurteilung unter Anklage stellen wollte. Über 70 % der Italiener glaubten Ende der achtziger Jahre, daß ihre politische Elite weder fachlich noch moralisch etwas tauge. Über 50 % plädierten für eine tiefgreifende Reform des politischen Systems.

Aus der europäischen Werte-Studie, aus der Frau Noelle-Neumann mit alarmierenden Tönen die Anomalie des deutschen Beispiels herausgelesen hat, ergab sich für die italienischen Interpreten weit eher die Besonderheit des italienischen Exempels. Die Italiener sind nicht nur diejenigen, die unter den Europäern die geringste Bereitschaft zeigen, mit der Waffe in der Hand für ihr Land zu kämpfen, sie haben auch das geringste Vertrauen zum Staat und seinen Institutionen.

Dort wo der Staat nicht durch eine glaubwürdige politische Elite und die Autorität einer akzeptierten Regierung repräsentiert wird, fehlt der Nation der wichtigste Koagulationspunkt für die Festigung nationaler Identität. Der vor kurzem verstorbene Giovanni Spadolini sprach in diesem Zusammenhang von einem „Absinken der politischen Moral". „Die Frage eines politischen Modells, einer Liturgie des Staates und selbst die einer Rückeroberung unserer Geschichte trifft zusammen mit dem Problem der Ehrlichkeit und der Integrität der politischen Führungsklasse. Italien glaubt heute nicht an die politische Führungsklasse, weil es sie in der Mehrheit nicht für ehrlich hält. Dieser schlechte Ruf wirkt auf die historischen Ideale zurück, die diese politische Klasse verkörpern sollte."

Der gleichen Ansicht ist der Diplomat und Historiker Sergio Romano. Unter den Ursachen für den Verlust des Nationalbewußtseins nennt er den „Niedergang des Staates als moralischer Autorität". Durch Korruption, Klientelismus, Korporativismus diskreditiert, konnte der Staat „das Nationalgefühl der Italiener nicht nähren, herausfordern und rechtfertigen".

„Heimat" als Lebensraum und Bezugspunkt

Lassen sich die Widersprüche dieses „schizophrenen Italien" (Giorgio Bocca), das gespalten scheint in eine hochvitale, kreative und zukunftsgewandte Gesellschaft und einen ineffizienten, sklerotisierten und korruptionsverseuchten Staat, auflösen durch eine neue Standortbestimmung der Nation und der kollektiven Identität?

Einen Bezugspunkt hat der Italiener schon seit langem gefunden in der Rückkehr zu seiner engeren Heimat, zu seiner Region, seiner Provinz und seinem Geburtsort. „La patria – das Vaterland", schrieb der *Spiegel* vor einigen Jahren, „ist ... eine Vokabel, an die die Italiener nur das Gefühl für ihre kleine überschaubare Welt knüpfen. ‚La patria' ist das Dorf, in dem sie geboren wurden, die Partei, die Stadt, die Landschaft, der sie sich am meisten verbunden fühlen."

Die zähe Heimatliebe hat verzweigte historische Wurzeln. Die italienische Gesellschaft ist von tiefen historischen, linguistischen, ökonomischen, sozialen und kulturellen Zerklüftungen durchzogen. Erinnert sei nur an die kaum mehr als ein Jahrhundert zurückliegende Staatseinigung, an den Nord-Süd-Gegensatz oder an das Spannungsverhältnis zwischen den „drei Kulturen", der katholischen, der marxistisch-kommunistischen und der liberaldemokratischen.

Die großen staatlichen und kulturellen Traditionen solcher Gebilde wie Venedig, Mailand, Florenz, Neapel oder Palermo wirken bis in die Gegenwart weiter. Die Präsenz der „hundert Städte" ist an tausenderlei Zeichen der Vitalität auch in der Gegenwart, etwa an dem bewunderswerten Wiederaufbau nach 1945, sichtbar. Der Bewohner der Apenninhalbinsel ist heute wieder, wie schon bis zum 19. Jahrhundert, in erster Linie Florentiner, Sizilianer, Piemontese oder Lombarde. Die Italianität tritt demgegenüber zurück. Fast scheint das Jahr 1830 zurückgekehrt, als Tommaseo in seinem „Dizionario dei sinonimi" schrieb, „viele lieben das eigene Dorf oder die eigene Stadt (paese), wenige lieben das Vaterland (patria)".

Die zentrifugalen und autonomistischen Kräfte in der italienischen Gesellschaft haben in den letzten Jahrzehnten deutlich zugenommen, wie etwa die Wahlerfolge lokaler oder regionaler Parteien auf Sizilien und Sardinien, im Trentino, im Veneto oder in Triest zeigen. Mit der Krise des Staatsbewußtseins hängen auch das Revival der Risorgimentogegner zusammen, die Aufwertung der Bourbonen, die philohabsburgische Nostalgiewelle, die Sympathie für die sonderstaatlichen Traditionen etwa in der Toskana, in Parma, Lucca oder andernorts. Erstmals in diesem Jahrhundert wurde seit Ende der achtziger Jahre die risorgimentale Staatswerdung als solche in Frage gestellt. Bei Umfragen erklärten 20 % der Norditaliener die Einigung für ein negatives Faktum. Dieser Anteil ist nach 1988 noch einmal deutlich gestiegen. Hier spielt das Südproblem hinein, das die Geschichte Italiens nach 1945 in hohem Maße bestimmt hat. Davon wird noch zu reden sein. Der Norden fühlt sich zum Teil „belagert", ausgebeutet, überfremdet und durch wachsende Kriminalität bedroht. Manche Indizien deuten darauf hin, daß hier eine Art Binnenrassismus wächst, der längerfristig das Gefüge des Nationalstaates bedrohen könnte. Der Süden wird hier quasi zur Metapher für die arme, übervölkerte und lebenshungrige dritte Welt, die an die Tore des reichen Nordens pocht. Ihre Vorhuten leben in Gestalt von Hunderttausenden, ja vielleicht Millionen von Einwanderern aus dem Mittelmeerraum und Afrika, die in den zwei letzten Jahrzehnten illegal den Weg nach Italien gefunden haben.

„Mehr als jedes andere Land", so hieß es vor einigen Jahren in einer französischen Zeitschrift, „entzieht sich Italien jedem vereinheitlichenden Überblick. Es gibt nicht *ein* Italien, es gibt *viele* Italien. Und jedes dieser vielen Italien repräsentiert eigene kulturelle Traditionen." Diese kulturelle Vielfalt spiegelt sich auch im Sprachlichen wider. Vor dem Ersten Weltkrieg war Italien ein Land, in dem nur wenige hunderttausend Angehörige der Oberschichten das Italienische als Hochsprache benutzten. Der Faschismus führte einen intensiven Kampf gegen die Dialekte und Partikularsprachen. Aber erst die Konsum-, Rundfunk- und Fernsehgesellschaft der letzten Jahrzehnte hat das Italienische zu einer verbreiteten Nationalsprache werden lassen. Mitte der siebziger Jahre sprachen noch ca. 25 % der Bevölkerung ständig die lokalen und regionalen Dialekte.

Für die zähe Heimatbindung des Italieners gibt es tausenderlei Anzeichen. Prominente Italiener treten als Wohltäter ihres Heimatortes auf, stiften Kirchen und Sportplätze, finanzieren Restaurierungen und hinterlassen Besitz und Erbe ihrer Geburtsstadt. Es gibt kleine, durch Auswanderung und Natalitätsrückgang dezimierte Städte in den Abruzzen oder im Molise, die sich in den Sommermonaten mit pulsierendem Leben füllen, weil die Verwandten aus Norditalien und aus Übersee, aus Argentinien, den USA oder Australien mit der schönen Regelmäßigkeit von Zugvögeln in die Heimat ihrer Eltern und Großeltern zurückkehren. Zahlreiche Politikernachlässe findet man in den entlegensten Kommunalarchiven, weil sie den jeweiligen Heimatstädten überlassen wurden. Mussolini kannte nichts Erholsameres, als einen Teil seiner freien Zeit in seinem Geburtsort

Predappio zu verbringen, auf seinem Mustergut zu wirtschaften und die Kontakte zu seinem am Ende auf über 300 Personen angewachsenen Familienclan zu pflegen.

Die Verfassungsreform Anfang der siebziger Jahre hat mit der Schaffung der Regionen einen Teil des Verwaltungszentralismus abgebaut und Kommunen wie Regionen ein höheres Maß an politischer, finanzieller und kultureller Selbständigkeit verliehen. Ein beträchtlicher Teil der Vitalenergien der italienischen Gesellschaft äußert sich jetzt auf diesen Ebenen. Diese Entwicklung hat „die Krise des Einheitsstaates beschleunigt und verschlimmert", gleichzeitig aber hat sie „den Italienern das Gefühl einer historischen Kontinuität zurückgegeben, das ihnen infolge des Einschnitts von 1943 abhanden gekommen war". Sergio Romano spricht von einem „regionalen" und „kommunalistischen Nationalismus". Hier handelt es sich um ein Heimatgefühl, das Identitätsbewußtsein schafft, aber nicht die erzieherischen und ethischen Funktionen eines wirklichen Nationalgefühls ersetzen kann.

Weit skeptischer und abweisender beurteilte Rosario Romeo Anfang der achtziger Jahre diese Entwicklungen: „Der Sizilianismus, die ‚Lega veneta', der Sardismus sind Pflanzstätten der Unkultur und der Verwilderung. ... Zum Glück handelt es sich um Minderheitsphänomene. Die kleinen Vaterländer sind keine ernstzunehmende Angelegenheit." Giovanni Spadolini sprach von „einem Wiederauftauchen eines in der Tiefe versteckten, kapillaren... und munizipalen Italien. Ein Italien, das nicht Italien ist und das wir fälschlicherweise längst besiegt glaubten."

Seit Ende der siebziger Jahre mehrten sich die Versuche, das Nationalbewußtsein gezielt zu fördern oder für eigene Zwecke zu benutzen. Bei den Parteien waren es nicht nur die Neofaschisten und die Liberalen, die die Nationalfarben als Signum und als Programm benutzten. Sie fanden Eingang auch in die Wählerwerbung von Republikanern, Sozialisten und Kommunisten.

Renationalisierung von oben?

„Flagge zeigen" hieß in der Regierung Craxi die Devise. 1986 schrieb ein Erlaß der Zentralregierung vor, daß bei Sitzungen der Regionalparlamente die Nationalfahne zu hissen sei. Die Regierung Craxi ging auch daran, die nationalen Symbole (Flagge, Hymne, Nationalfeiertag, Embleme) einer Auffrischung zu unterziehen. Eine Expertenkommission arbeitete mehrere Jahre an der Aufgabe, den fünfstrahligen Stern der Republik, allegorisch neu ausstaffiert, in neuem Design vorzulegen. Aus Rom kam auch der Vorschlag, die wenig geliebte, 1947 nur als Provisorium gewählte Nationalhymne von Goffredo Mameli durch Verdis Gefangenenchor aus dem „Nabucco" zu ersetzen. Was innerhalb der Sozialistischen Partei relativ einfach durchsetzbar war (dort hatte man nach 1976 Hammer und Sichel gegen die rote Nelke ausgetauscht), erwies sich innerhalb der vielgestaltigen italienischen Gesellschaft als nicht durchsetzbar. Der Ideenwettbewerb über den Entwurf eines neuen Staatsemblems endete in Ratlosigkeit und Enttäuschung.

Eine bedeutende Rolle bei der Neubewertung des Nationalen hatte der in der schwierigsten Phase der Nachkriegsgeschichte 1978 gewählte Staatspräsident Sandro Pertini, dessen catonische Einfachheit und Aufrichtigkeit ihn binnen weniger Monate zum populärsten Staatsoberhaupt der Nachkriegszeit machten. Pertini sprach mit der Unbefangenheit des Resistenza-Repräsentanten, der sein Engagement für ein freies, demokratisches Italien mit vielen Jahren Kerkerhaft bezahlt hatte, von „patria", „nazione" und „la nostra Italia". Er vermittelte mit seinem patriotischen Engagement den Italienern einen Teil jener emotionalen Wärme, die ihnen so schmerzlich gefehlt hatte. In der schwierigsten Phase des Terrorismus, als zahlreiche Intellektuelle, unter ihnen Leonardo Sciascia, mit der Formel „weder mit dem Staat noch mit den ‚Roten Brigaden'" *diesem* Staat die Solidarität aufkündigten, verkörperte Pertini mit seinem Engagement für die bedrängten, verletzten oder ermordeten Vertreter von Verwaltung, Justiz und Polizei ein erneuertes, Vertrauen ausstrahlendes Staatsbewußtsein.

Die Nation stand auch im Vordergrund 1982 bei den Veranstaltungen zum hundertsten Todestag von Giuseppe Garibaldi. Zahlreiche offizielle Großveranstaltungen, Dutzende von Tagungen und Publikationen und ungezählte lokale Aktivitäten sollten an den von der Glorie und der Tapferkeit und des Sieges umstrahlten „Helden zweier Welten" erinnern. Der „Löwe von Caprera" ist bis zur Gegenwart nach allen Umfragen der beliebteste Italiener überhaupt.

Eine Art kollektives „Wir"-Erlebnis von einer bislang unbekannten Intensität bot der Sieg der italienischen Mannschaft bei den Fußballweltmeisterschaften 1982 in Spanien. Hier gab es ein Rauscherlebnis, das nach Abschluß des Endspiels die Massen mit grün-weiß-roten Fahnen und „Viva Italia"-Rufen zu einem nächtelangen Volksfest auf die Straßen trieb.

Diese wie viele andere Strohhalme im Wind veranlaßten die neue Führung der Sozialistischen Partei um Bettino Craxi, seit Ende der siebziger Jahre eine gezielte Neubewertung des Nationalgefühls auf ihr Programm zu setzen. In den Reden Craxis nach 1979 und speziell nach Übernahme des Ministerpräsidentenamtes 1983 finden sich zahlreiche Passagen über die Notwendigkeit eines erneuerten Gemeinsamkeits- und Nationalbewußtseins. Im Zeichen eines Trikolore-Sozialismus suchte der *Partito socialista* sogar den Dialog mit der neofaschistischen Rechten. Craxi tat viel, um das Image Italiens nach innen wie nach außen aufzubessern. Die für die Öffentlichkeitsarbeit zuständigen Institutionen wurden reformiert und potenziert. Angestrebt wurde das Image eines „Italien, das wächst". Auch nichtstaatliche Institutionen wie die *Fondazione Agnelli* oder die *Enciclopedia Italiana* machten sich daran, in Wanderausstellungen das Bild dieses erneuerten Italien nachzuzeichnen. Welche Themen und Botschaften enthielt dieses Außenporträt? Die in den USA gezeigte Ausstellung „Italics 1925–1985" bot Materialien und Abbildungen zu den Bereichen Landwirtschaft, Architektur, Wirtschaft, Forschung, Kino, Theater, Literatur, bildende Kunst, Musik, Mode, Radio und Fernsehen. Die Botschaft, die „Bell'Italia, il paese più bello del mondo" (das schönste Land der Erde, so Titel und Untertitel einer beim Verlag

Mondadori erscheinenden Monatszeitschrift) heute in die Welt sendet, ist weitgehend seinen Naturschönheiten, seinen kulturellen Überlieferungen und seiner Lebenskunst anvertraut.

In zwei großangelegten und von vielen Hunderttausenden von Italienern besuchten Ausstellungen über „Kunst und Kultur in den dreißiger Jahren" 1982 in Mailand und über „Die italienische Wirtschaft in der Zwischenkriegszeit" 1984 in Rom unternahmen es die Veranstalter, langfristige Entwicklungen der Nationalgeschichte jenseits des Faschismus aufzuzeigen. Unter weitgehender Ausblendung des Politischen wurde der Betrachter durch Betonung der positiven „Leistungen" dieser Jahrzehnte und ihres inzwischen nostalgisch wirkenden ästhetischen Dekors zu einer emotiven Identifikation eingeladen. Wie einer der Veranstalter schrieb, ging es darum, „als Konstante die Qualität und den Erfindungsreichtum der italienischen Produktion herauszustellen" und im Betrachter Anteilnahme, Bewunderung und Stolz für das damals Geleistete zu erwecken. Entsprechend sah man die Aspekte der Modernität, die technischen Spitzenleistungen, die Rekorde in den Vordergrund gestellt. Die Ausstellungen fanden ein überwiegend positives Öffentlichkeitsecho. „Niemals zuvor hat man wie hier erkennen können", schrieb die Turiner Tageszeitung *La Stampa*, daß Italien „in der Zwischenkriegszeit ein äußerst vitales Land war". „Die Ausstellung zeigt, daß Italien endlich sich selbst begreifen will. Das Land, das sich mehr als alle anderen in Europa ohne historische Wurzeln und ohne Erinnerungen fühlt, versucht jetzt, für die Massen ein kollektives Gedächtnis zurückzugewinnen."

Daß die Politik Craxis einer stärkeren internationalen Präsenz und einer betonteren nationalen Selbstbehauptung innenpolitisch weitgehende Zustimmung fand, zeigten die Entsendung einer italienischen Friedenstruppe in den Libanon wie auch die Vorgänge um die Entführung des Passagierdampfers „Achille Lauro" und die anschließende Konfrontation mit den USA in der Nacht von Sigonella.

Der von Craxi durchgesetzte Alleingang der italienischen Politik auf dem Pariser Wirtschaftsgipfel im Februar 1987 und die mit dem Rückzug der italienischen Delegation praktizierte Politik des leeren Stuhls fand dagegen ein überwiegend kritisches Echo. Der damalige Budgetminister Goria sprach von „dem Provinzialismus gewisser athletischer Selbstdarstellungen". Die Pariser Tageszeitung *Le Monde* wertete den Zwischenfall als Symptom für einen „wiederentstehenden Kollektivstolz". In den letzten Jahren beginnt Italien, sich von „bestimmten Komplexen" zu befreien und „seine Präsenz auf internationaler Ebene in entschlossener Weise durchzusetzen". Der damalige italienische Botschafter in Moskau, Sergio Romano, konstatierte, Italien sei im Begriff, den aus der Weltkriegsniederlage stammenden Minderwertigkeitskomplex zu überwinden. Notwendig sei ein in alle Bereiche von Öffentlichkeit, Schule und Erziehung hineinreichendes „großes gemeinsames Projekt", eine neue Vision der Zukunft, ein „neuer italienischer Nationalismus, der durch gesunden Menschenverstand und Erfahrung geläutert sei".

Die gegen den heftigen Widerstand der Kommunisten und unter größtem Zögern der *Democrazia Cristiana* im September 1987 getroffene Entscheidung, Kriegsschiffe in den Persischen Golf zu entsenden, ließ noch einmal alle Schatten der Vergangenheit wieder lebendig werden. Nach Ansicht des *Corriere della Sera* signalisierte diese erste wirkliche militärische Aktion Italiens nach 1945 das Ende der Nachkriegszeit. „Dies ist der erste Ausgang nach einem vierzigjährigen Stadium der politischen, diplomatischen und militärischen Rekonvaleszenz." Die Diskussion zeigte, wie lebendig die Erinnerungen an den Zweiten Weltkrieg noch sind. Gegenüber dieser Vergangenheit herrscht auch heute noch die Distanznahme der Nicht-wir-Identifikation. In den Worten des früheren Italienkorrespondenten von *Le Monde*, Jacques Nobécourt: Alle Italiener, „Politiker, Journalisten, Juristen, Ingenieure oder Großindustrielle, alle meine Gesprächspartner... reagierten in der gleichen Weise, wenn das Gespräch auf die [jüngste] Vergangenheit der Nation kam: mit kaltem Blut an der Grenze der Gleichgültigkeit. Sie waren schon zur Tagesordnung übergegangen."

Ende des Resistenza-Mythos?

Aus dem vorweg Gesagten mag in Umrissen deutlich geworden sein, welches Gewicht auch heute noch die Vergangenheit im Bewußtsein der italienischen Öffentlichkeit besitzt. Auf der Linken sind der Mythos der Oktoberrevolution und die Hoffnung auf den großen revolutionären Umbruch verschwunden. Auf der anderen Seite haben sich die Hoffnungen auf eine Vorreiterrolle Italiens bei der Einigung Europas und das Wachsen eines neuen *europäischen* Nationalbewußtseins ebenso als Illusion erwiesen. Der Europagedanke mobilisiert heute keine großen ideellen Energien mehr. Im Gegenteil droht er sich an den Schwierigkeiten des Alltags zu zerreiben.

Innenpolitisch scheint das Paradigma des Antifaschismus mit seinem Rechtsstaats- und Verfassungspatriotismus am Ende. Die von jahrzehntelanger Rhetorik überdeckten Ideale der Resistenza üben kaum mehr mobilisierende Wirkungen aus. Die Historisierung der faschistischen Zeit geht rasch voran. Im Rückblick treten die Kontinuitäten der Nationalgeschichte von Jahr zu Jahr stärker heraus. Meinungsumfragen zeigen die langsame Verschiebung der Schattenbilder der Vergangenheit. Bei einer Erhebung im Januar 1988 erklärten 31 % der Befragten, sie betrachteten die faschistische Zeit ganz oder teilweise positiv, 56 % hielten besondere Verfassungsbestimmungen gegen den Faschismus nicht mehr für gerechtfertigt. Die entschiedenen Antifaschisten machten nur noch 22 % der Bevölkerung aus. 1991 konzentrierte das große Werk von Claudio Pavone „Una guerra civile" (Ein Bürgerkrieg) noch einmal die öffentliche Aufmerksamkeit auf die Umbruchs- und Gründungsjahre der Republik. Mehr als drei Jahrzehnte lang hatte die Resistenza als Zivilreligion zur Legitimation der Republik gedient. Eine Analyse der Parlaments- und Politikerreden zum 25. April (Tag der Befreiung) und zum 2. Juni (Staatsfeiertag) könnte über vier Jahrzehnte hinweg die Schöpfung, die Ritualisierung und den Abbau dieses Mythos auf das deutlichste zeigen.

Der Resistenza-Mythos hat unifizierend, aber auch trennend gewirkt. Er hat dazu beigetragen, daß der Faschismus lange Zeit

tabuisiert wurde und damit aus der Nationalgeschichte ausge-
schlossen blieb. Die „schwarzen zwei Jahrzehnte" wurden so zu
einem Riegel vor der gesamten Nationalgeschichte. „Ein Land,
das sich in Gedanken von der eigenen Vergangenheit abgelöst
hat, befindet sich in einer Identitätskrise. Ohne ideelle Werte ist
es damit verfügbar für alle möglichen Abenteuer." „Wenn die
Erinnerung verlorengeht, die Gemeinschaftswerte keine Ver-
pflichtung mehr besitzen, ... geht auch das Bewußtsein für das
Gemeinwohl verloren, und die Politik läuft Gefahr, zu reiner
Geschäftemacherei zu verkommen." Diese warnenden Sätze
schrieb der große liberale Historiker Rosario Romeo in den
siebziger Jahren. Heute bestünde alle Ursache, diese Warnungen
in verstärkter Form zu wiederholen. Faktum ist, daß das Ende
des Resistenza-Mythos mit einer tiefen Staats- und Gesell-
schaftskrisis in Italien zusammenfällt und diese gleichzeitig noch
verstärkt. Der Historiker und Politiker Giuseppe Galasso
spricht von einer wahrhaften „Auslöschung der Vergangenheit",
die Italien nach 1945 erlebt habe.

Der Verlust an geschichtlichem Kontinuitätsbewußtsein geht
einher mit dem Wandel von und der Einbuße an National- und
Identitätsbewußtsein. Fast alle Beobachter sind sich darin einig,
daß die Italiener heute nur ein schwach ausgebildetes staatlich-
politisches Identitätsbewußtsein besitzen. In den Worten des
Turiner Soziologen Gian Enrico Rusconi: „Die gesamte politische Kultur Italiens zeigt ohne Zögern ihren Agnostizismus, was
die nationale Identität angeht. Der Begriff der Nation erscheint
verdächtig und obendrein veraltet. Er erweckt autoritäre Nostal-
gien und reaktionäre Versuchungen. ... Keiner der heute in
Italien tonangebenden Intellektuellen denkt daran, von der Nation als gelebter Erfahrung und gemeinsamem Bewußtsein zu
sprechen, die die Basis und die Begründung für ein staatsbürgerliches, solidarisches Verhalten abgeben könnten." Daß diese Be-
obachtungen wirklichkeitsnah sind, zeigte kürzlich ein Band
„Patria. Lo scrittore e il suo Paese" (Vaterland. Der Schriftsteller
und sein Land), in dem neun jüngere, durch die Studentenrevo-
lution 1968 geprägte Dichter und Schriftsteller über ihr Verhältnis zu Italien reflektierten. Vaterland ist hier verstanden als Ort,

Sprache, kulturelle Tradition, als Heimat, Nation und Staat. Das herrschende Gefühl gegenüber Italien ist geprägt durch Distanz, Skepsis, Ablehnung oder gar radikalen Protest. „Italien erregt meinen Zorn oder langweilt mich", schreibt eine bekannte Autorin. Die einzige wirklich positiv erlebte Bindung besteht in der Sprache. „Ein Vaterland haben heißt in erster Linie eine Muttersprache zu besitzen, eine Sprache der Gefühle."

Scheitern der staatsbürgerlichen Erziehung

Die Schwäche des staatsbürgerlichen Bewußtseins ist erklärlich. Wo der Staat die Schutz- und Ausgleichsfunktionen nur unvollkommen erfüllt, wo er grundlegende Dienstleistungen nicht garantiert oder gar das Monopol der Gewaltanwendung und die Kontrolle über das Territorium verliert, kann er nicht mehr auf die Loyalität seiner Bürger zählen. Die staatsbürgerliche Erziehung in den Schulen, schon in der verfassunggebenden Versammlung nach 1946 konzipiert, aber erst 1958 eingeführt, hat sich als Fiasko erwiesen. Nach Ansicht des linkskatholischen Historikers Pietro Scoppola haben die Erfahrungen der Schule mit dem staatsbürgerlichen Unterricht gezeigt, daß in der Gesellschaft ein Grundkonsens über die Inhalte dieser Erziehung fehlt. „Der lange Streit über die Inhalte und Programme des neuen Unterrichtsfaches hat ans Licht gebracht, wie schwach das gemeinschaftliche Bewußtsein – auch auf der Ebene der Führungseliten – in bezug auf das Gemeinwohl ist. Die Geschichte der staatsbürgerlichen Erziehung ist so gewissermaßen der Test geworden, der die Lücke aufgezeigt hat, die man zu füllen hoffte." Scoppola nennt das Gemeinschaftsbewußtsein „beschränkt und verletzbar". „Die Staatsbürgerschaft (cittadinanza) in Italien ist ein juristischer Begriff, der nicht jene gesellschaftlichen, kulturellen und moralischen Werte besitzt, die ihm in anderen Ländern zugehören."

Das Verblassen des Resistenza-Mythos hat die Solidaritätskrise noch verschärft. So verstärken sich die Stimmen, die fordern, das drohende Vakuum mit einem Rückgriff auf „nationale"

Werte, auf einen „intelligenten" Nationalismus aufzufüllen, ein großes neues nationales Projekt zu entwickeln.

Staatspräsident Francesco Cossiga hat in seiner Neujahrsbotschaft 1992 dafür plädiert, Italien über ein starkes „kulturelles und staatsbürgerliches Engagement" zu „renationalisieren und den Patriotismus wiederzuerwecken". „Im Zentrum unseres politischen und gesellschaftlichen Lebens muß ein starkes Nationalbewußtsein wiedererstehen; im Geist und in den Herzen müssen wir den Begriff und das Gefühl für das Vaterland wieder erwecken."

Wie sehr die Resistenza ihre Funktion als „Zivilreligion" verloren hat, zeigte noch einmal die Abschiedsrede von Präsident Cossiga. Der scheidende Politiker wählte für diesen Akt der letzten Fernsehansprache an das italienische Volk den 25. April 1992, kam aber mit keinem Wort auf die Ereignisse im April 1945 zu sprechen. Sein Blick ging ganz in die Zukunft, als er sagte: „Die Jugendlichen möchte ich ... auffordern, das Vaterland zu lieben, die Nation zu ehren, an die Freiheit und an unser Land zu glauben. ... Dieses Land mag keine politische Großmacht sein, es mag auch keine militärische Großmacht sein. ... Aber es ist ein Land mit einer großen Kultur, mit einer großen Geschichte, ein Land mit immensen moralischen, staatsbürgerlichen, religiösen und materiellen Energien. Es geht (nur) darum, ihnen Raum zu schaffen, es geht darum, Institutionen zu gründen, die es erlauben, daß die Anstrengungen des einzelnen sich zugunsten aller auswirken."

Mit diesem Appell für eine neue, *zweite* Republik gab Cossiga sein Mandat zurück.

III. Die Großkriminalität:
Mafia, N'Drangheta, Camorra

Die Kriminalität gehört zu den klassischen Themen der deutschen Italienberichterstattung. Als Räuber, Wegelagerer, Dieb, Betrüger, Erpresser, als Bravo und Bandit hat der Kriminelle die deutsche Italienwahrnehmung bis heute hin begleitet. Der im Süden angesiedelte Räuberroman gehörte zu den Reizthemen der deutschen populären Literatur. Mit zunehmender Rechtssicherheit und der Durchsetzung des staatlichen Gewaltmonopols in deutschen Landen bekam die Sphäre des Kriminellen, vor allem nach 1815, für einen deutschen Beobachter zunehmend die Aura des Romantischen und des Außergewöhnlichen. So konnte etwa 1804 Wilhelm von Humboldt in einem Brief an Goethe von der „göttlichen Anarchie" im päpstlichen Rom schwärmen: „Ich kenne nur noch zwei gleich schreckliche Dinge, wenn man die Campagna anbauen und Rom zu einer poliziierten Stadt machen wollte, in der kein Mensch ein Messer trüge. Kommt je ein so ordentlicher Papst – was aber die 72 Kardinäle verhindern mögen! – so ziehe ich aus!"

Die italienkritische Literatur Europas hat der Kriminalität schon im 19. Jahrhundert und später immer große Aufmerksamkeit gewidmet, besonders dort, wo es die Ausländer selbst betraf. „Spaghetti mit Pistole", dieses berühmt-berüchtigte Titelbild des *Spiegels* anläßlich der Entführung der Kronzucker-Kinder hat unzählige Vorläufer und Nachfolger gehabt. Die italienische öffentliche Meinung hat diese Themata als ehrenrührig eher mit gedämpften Tönen behandelt.

Wer jedoch in der zweiten Jahreshälfte 1992 auf die Bestsellerlisten der italienischen Zeitungen schaute, sah sich mit einem bis dahin völlig ungewohnten Faktum konfrontiert: unter den ersten zehn Titeln befaßte sich die Hälfte mit den Themen der organisierten Großkriminalität im Süden des Landes, vor allem mit der Mafia. Am 23. 5. 1992 und am 19. 7. 1992 hatte die Mafia spektakulär mit langfristig geplanten Bombenattentaten mit den Staatsanwälten Giovanni Falcone und Paolo Borsellino zwei der prominentesten und exponiertesten Antimafia-Jäger ermordet. In ihrem Gefolge starb ein Dutzend der Begleiter und Leibwächter. Diese vom Fernsehen ausführlich geschilderten Ereignisse, die ein breites Echo auch in der Weltpresse fanden, rüttelten die italienische Öffentlichkeit auf. Dieser militärisch wirkende Angriff auf eine zentrale Institution des Staates machte schlagartig deutlich, daß die organisierte Großkriminalität zu einer realen Gefahr für Staat und Gesellschaft geworden war. Die von der Linkspresse vielfach zitierten südamerikanischen Szenarien schienen plötzlich kein Alarmismus mehr, sondern eine heraufziehende bedrohliche Realität. Hier nahm die Öffentlichkeit erstmals bewußt von einem Phänomen Kenntnis, das die Geschichte Italiens seit Kriegsende 1945 wie ein Schatten begleitet hat, ohne je wirklich in den Scheinwerferkegel einer konzentrierten Aufmerksamkeit zu geraten. Giovanni Falcones „Cose di Cosa Nostra", ein Gespräch mit der Journalistin Marcelle Padovani, ursprünglich für ein französisches Publikum bestimmt und 1991 auf italienisch erschienen, wurde als Quasitestament des bekanntesten Mafiagegners mit fast 600000 Auflage zum Bestseller des Jahres. Das italienische Staatsfernsehen RAI lancierte Anfang der neunziger Jahre als sechsteilige Mafiaserie „La piovra" (Die Krake), die im Durchschnitt 14 Mill. Zuschauer erreichte. Fernsehinterviews mit den – später – ermordeten Staatsanwälten Falcone und Borsellino erreichen hohe Absatzzahlen in Form von Videokassetten. Kaum eine der Darstellungen der Nachkriegsrepublik hatte der organisierten Kriminalität eine größere Aufmerksamkeit gewidmet. Auch die Politik hat lange Zeit die Bedeutung dieser Vorgänge unterschätzt oder sogar bewußt heruntergespielt. Kirchliche, kulturelle und politische Repräsentanten wetteiferten darin, die Gefährlichkeit der Mafia zu verharmlosen oder ihre Existenz geradezu zu verneinen. Der Zeithistoriker Nicola Tranfaglia spricht von einem Kapitel der italienischen Nachkriegsgeschichte, „das über fünfzig Jahre hinweg unter jedem Vorwand verharmlost oder negiert worden ist". Die organisierte Kriminalität stellt „eine enorme Gefahr" „für die gesellschaftliche und politische Zukunft" Italiens dar. Nach Pino Arlacchi bildet die Frage der organisierten Kriminalität in Süditalien seit einem Jahrzehnt „das wichtigste nationale Notstandsproblem". Zwischen verharmlosenden und apokalyptische Szenarien malenden Interpretationen ist es schwierig, einen nüchternen und wirklichkeitsnahen Zugang zu den Problemen zu finden. Das Bild Italiens im Ausland wird massiv durch die Mafiathematik geprägt und belastet. Der Trainer der italienischen Fußballnationalmannschaft, Filippo Sacchi, hat vor kurzem gesagt, er komme viel im Ausland herum und erfahre, wie seine Landsleute gesehen würden. Drei Themen kehrten immer wieder: „Pizza, Catenaccio und Mafia". „Auf die beiden letzteren könnte ich gern verzichten." In der Tat droht das Stigma der organisierten Kriminalität das Bild zumindest Süditaliens in der nationalen und der internationalen Öffentlichkeit weitgehend zu prägen. Die europäischen Partner äußern sich zunehmend besorgt über die wachsenden Dimensionen dieser Kriminalität und über die Unfähigkeit Roms, dieser Herausforderung wirksam zu begegnen. Da seit Mitte der achtziger Jahre Angehörige der Mafia erstmals die Mauer des Schweigens brachen und von ihren Erfahrungen zu berichten begannen, weiß man heute weit mehr über die Organisationsstrukturen und die Entwicklungsgeschichte der Mafia und ihrer kriminellen Schwesterorganisationen in Kampanien und Kalabrien als jemals zuvor.

So rückt auch in historischer Perspektive die Mafia zu einem Gegenstand auf, der einer intensiven Reflexion bedarf. Die Gegenwart verändert auf dramatische Weise auch die Vergangenheit oder macht sie überhaupt erst sichtbar. Die in immer neuen Variationen ausgefochtene Nord-Süd-Polemik findet hier einen weiteren enormen Resonanzboden.

Die Bibliographie von Monographien und Aufsätzen, die sich
mit den Problemen der organisierten Kriminalität befassen, hat
sich im letzten Jahrzehnt in fast geometrischer Steigerung vermehrt. Die Spannweite reicht von Interviews mit den beteiligten
Richtern, journalistischen Reportagen bis hin zu Berichten von
reuigen Kriminellen, den sogenannten „pentiti". Einen breiten
Raum nehmen gerichtliche Akten ein. Dazu zählen Anklageschriften, Polizeiverhöre, Aussagen von „pentiti" oder Urteils-
begründungen. Einen vergleichbaren quantitativen Umfang besitzen die von parlamentarischen Untersuchungskommissionen
zusammengetragenen Materialien. Daneben stehen historische,
anthropologische oder soziologische Untersuchungen, die aus
dem wissenschaftlichen oder akademischen Raum stammen. Etliche Institute und Zeitschriften haben die organisierte Kriminalität zu einem Dauergegenstand ihrer Aufmerksamkeit gemacht.
Bei kaum einem Thema berühren sich analytische oder deskrip-
tive Erkenntnis der Phänomene so sehr mit der Realität selbst,
die sie aufhellen möchte. Ein englischer Politologe beschreibt
die Gesetze, nach denen der Fischgroßmarkt in Palermo funktioniert, und bricht an einem bestimmten Punkt seine Feldfor-
schungen wegen Morddrohungen ab. Unter den Mitgliedern der
nach 1962 vom Parlament eingesetzten drei aufeinanderfolgen-
den Antimafia-Kommissionen haben mehr als ein halbes Dutzend durch Mafiamord den Tod gefunden. Unter den Journalisten, die ihre Berichtspflicht und ihre berufliche Neugierde mit
dem Tod bezahlt haben, hätte man mehrere Dutzend Namen zu
nennen. Selbst wissenschaftliche, mit den Problemen von organisierter Großkriminalität und Wirtschaft befaßte Kongresse
finden unter Ausschluß der Öffentlichkeit, geheim und unter
Polizeischutz statt.

Die Ursprünge

Über die Entstehungsgeschichte der Mafia als gesellschaftliches, kulturelles, soziopsychologisches und kriminelles Phänomen gibt es keine gesicherten Kenntnisse. Umstritten ist ihre Entstehungszeit. Die ersten konkreten Zeugnisse über ihre Existenz liegen um die Mitte des 19. Jahrhunderts. Zwei kausale Verknüpfungen wären denkbar. Der Anschluß Siziliens an den entstandenen italienischen Einheitsstaat ab 1861 und der damit verbundene Aufbau einer modernen zentralstaatlichen, überwiegend aus dem Norden importierten Verwaltung könnten bewirkt haben, daß auf diese Weise soziokulturelle Strukturen „sichtbar" wurden, die unter der Oberfläche der Normalität längst existent waren. Denkbar wäre auch, daß sich in Sizilien mafiose Strukturen und Mentalitäten als Antwort auf das Erscheinen des Einheitsstaates herausgebildet haben. Das Verhältnis zwischen sizilianischer Gesellschaft und nationalem Einheitsstaat ist durch einige Merkmale charakterisiert, die teilweise bis zur Gegenwart Bestand behalten haben. Der Staat hat es nicht verstanden, innerhalb seines Territoriums das Monopol legitimer Gewalt zu etablieren. Gesellschaftliche Gewalt in vielerlei Formen bis hin zu einer hohen Anzahl jährlicher Morde hat die Entwicklung Süditaliens nach 1861 begleitet. Waffenbesitz und Waffengebrauch ist ein Charakteristikum dieser Landschaften geblieben. In Sizilien gab es 1925, bei weniger als 4 Mio. Einwohnern, eine Million Waffenscheine. Polizeikasernen und Carabinieri-Stationen glichen – und gleichen noch heute – bisweilen belagerten Festungen in einem feindlichen Umland. „Der italienische Staat brachte es in weiten Teilen Siziliens nicht fertig, die Anwendung der Gewalt zu monopolisieren." Die Mafia wurde so zu einem System gesellschaftlicher Selbstorganisation und der lokalen Gegengewalt. Der Staat sieht sich von einem Meer der Gleichgültigkeit, der Ablehnung, des Mißtrauens und der Feindseligkeit umgeben. Diese Staatsdistanz ließe sich leicht etwa an der Geschichte der nur unter größten Widerständen durchgesetzten allgemeinen Wehrpflicht darlegen. Ein ähnlich aufschlußreiches Kapitel bildet die Geschichte der Steuerpflicht, des Steueraufkommens und der Steuerflucht. Es ist mehr als ein nur symbolisches Zeichen für die niemals voll durchgesetzte Steuerhoheit des Staates, daß die Steuereinnahmen bis heute in Sizilien an Steuereinnehmer verpachtet werden. Trotz zahlreicher Anläufe ist es den römischen Zentralinstanzen nicht gelungen, auf diesem Feld die Staatshoheit in Sizilien voll zu etablieren. So nimmt es nicht wunder, daß sich der Staat in seiner Präsenz auf Sizilien immer wieder zu Kompromissen mit der „lokalen Gegenmacht" (Henner Hess) bereit gefunden hat. Zu schwach, um seine Autorität voll durchzusetzen, bediente er sich der Vermittlung und der Intervention der jeweiligen lokal Mächtigen, um seine Ziele zu erreichen. Die Geschichte der Staatspräsenz auf Sizilien wird so zu einer langen Folge von Kompromissen, Waffenstillständen, versuchten Interventionen und stillschweigenden Rückzügen. Die strukturellen Übereinstimmungen verleihen der Mafialiteratur des 19. Jahrhunderts ihren Déjà-vu-Charakter. Ein Klassiker der Sizilienliteratur wie die von Sidney Sonnino und Leopoldo Franchetti 1878 publizierte Felduntersuchung „La Sicilia nel 1876" wirkt so taufrisch, als sei sie gestern entstanden. Franchetti sah in der Cosa Nostra eine „Industrie der Gewalt", die sich um die Jahrhundertmitte als Folge von Staatsschwäche und von gesellschaftlichen Schutz-, Ordnungs- und Sicherheitsbedürfnissen herausgebildet hatte. Nach dem Urteil des Zeithistorikers Massimo L. Salvadori erweckt die Lektüre die bitteren Gefühle eines „historischen Scheiterns, da man feststellen muß, daß nach mehr als einem Jahrhundert einheitsstaatlicher Geschichte ... im Grunde sich so wenig geändert hat an der ‚sizilianischen Frage'".

Die enge Verknüpfung der Mafiageschichte mit den soziokulturellen und soziopsychologischen Gegebenheiten der sizilianischen Gesellschaft ist vor allem durch eine Reihe internationaler Feldstudien sichtbar gemacht worden, die den jeweils lokalen Situationen gewidmet waren. Solche mikrohistorisch bis auf die unterste Ebene sozialer Beziehungen hin erforschten Phantasieorte wie Camporano (Filippo Sabetti), Montegrano (Edward Banfield) oder Genuardo (Alexander Blok) machen für den Außenstehenden die Psychologie und die Rationalität dieser süditalienischen Agrostädte verständlich.

Der Déjà-vu-Charakter dieser Vergangenheit aktualisiert auch immer wieder die großen Kriminalfälle dieser Vergangenheit. Dazu zählt der 1893 verübte Mord an dem Bankier und Regionalpolitiker Marquis Emanuele Notarbartolo Fürst von Sciara. Notarbartolo, früherer Oberbürgermeister von Palermo und Generaldirektor des Banco di Sicilia, war „die erste prominente Leiche" in der Geschichte der sizilianischen Mafia. Als Auftraggeber wurde von der öffentlichen Meinung sein politischer Gegenspieler Raffaele Palizzolo genannt. In zwei Prozessen zu einer hohen Gefängnisstrafe verurteilt, wurde der Angeklagte im Revisionsprozeß 1904 in Florenz wegen Mangels an Beweisen freigesprochen. Palizzolo kehrte im Triumphzug nach Sizilien zurück und wurde wie ein Sieger in Palermo empfangen. Der Prozeß Notarbartolo machte die italienische und die europäische Öffentlichkeit erstmals mit den Geheimnissen und Aporien der sizilianischen Politik und Kriminalität vertraut.

Mafia und Faschismus

Es gibt eine Phase in der langen Geschichte der Beziehungen zwischen Staat und Mafia, die sich durch ihren eigentümlichen Charakter heraushebt: Der Faschismus, der den Anspruch erhob, das Staats- und Nationalbewußtsein der Italiener zu verkörpern und zu potenzieren, packte das säkulare Problem mit neuen Methoden an. Im Oktober 1925 entsandte Mussolini einen hohen Verwaltungsbeamten nach Palermo als Präfekten mit besonderen Vollmachten, Cesare Mori. Dieser war den Faschisten aus seiner Zeit als Präfekt in Bologna 1921/22 bestens bekannt. Mori hatte damals als fast einziger mit einigem Erfolg die Autorität des Staates gegenüber der wachsenden Illegalität der faschistischen Bewegung zu verteidigen gesucht und war unter ihrem ultimativen Druck abberufen worden. Mit der gleichen Tatkraft und mit allen Machtmitteln des von vielen rechtsstaatlichen und demokratischen Kontrollen befreiten, totalitär gewordenen Staates ging Cesare Mori an die Bekämpfung der organisierten Kriminalität. Mit paramilitärischen Aktionen, mit

Großeinsätzen von Polizei und Carabinieri, mit Massenverhaftungen und Deportationen und mit einer Reihe von großen Prozessen, in denen gleichzeitig Hunderte von Angeklagten vor Gericht gestellt wurden, versuchte Mori, die Autorität des Staates zu stärken und ein Klima der Legalität herzustellen. Nach seinen Worten stellten „im Heer der Kriminalität die kleinen Kriminellen die Truppe, die Mafia den Generalstab". Wenn man das planende Zentrum beseitigte, mußte die gesellschaftliche Befriedung schrittweise von selbst erfolgen.

In diesem Kampf schreckte Mori auch vor extralegalen Mitteln wie Geiselnahmen, erpreßten Aussagen und Geständnissen und anderen Formen indirekter und direkter Gewalt nicht zurück. Die Zahl der Inhaftierten und Konfinierten stieg zeitweilig bis auf 15000. In den großen Prozessen wurden viele Hunderte von Mafiosi zu hohen Gefängnisstrafen oder lebenslangem Zuchthaus verurteilt. Dabei fehlte es nicht an massiven Fehlentscheidungen und eindeutigen Justizirrtümern. Mori hoffte so, den Circulus vitiosus der Straflosigkeit und der „omertà" zu durchbrechen und die Mafia auszulöschen. Diese von kulturellen, sozial- und wirtschaftspolitischen Eingriffen begleiteten Maßnahmen hatten einen beträchtlichen Erfolg, der von der faschistischen Propaganda rasch mythisiert wurde. Als „prefetto di ferro", als der „eiserne Präfekt", ging er in die Legende ein. Ende der zwanziger Jahre, als Mori abberufen wurde, schien das Problem der organisierten Kriminalität unter Kontrolle.

Der Faschismus konnte mit einem Anschein von Recht behaupten, er habe die Mafiafrage gelöst. So schrieb die *New York Times* 1928, „die Mafia ist tot, ein neues Sizilien ist geboren". Der 1934 erschienene Artikel ‚Mafia' in der „Enciclopedia Italiana" behandelte seinen Gegenstand ganz im Imperfekt und vertrat die These, das Problem sei endgültig gelöst. Die Aktivitäten des Superpräfekten Cesare Mori gehören zu den am besten erforschten Kapiteln der Mafiageschichte. Es zählt mit zu den Paradoxien dieses Phänomens, daß Sizilien als einzige Region in Italien „von der faschistischen Diktatur in der Tat Freiheit erhielt, *die* Freiheit, die in der Sicherheit des Lebens und des Besitzes liegt. Wie viele andere Freiheiten diese Freiheit gekostet hatte, das wußten die Sizilianer nicht oder wollten es nicht wissen" (so der sizilianische Schriftsteller Leonardo Sciascia).

Die Ära Mori ist am Ende Episode geblieben. Der Herkules von Mussolinis Gnaden hatte der Hydra etliche Köpfe abgeschlagen, aber andere wuchsen mit der Zeit nach. Geblieben ist die bis heute immer wieder durch die italienische Öffentlichkeit geisternde Vorstellung, daß nur der totalitäre Staat, der Ausnahmezustand, die Außerkraftsetzung aller rechtsstaatlichen Garantien in der Lage sein könnten, dieser organisierten Kriminalität Herr zu werden. So forderte die Turiner *La Stampa* am 25. 9. 1990 in einem Leitartikel „Zehn Gebote gegen die Mafia" eine Reihe drastischer Maßnahmen, hohe Strafen für Waffenbesitz, Vereinfachung der Gerichtsverfahren, Verschärfung des Strafvollzugs und staatliche Finanz- und Verwaltungskontrollen. Die italienischen Bürger müßten lernen, wieder „mehr Furcht vor dem Staat als vor den Kriminellen zu haben".

Als am 10. Juli 1943 die ersten amerikanischen Truppen auf den Stränden Siziliens landeten, um die Invasion des Kontinents zu beginnen, war die sich mit der Autonomiebewegung verbündende Mafia schon bereit, alte Herrschaftspositionen wieder zu übernehmen.

Das Crescendo mafioser Gewalt

Wer die Geschichte der Mafia seit Ende des letzten Krieges überschaut, sieht sich mit einem Crescendo der Gewalt und des Schreckens konfrontiert, das kein Ende zu haben scheint. Das mag auch mit der Sichtbarkeitsproblematik zusammenhängen. Im Fax- und Fernsehzeitalter zirkulieren die Nachrichten schneller und weiter und werden entsprechend intensiver wahrgenommen. An bestimmten Indizien jedoch läßt sich das Crescendo deutlich ablesen. Die vielfach noch ländlich und subkulturell geprägte Mafia der fünfziger Jahre war auf Westsizilien beschränkt und verfügte über relativ begrenzte Finanzierungsmöglichkeiten. Der Einstieg in den Zigarettenschmuggel und vor allem der Beginn des Drogengeschäfts in den sechziger Jahren erweiterten enorm den Aktionskreis und die finanziellen Spielräume der Cosa Nostra. Zu diesem Crescendo gehört die Einbeziehung von Jugendlichen, dann auch Kindern und Frauen in den Kreis der Opfer mafioser Gewalt. Dazu gehört die Ermordung von Repräsentanten des Staates, anfangs von einfachen Polizisten, dann von höheren Chargen. 1960 wurde der erste Polizeikommissar erschossen. Dazu gehören auch die Attentate auf Gewerkschaftler und integre Politiker. Seit den siebziger Jahren hat dieses Crescendo auch die obersten regionalen Repräsentanten erfaßt, Parlamentarier, Oberbürgermeister, Europa-Abgeordnete, Präfekten. Ebensowenig blieben seit den siebziger Jahren die führenden Repräsentanten von Finanz und Wirtschaft verschont. Die Liste der ermordeten Unternehmer wird von Jahr zu Jahr länger, bis hin zu Symbolfiguren wie dem Textilindustriellen Libero Grassi, der öffentlich und im Fernsehen erklärte, er werde keiner Erpressung weichen und keine „tangente" (Bestechungssumme) zahlen. Er wurde 1991 umgebracht. Nach einer Statistik der Wirtschaftszeitung *Sole-24 Ore* wurden in der Stadt und Provinz Palermo 1978–1988 51 Unternehmer ermordet. Von ihnen gehörten 35 in den Bereich „Bau, Steine, Erden". Unter den 51 befanden sich 23 „Vorbestrafte". Auch kirchliche Vertreter, soweit sichtbar im Kampf gegen Cosa Nostra engagiert, sind vor Mord nicht mehr sicher. Es gibt heute bis in die Spitzen des Staates niemand mehr, der sich vor einer potentiellen Morddrohung sicher dünken dürfte.

Auch die Grenzen zwischen Legalität und Illegalität drohen zu verschwimmen. Im April 1991 sprach der Richter Luigi Russo (Catania) die Bauunternehmer Costanzo frei, die enge Beziehungen zur Mafia unterhalten hatten und ihr Schutzgeldzahlungen geleistet hatten, um ihre Baustellen vor Attentaten zu schützen. Sie hätten unter dem Zwang der Situation gehandelt, so lautete die Begründung.

Auch die Intensität der Gewaltanwendung hat enorm zugenommen. Statt der gestutzten „Lupara" ist man inzwischen bei Maschinenpistolen „Kalashnikow", bei ferngezündeten Autobomben und bei Sprengwirkungen angelangt, die Dutzende von Menschen töten und halbe Straßenzeilen in Trümmer legen kön-

nen. Für ein Blutbad wie das von Capaci (Autobahn Palermo–
Punta Raisi, Attentat Falcone) oder der via D'Amelio (Attentat
Borsellino) gibt es in Europa nichts Vergleichbares. Diese Atten-
tate erinnern an Kolumbien oder Bolivien. Das Crescendo des
Schreckens betrifft schließlich die territoriale Dimension. Aus-
gehend von Westsizilien hat die Mafiagewalt längst die ganze
Insel erfaßt und erreichte 1993 mit den Terrorattentaten in
Rom, Florenz und Mailand die städtischen Zentren Mittel- und
Norditaliens. Die von der organisierten Kriminalität Süditaliens
repräsentierte illegale Wirtschafts- und Finanzmacht bedroht
den europäischen Binnenmarkt. „Die organisierte Kriminalität
nimmt internationale Dimensionen an, und mit der Liberalisierung des innereuropäischen Kapitalverkehrs kennt das
‚schmutzige Geld‘ keine Grenzen mehr." Das erklärte der damalige Präsident der italienischen Nationalbank, Carlo Azeglio
Ciampi, im April 1989 vor der Antimafia-Kommission des Parlaments.

Organisierte Kriminalität und die Politik

Der Staat und die nationale Öffentlichkeit haben nur spät und
auch dann nur mit vielen Kautelen und Vorbehalten von der
wachsenden Präsenz des organisierten Verbrechens in Sizilien
Kenntnis genommen. Alles das, was der Staat an gesetzgeberi-
schen und administrativen Maßnahmen gegen die Mafia unternommen hat, war Notstandsgesetzgebung, geschah unter dem
Eindruck besonders markierter Kriminalitätswellen oder spek-
takulärer Verbrechen. Giovanni Falcone spricht von dem „emo-
tionsbestimmten, episodenhaft bleibenden und unbeständigen"
Einsatz des Staates, der der „Logik des Notstands" gefolgt sei.
Es habe an einem „starken und präzisen Willen des Staates"
gefehlt. Das gilt für die Einrichtung einer von beiden Häusern
des Parlaments beschickten Antimafia-Kommission 1962, das
gilt für die Einführung des Antimafia-Passus in das Strafrecht
1982, und das gilt für die Schaffung einer zentralen Ermittlungs-
behörde DIA 1992. Der Staat hat jeweils nur reagiert auf aktuelle

Notstände und Empörungswellen der nationalen und der internationalen Öffentlichkeit. Vor allem hat der Zentralstaat sich niemals ernsthaft mit dem Verhältnis von Mafia und Politik beschäftigt. Die parteipolitischen Verbindungen zwischen der sowohl in der Regionalregierung in Palermo wie in Rom herrschenden *Democrazia Cristiana* erwiesen sich als zu stark, als daß die Zentralregierung das Problem an der Wurzel angepackt hätte. Vor allem hat der Staat alle jene gesellschaftlichen Kräfte ohne Schutz und Unterstützung gelassen, die bereit waren und versucht haben, den Kampf gegen omertà, organisierte Verbrechen und etablierte Machtstrukturen aufzunehmen: Gewerkschaften, Linksparteien, Schulreformer, Frauenbewegung usw. Der letzte Gesamtbericht der Antimafia-Kommission vom April 1993 kommt zu dem Ergebnis: „In der Praxis haben sich die Beziehungen zwischen Institutionen und Mafia über sehr viele Jahre hinweg wie die Beziehungen zwischen zwei souveränen Mächten entwickelt. Keine der beiden hat den anderen angegriffen, solange dieser in seinen Grenzen blieb. ... Der Staat hat Cosa Nostra nicht als kriminelle Organisation bekämpft, sondern nur dort, wo sie besonders gravierende Morde beging. Auf der anderen Seite hat Cosa Nostra nicht die Vertreter des Staates als solche angegriffen, sondern nur diejenigen attackiert, die besonders wirkungsvolle Maßnahmen der Verbrechensbekämpfung anpackten und damit die ungeschriebenen Regeln der Koexistenz verletzten."

In der Geschichte der 1962 geschaffenen, mit größten Vollmachten ausgestatteten und in mehrfacher Erneuerung bis heute fortbestehenden parlamentarischen Antimafia-Kommission spiegelt sich dies ambivalente Verhältnis zwischen Politik und organisierter Kriminalität. Die Kommission hat im Laufe der Jahre durch Zeugenbefragungen, Enqueten, die Heranziehung von lokalen und regionalen Polizei-, Gerichts- und Verwaltungsakten ein riesiges Material zusammengetragen und in den Kommissionsakten des Parlaments publiziert. Bei der Umsetzung der hier enthaltenen Erkenntnisse in die Öffentlichkeitsarbeit, in die praktische Politik und die Gesetzgebung hat es jedoch gefehlt. Der Zeithistoriker Nicola Tranfaglia spricht von einer „wahren politischen Schizophrenie". Die Kommission hat „eine Dokumentation von enormem Wert" produziert, hat es aber gleichzeitig unterlassen, diese in irgendeiner Weise zu benutzen.

Erstmals in ihrer mehr als dreißigjährigen Geschichte hat die Kommission am 6. 4. 1993 einen eigens dem Thema „Die Beziehungen zwischen Mafia und Politik" gewidmeten Bericht verabschiedet, der durch seine deutliche und entschiedene Sprache auffällt. Über die Mafia heißt es hier: „Cosa Nostra ist eine kriminelle Organisation, die über bestimmte Verhaltensregeln und klar erkennbare Leitungsorgane verfügt und deren Angehörige nach Zuverlässigkeitskriterien ausgewählt werden. Sie verfügt über ein Territorium, über das sie eine tendenziell totalitäre Kontrolle ausübt. Sie hat eine hierarchisch aufgebaute Organisationsstruktur mit Provinzkommissionen und einer Regionalkommission. ... Sie verfügt über bewaffnete Streitkräfte und über weitreichende finanzielle Mittel. Der Kampf gegen Cosa Nostra kann nicht nur in einer Veränderung der Regeln und der Verhaltensweisen bestehen. Er muß konkret darauf zielen, diese bestimmte Organisation zu zerstören, die seit der Befreiung bis heute in vielen Augenblicken die Entwicklung der Republik so negativ beeinflußt und belastet hat."

Der Bericht unterstellt der Mafia sogar eine präzise politische Strategie. „Die Besetzung und die Herrschaft über das Territorium in Konkurrenz zur legitimen Staatsautorität, der Besitz enormer finanzieller Mittel, die Verfügung über ein illegales, gut bewaffnetes Heer und der tendenziell unbeschränkte Ausdehnungsdrang, alle diese Merkmale machen (aus Cosa Nostra) eine Organisation, die nach einer eigenen Macht- und Opportunitätslogik operiert."

Nach Ansicht des damaligen Vorsitzenden der Antimafia-Kommission, Luciano Violante, stehen wir am Beginn einer entscheidenden Auseinandersetzung. Wenn der von Giovanni Falcone eingeleitete Angriff fortgesetzt wird, ist der eigentliche „Krieg" erst zu erwarten. Längerfristig ist diese Auseinandersetzung nur zu gewinnen bei Schaffung eines neuen Staats- und Bürgerbewußtseins, bei einer Mitbeteiligung aller gesellschaftlich wichtigen Kräfte, von der Schule bis zur katholischen Kirche. Die

Mafia repräsentiert mit ihren maximal 5000 Mitgliedern nur eine „Aristokratie der Kriminalität". Darunter gibt es die kommune Kriminalität und eine weit verbreitete „Kultur der Illegalität", der Gleichgültigkeit oder Verachtung gegenüber den von Gesellschaft und Staat erlassenen Regeln und Gesetzen, die den Nährboden bilden für alle „höheren" Formen der Illegalität, bis hin zu Gewalt und Mord.

Der Mythos Dalla Chiesa

Das Jahr 1982 bildet in der Geschichte der organisierten Kriminalität einen deutlichen Einschnitt. Nachdem eine ganze Reihe von bekannten regionalen Politikern, Polizeibeamten und Staatsanwälten dem Feuer von Mafiamördern zum Opfer gefallen waren, schickte die Regierung Spadolini im Frühjahr 1982 unter dem Druck der Öffentlichkeit den Carabinieri-General Alberto Dalla Chiesa als Präfekten mit Sondervollmachten nach Palermo. Dalla Chiesa hatte sich einen legendären Ruf erworben, als er den linken Terrorismus mit einer Reihe von strategisch angelegten Maßnahmen gebändigt hatte. Nach diesem Muster wollte er nun mit systematischen Datenauswertungen, mit Kontenkontrollen und Rasterfahndungen dem Großkonzern Mafia zu Leibe rücken. Am 3. September starb er, zusammen mit seiner jungen Frau, unter den Kugeln eines zwei Dutzend Personen umfassenden Killerkommandos der Mafia.

Die Ermordung Dalla Chiesas bedeutete für die italienische Öffentlichkeit einen enormen Schock. Hatte er notwendige Sicherheitsvorkehrungen vernachlässigt? Hatte die Regierung in Rom ihm Vollmachten und Operationsmöglichkeiten verweigert? Hatte die Gleichgültigkeit und Feindseligkeit bestimmter regionaler und lokaler politischer Instanzen „vor Ort" die psychologischen und materiellen Voraussetzungen für das Verbrechen geschaffen? In seinem letzten, schon bei Erscheinen Sensationen auslösenden Interview hatte Alberto Dalla Chiesa ungewöhnlich freimütig über die Struktur der Mafia, über die Schwierigkeiten ihrer Bekämpfung, über seine Befürchtungen und über die Aporien der staatlichen Präsenz in Sizilien gesprochen. Die Mafia breite sich osmoseartig aus. Notwendig sei eine Kontrolle und Aufdeckung der Geldflüsse, der Investitionen und der Geldwäschetransaktionen. „Mich frappiert der Polyzentrismus der Mafia, auch in Sizilien. Wir stehen an einer historischen Wende. Die geographisch auf Westsizilien eingeschränkte Mafia ist zu Ende. Heute ist die Mafia auch in Catania.“ Neu erschien ihm auch: „Die Mafia ermordet die Mächtigen. Sie zielt auf die ‚Herren des Palastes‘. Ich glaube die neuen Spielregeln begriffen zu haben: man ermordet den Mächtigen, wenn sich jene tödliche Konstellation ergibt: er ist zu gefährlich geworden, aber man kann ihn töten, weil er isoliert ist.“

Diese prophetischen Worte bewahrheiteten sich wenige Wochen später, am 3. September. Dieser Doppelmord blieb bis heute unvergessen. Einer der Söhne des Präfekten, der Soziologe Nando Dalla Chiesa, schrieb die Biographie seines Vaters. Die Darstellung bietet eine scharfe Anklage der römischen Politik, der *Democrazia Italiana* und vor allem eines ihrer traditionsreichsten Repräsentanten, Giulio Andreotti. Der Autor nennt den römischen Politiker „den politischen Hauptangeklagten“ seiner Darstellung. Die politische Machtstellung Andreottis in der italienischen Politik beruhte zu guten Teilen auf der *Democrazia Cristiana* Siziliens, die zur „Corrente“ Andreottis gezählt wurde. Zwischen den dort mächtigen Notabeln und dem römischen Politiker hatte sich eine Art Arbeitsteilung eingespielt: Die sizilianische DC stimmte in Senat und Kammer entsprechend den Wünschen Andreottis, und dieser sicherte seinen christdemokratischen Parteifreunden die Rückendeckung bei allen regional entscheidenden Fragen. Das, was 1982 nur ein Verdacht und ein Indizienschluß sein konnte, die engen Verbindungen und gegenseitigen Beeinflussungen zwischen organisiertem Verbrechen und regionaler wie lokaler Politik in Sizilien und Palermo, ist inzwischen bewiesen. Hohe christdemokratische Repräsentanten wie Vito Ciancimino, Antonio Ruffini, die Brüder Salvo und Salvo Lima sind als „mafiosi“ rechtskräftig verurteilt oder sind einem Killerkomando zum Opfer gefallen. Andreotti selbst ist seit dem Sommer 1993 mit der staatsanwaltschaftlichen

Anklage konfrontiert, engste Beziehungen mit der sizilianischen Mafia unterhalten zu haben. Die Arbeit Nando Dalla Chiesas liest sich heute also mit anderen Augen als bei ihrem Erscheinen. Er hat mit dazu beigetragen, einen Mythos Dalla Chiesa zu schaffen. Der General ist zum Symbol der Pflichterfüllung und des Lebenseinsatzes geworden. Die Erinnerung an diesen opferbereiten Staatsdiener, der sehenden Auges in den Tod gegangen ist, ist auch in der heutigen italienischen Gesellschaft in vielfältigen Formen lebendig.

Die Figur des „pentito"

Die Mafia ist immer nach dem Prinzip verfahren, wer anfängt „auszupacken", wird ermordet. Die Zusammenarbeit mit der Polizei und den Ermittlungsbehörden des Staates gilt als todwürdiges Verbrechen. Die Rache für einen solchen „Verrat" trifft auch die Angehörigen des Abtrünnigen, Brüder, Schwestern, Eltern, Kinder, angeheiratete Verwandte. Dies schauerliche Prinzip einer modernen Blutrache hat über viele Jahrzehnte für eine fast undurchdringliche Mauer des Schweigens und der „omertà" gesorgt. Wer, aus welchen Gründen auch immer, anfing, mit dem Staat zu kooperieren und auszusagen, wurde – mit seiner Familie – ausgelöscht.

Der Kampf gegen den politischen Terrorismus von rechts und links hat seit 1975 dazu geführt, daß erstmals die rechtsbedeutsame Figur des „collaboratore processuale", des „pentito", des „Reuigen", d. h. des „Kronzeugen" angelsächsischen Typs, in das italienische Strafrecht eingeführt wurde. Die Bereitschaft, bei der Aufklärung und gerichtlichen Aburteilung von Straftaten mit den Staatsorganen zusammenzuarbeiten, wurde mit massiven Strafmilderungen belohnt. Die Einführung des „collaboratore processuale" hat die Rechtsgleichheit in Mitleidenschaft gezogen, hat aber gleichzeitig massiv zur Bewältigung des Terrorismusproblems beigetragen.

Diese Veränderungen des Strafrechts machten es seit Mitte der achtziger Jahre erstmals möglich, auch den Kampf gegen die

Mafia mit neuen Instrumenten anzupacken. Es markierte einen deutlichen Einschnitt, daß es den italienischen Behörden seit den frühen achtziger Jahren erstmals gelang, durch Emigration und Schaffung neuer Identitäten einige kooperationsbereite „mafiosi" und Teile ihrer Familien am Leben zu erhalten. Einige von ihnen, wie Tommaso Buscetta, Salvatore Contorno oder Antonino Calderone, haben einen fast legendären Ruf erlangt. Ihre Interviews werden mit Gold aufgewogen. Ihre Auftritte vor Untersuchungsausschüssen oder vor Gericht gleichen Triumphzügen. Ihre Aussagen haben die kulturelle und politische Landschaft Italiens verändert. Über Glaubwürdigkeit oder Lügencharakter ihrer Berichte, Thesen und Interpretationen sind ganze Pressefeldzüge ausgefochten worden. In einigen spektakulären Fällen, so bei dem Fernsehjournalisten Enzo Tortora, haben Falschaussagen von „pentiti" zu juristischen Verfolgungsfeldzügen gegenüber Unschuldigen geführt. Journalismus, Rechtsprechung und Politik haben sich an diese „pentiti" wie an das Orakel von Delphi gewandt, um „authentische" Auskünfte über zahlreiche, im Umfeld der Mafia liegende Vorgänge zu erhalten. Viele voneinander unabhängige oder sich überkreuzende Aussagen unterschiedlicher „pentiti" haben zumeist die Glaubwürdigkeit und Zuverlässigkeit ihrer Thesen erwiesen.

Mit diesem Blick auf das Innere des großen Monstrums haben sich die Kenntnisse über Charakter und Funktionsweise der Mafia enorm erweitert. Die Aussagen der „pentiti" haben auch die Möglichkeiten der Strafverfolgung in hohem Maße vermehrt. Ohne sie wären die Maxiprozesse und Verurteilungen seit 1986 nicht möglich gewesen. Auch die Antimafia-Kommission des Parlaments hat zahlreiche „pentiti" als Zeugen gehört. Die hier getroffenen Aussagen reichen teilweise bis in die fünfziger und sechziger Jahre zurück. So ist es heute erstmals möglich, im Umfeld der Mafia Individual- und Kollektivbiographien zu erstellen und diese Phänomene in ihrer historischen und genetischen Dimension zu begreifen.

Zu dieser Literaturgattung gehören die Aussagen des Mafiabosses von Catania, Antonino Calderone, die Pino Arlacchi zu einem biographischen Bericht zusammengefügt hat. Zusammen mit anderem Material – Gerichtsprotokollen, Anklageschriften, Kommissionsaussagen – hat er daraus eine in Ichform gehaltene Autobiographie erstellt, die sich mit atemnehmender Spannung und innerem Entsetzen liest.

Aus seinen Ausführungen ergibt sich eine Soziologie der Mafia, die weit reicher und anschaulicher ist als das meiste, was man bislang über sie wußte.

Die Großprozesse

Die Aussagen der „pentiti" bildeten die Grundlage für die spektakulären Großprozesse, die seit Mitte der achtziger Jahre gegen die Mafia vorbereitet wurden. Der Maxiprozeß, der gegen 475 Angeklagte in Palermo von 1986 bis 1988 geführt wurde und der mit Hunderten von schweren Verurteilungen endete, war das Meisterwerk Giovanni Falcones und des von Antonio Caponnetto geleiteten Richterpools in Palermo. Das wichtigste Ergebnis dieses Maxiprozesses war, in den Worten Giovanni Falcones, „daß die Mafia ihre Aura der Straffreiheit und der Unbesiegbarkeit verlor".

Der so erfolgreich operierende Antimafia-Pool, der noch heute vielfach als der Höhepunkt des staatlichen Kampfes gegen das organisierte Verbrechen gilt, löste sich nach 1988 unter dem äußeren Druck von Pressepolemiken und inneren Konflikten schrittweise auf.

Der Familienverband

Die mafiose Herrschaft beruht – auch in der Camorra Kampaniens oder der N'Drangheta Kalabriens – auf der personellen und der räumlichen Einheit. Die „Familie" und das „Territorium" sind die beiden Pfeiler, auf denen jedes dieser Herrschaftssysteme auflagert.

Über die Rolle der Familie als zentraler Baustein der gesamten italienischen Gesellschaft ist viel geschrieben worden. Man hat sogar spöttisch davon gesprochen, Staat und Gesellschaft in Italien seien nichts anderes als eine Ansammlung von Familien (Leo Longanesi). Die Familie ist traditionell die entscheidende Sozialisationsinstanz für den Italiener, das Lebenszentrum auch nach dem Erwachsenwerden, das Schutzdach, unter dem er bei bösen Lebenswettern Zuflucht sucht, ein Schutzraum wechselseitiger Solidarität für alle Lebenslagen, eine Art Lebensversicherung auf Gegenseitigkeit. Viele der Schwächen und Fehlleistungen der öffentlichen und staatlichen Einrichtungen werden aufgefangen und kompensiert von diesem unsichtbaren Schutz- und Rettungsnetz, das unter dem einzelnen aufgespannt ist. Familie heißt in erster Linie Blutsverwandtschaft. Dieser engste Solidaritätsraum wird jedoch ausgeweitet durch Anheiraten, durch Freundschaften (die durch Patenschaften institutionalisiert werden) und durch klientelare Anbindungsverhältnisse. Der amerikanische Soziologe Banfield hat in dem „amoralischen Familismus" sogar die Hauptcharakteristik der süditalienischen Gesellschaft sehen wollen. Diese These hat in den Sozialwissenschaften und der Zeitgeschichte Italiens wenig Anklang, ja zumeist schweigende Ablehnung gefunden. Weit größer und selbstkritischer war das Echo, als diese These in erweiterter und veränderter Form als „civic culture" in den neunziger Jahren erneut vorgetragen wurde, diesmal von dem amerikanischen Politologen Robert Putnam.

Die Mafiafamilie ist ein Spiegelbild dieser gesamtgesellschaftlichen Situation. Ihr Kern besteht in einer realen Blutsverwandtschaft Vater–Söhne–Enkel. Jeder Mafiachef ist bestrebt, möglichst viele Söhne zu zeugen, um in dem – im wahrsten Sinne „tödlichen" – Wettbewerb mithalten zu können. Um diesen Kern herum lagert sich dann mit Heiraten, Patenschaften, Adoptionen die erweiterte Familie. Sie schließlich ist umgeben von einem Bereich klientelar eingebundener Abhängiger und Freunde, die bei Bedarf mobilisiert werden können. Eine solche „famiglia" umfaßt in der Regel nicht mehr als ein bis zwei Dutzend Angehörige, kann aber mehr als hundert Personen zählen. Sie bildet einen eigenen sozialen Organismus mit z. T. parastaatlichen Funktionen. Die größeren unter ihnen rekrutieren regelrechte Privatarmeen.

Das Territorium

Der zweite Pfeiler der Mafiamacht ist das Territorium. Alle diese „famiglie" sind geographisch verankert. Sie haben eine bestimmte Hoheitszone, in der sie ihre Macht ausüben. Städtische Großräume wie die von Palermo, Catania, Catanzaro oder Neapel sind von einem Netz von nach außen hin unsichtbaren Herrschaftszonen überzogen. Neben der offiziellen Topographie der Stadtpläne mit ihren Straßen, Plätzen, Gebäuden und Monumenten gibt es eine unsichtbare Kartographie der Mafiamacht, die in der Realität jeden Tages durch Drohung, Furcht, Gewalt und Gehorsam neu eingezeichnet wird. Bei Überalterung, Niedergang, Tod kommt es zwischen den rivalisierenden Clans zu gewaltsamen Machtproben, die sich teilweise zu regelrechten Familienkriegen mit Dutzenden von Toten entwickeln. Im jüngsten Bericht der parlamentarischen Antimafia-Kommission heißt es dazu: „Für Cosa Nostra ist die Kontrolle des Territoriums entscheidend. Sie dient dazu, ungestraft alle Formen von Transaktionen durchführen zu können. Dank ihrer kann man feindliche Manöver erkennen und ihnen zuvorkommen. Sie garantiert die Herrschaft über die Bevölkerung, sie dient zur Erpressung von Schutzgeldern. Sie erlaubt es, sich als Autorität zu präsentieren, die alles weiß und alles kann. Ein Mafiachef ohne Territorium ist wie ein König ohne Königreich." Die z. T. der Polizei bekannten Hauptquartiere der Bosse sind als Luxusvillen ausgebaut wie Festungen, mit hohen Mauern, privaten Schutztruppen und Televideosystemen abgeschirmt und wie Fuchsbauten mit zahlreichen Fluchtwegen für den Notfall ausgestattet.

„Die Mafiosi von Palermo... weichen nicht aus ihrem Quartier. Sie werden geboren, leben und sterben an der gleichen Stelle. Das Quartier ist ihr Leben, ihre Familie lebt dort seit Generationen, und alle sind miteinander verwandt. ... Dort sind sie die absoluten Herren seit vielen Jahrhunderten." Diese Beobachtung des „pentito" Antonino Calderone weist auf ein Faktum hin, das die historische Forschung erst jetzt schrittweise ans Licht fördert: die starke historische Kontinuität unter den Mafiafamilien. Zum Teil haben wir es heute mit der dritten oder vierten Generation, ja wahren Dynastien zu tun. Vielfach handelt es sich um eine „schwindelerregende historische Tiefendimension". Die Turiner Soziologin Gabriella Gribaudi spricht von „einer äußerst starken anagraphischen und symbolischen Verbindung mit dem kontrollierten Territorium". Dazu dienen selbst die großen Familienfeste, die Taufen, Hochzeiten, Beerdigungen und gerichtlichen Freisprüche, die in äußerster Pracht gefeiert werden.

Zur Herrschaft über das Territorium gehört, daß auch staatsanwaltschaftlich Gesuchte, gegen die Haftbefehle und vollstreckbare Gerichtsurteile vorliegen, sich über viele Jahre hinweg in „ihrem" Bereich fast ungeschoren aufhalten und bewegen können. Diese sogenannten „latitanti" (Flüchtige), von denen es heute allein in Palermo circa 600 gibt, können sich auf die Solidarität oder die „omertà" ihrer Umgebung verlassen. Ein sizilianisches Sprichwort lautet: „cu è oron surdu e taci campi cent'anni 'mpaci", wer nichts sieht, hört und schweigt, wird ungestört hundert Jahre alt: Omertà ist das durch Ohnmacht, Furcht, bittere Erfahrung und aktuelle Drohung bestimmte mitwissende Schweigen, das alle polizeilichen Aufklärungen und strafrechtlichen Verfolgungen so außerordentlich schwierig macht. Augenzeugen gibt es so gut wie nicht. Wer unfreiwillig Mitwisser einer Mafiaaktion wird, wird sofort oder später auch ermordet. In urbanen Gebieten wird die Herrschaft über das Territorium häufig bis zum Aufbau eines zweiten illegalen Besteuerungssystems fortentwickelt. Beim Clan Madonia, der über einen Teil der Innenstadt Palermos „herrscht", wurde 1989 ein regelrechter Steuerkataster entdeckt. Sämtliche Geschäftsleute waren dort mit monatlichen „pizzo"-Beiträgen von einigen Hunderttausend Lire verzeichnet. In der Geschäftswelt Palermos gibt es praktisch niemanden, der nicht zahlt. Wer sich weigert, wird durch anonyme Anrufe, durch Drohungen, gezielte Schädigungen an Hab und Gut, Bombenattentate auf die Geschäfte eingeschüchtert oder am Ende ermordet.

Zu dieser Herrschaft über das Territorium gehört auch, daß die staatlichen Repräsentanten sich wie im Krieg bewegen müssen. Polizei- und Carabinieristationen gleichen Verteidigungsforts im Belagerungszustand, höhere Vertreter von Politik, Verwaltung und Justiz können Ortswechsel nur unter Polizeischutz vornehmen. Der Leiter des Antimafiapools 1984–88, Antonino Caponnetto, lebte wie ein Mönch in einer Carabinieri-Kaserne. Von Palermo hat er nicht mehr gesehen als den Weg zwischen seiner Schlafstelle und dem Justizpalast. Familie und Privatleben waren praktisch annulliert. Es scheint eine verkehrte Welt: Der Verbrecher bewegt sich vielfach frei und ungestört, seine Verfolger leben in Bunkern, abgeschirmt gegen jeden Kontakt mit der Außenwelt, unter tausenderlei Kautelen und unter ständiger Lebensgefahr.

Daß der Mafioso seinerseits enormen Streßsituationen ausgesetzt ist, liegt weniger an der Furcht vor dem ordnenden und strafenden Zugriff des Staates, sondern an dem innerkriminellen darwinistischen Machtkampf. Aus den Berichten der „pentiti" ergibt sich ein halluzinatorisches Schreckensbild einer von Furcht, Verdacht und Angst durchzogenen Lebenswelt der Gewalt, des raschen Lebensgenusses und des Todes. Nach medizinischen Untersuchungen und nach Obduktionsbefunden führt der Dauerstreß zu vorzeitigen Verschleiß- und Alterungserscheinungen. Dreißigjährige weisen ein Gefäß- und Durchblutungssystem auf, das denen von Sechzigjährigen ähnelt.

Die Rolle der Frau

Ein bislang fast ganz unbekanntes Thema hat in letzter Zeit erhöhte Aufmerksamkeit gefunden: die Rolle der Frau. Nach der traditionellen Überlieferung ist die Frau Trägerin und Fortsetzerin der mafiosen Kultur. Sie bildet den Mittelpunkt der Familie, sie erzieht die Kinder, sie sorgt für die ökonomische und finanzielle Kontinuität in den Zeiten der Abwesenheit der Männer, die sich auf der Flucht, in der Illegalität oder im Gefängnis befinden. Andererseits gab es in der alten Mafia eine strenge Trennung der Rollen. Cosa Nostra ist eine reine Männer-Gesellschaft. Antonietta Bagarella, die Lebensgefährtin von Totò Riina, war die erste Frau, die wegen ihrer Mafiazugehörigkeit gerichtlich verfolgt wurde. Noch im Maxiprozeß in Palermo 1986 gab es unter den 475 Angeklagten nur 4 Frauen. Frauen und Kinder durften in keinen Konflikt, keine „Vendetta" einbezogen werden. Die Frauen sollten auch möglichst wenig wissen von den geheimen Aktivitäten ihrer Männer. Der strenge Moralkodex der Mafia (Unauflösbarkeit der Ehe, keine Geliebten) bot große Garantien für die Stabilität der Institution Ehe auch in langen Trennungszeiten. Die Frau, eingespannt in den eisernen Panzer der Konventionen, verzichtete weitgehend auf ein individuell ausgestaltetes Leben. In diesem traditionalen Rollenverständnis sind in den letzten Jahrzehnten dramatische Veränderungen eingetreten. Die strikte Aufgaben- und Wissenstrennung löst sich zunehmend auf. Die Frau tritt stärker als Mitwisserin, als Komplizin, als Mithandelnde auf und wird im gleichen Zuge auch zum Opfer mafioser Gewalt. Auch als „pentita", als Kronzeugin, gewinnt sie an Gewicht. Vor allem aber als Ehefrau oder Geliebte eines „Mafioso" erhält sie seit einem Jahrzehnt Gestalt. Die Frau wird seit Beginn der achtziger Jahre zur großen Einbruchstelle, über die das in allen Richtungen schwer gepanzerte System mafioser Gewalt aufgebrochen werden kann. Ein Großteil der Biographien der „pentiti" laufen über eine neue Zweierbeziehung, die Liebe und Treue einer Frau, die am Lebenshorizont den Traum und auch die Realität eines „Ausstiegs", eines neuen Lebens sichtbar werden läßt. In den Worten von Giovanni Falcone: „Die Frauen, die in der Vergangenheit selten eine zentrale Bedeutung im Leben der Mafiosi gehabt haben..., sie spielen eine entscheidende neue Rolle. Selbstsicher und entschlossen sind sie zum Symbol für Wachstum, Glück und Freude im Leben geworden. Sie sind in Konflikt geraten mit der dunklen, abgeschlossenen, tragischen und in ständiger Alarmbereitschaft befindlichen Welt der Cosa Nostra." Die Frau wird so zur Trägerin der Hoffnung, der Freude, des „Lebens". Viele dieser individuellen Rebellionen enden in Einsamkeit, Isolierung, gesellschaftlicher Ächtung, Emigration oder Tod. Die meisten der Mütter, Witwen, Schwestern von ermordeten „Mafiosi" bleiben im Kreis der Zwänge und Konventionen gefangen. Ein „pentito" erscheint als tödliche Gefährdung dieser Lebenswelt. Es gibt zahlreiche Fälle, wo die ganze Familie sich öffentlich distanziert oder eine symbolische Verdammung ausspricht. Mütter, Ehefrauen oder Schwestern gehen „in Schwarz", zum Zeichen, daß der „Verräter" für sie gestorben ist, eine Art Freibrief für den künftigen Mörder.

Sizilien als Metapher

Giovanni Falcone, der als Sizilianer die Mafia von innen her und in ihren inneren psychologischen Verästelungen kannte, hat in diesem Phänomen ein Ergebnis der sizilianischen Geschichte und des sizilianischen Volkscharakters gesehen. Er griff damit Überlegungen auf, die der sizilianische Volkskundler Giuseppe Pitrè um die Jahrhundertwende verbreitet hatte. In dieser kulturanthropologischen Deutung erschien die Mafia als „Selbstbewußtsein, Kühnheit, Verwegenheit, Übermut und hochgesteigertes Selbstgefühl". Die Mafia erschien Pitrè als Teil des sizilianischen Nationalcharakters, „nicht Sekte oder Geheimbund. Die Mafia hat weder Regeln noch Statuten". Falcone spricht von einer „außerordentlich breiten Nachbarschaft zwischen Mafia und Nichtmafia in Wirtschaft, Ideologie und Moral und der unvermeidlichen Mischung von mafiosen und sizilianischen Wertvorstellungen". Er sieht in der Mafia keinen Krebs, der sich in einem sonst gesunden Gewebe ausgebreitet hat. Sie lebt „in perfekter Symbiose" mit der sizilianischen Gesellschaft. In gewissem Sinne ist sie der extremste Ausdruck bestimmter Eigenschaften und Tugenden des Sizilianers. Zu diesen Affinitäten zwischen Sizilien und der Mafia zählt die „Kultur des Todes". Einsamkeit, Pessimismus, Tod, die Doppelbödigkeit und Vergeblichkeit des Daseins – das sind, von Pirandello bis zu Sciascia – dominierende Themen der sizilianischen Literatur. Die Mafia ist eine Kultur des Todes, der Angst und der Trauer. Zum Sizilianer gehört das tiefsitzende Mißtrauen gegenüber dem Staat. „Der Mangel an Staatsbewußtsein... schafft jene Verwerfungen in der sizilianischen Seele: den Dualismus zwischen Gesellschaft und Staat, der Rückzug auf die Familie, die Gruppe, den Clan, die

Suche nach einem Alibi, die es jedem erlaubt, zu leben und zu arbeiten in völliger Anomie, ohne irgendeinen Bezug auf Regeln der Gemeinschaft". Nach Ansicht des sizilianischen Schrifstellers Gesualdo Bufalino ist „das Gesetz ... der Feind. Dies scheint mir im Charakter der Sizilianer eingeschrieben zu sein".

Man versteht diese Affinität zwischen der politischen Kultur Siziliens und der Mafia besser, wenn man sich vergegenwärtigt, daß im 19. Jahrhundert und weit darüber hinaus der Begriff der „mafia" überwiegend positiv besetzt war als „Schönheit", „Stolz", „Übermut".

Der aus Racalmuto stammende Schriftsteller Leonardo Sciascia hat die Vielschichtigkeit mafioser Phänomene vielleicht am besten erkannt. Während die große sizilianische Literatur vor ihm, von Verga und Capuana bis hin zu Pirandello, Brancati und Vittorini, die Mafia als Thema bewußt vermieden, ja die Beschreibung ihres kriminellen Charakters als Beleidigung sizilianischen Nationalstolzes zurückgewiesen hat, spielen Mafiathemen im Œuvre Sciascias eine bedeutende und zum Lebensende hin immer zentraler werdende Rolle. In seinen vier Kriminalromanen „Il giorno della civetta", „A ciascuno il suo", „Il contesto", und „Todo modo" hat er eine reiche Kasuistik geliefert, in der alle Figuren der sizilianischen Gesellschaft auftauchen. Die Kriminalfälle, die sich unter der forschenden Hand von zupackenden Polizeikommissaren und Staatsanwälten anfangs aufzuhellen scheinen, geraten, je weiter die Erzählung fortschreitet, in das Dunkel mafioser Verstrickung und der Abdeckung durch die große Finanz und Politik. Alle diese Kriminalromane enden im Dunkel der Vertuschung, der omertà, der Straf- und Folgenlosigkeit. Die linke Mafiaforschung, so z. B. Pino Arlacchi, hat Sciascia vorgeworfen, er habe mit seinen Beschreibungen und Analysen am Mythos der Unbesiegbarkeit der Mafia mitgewirkt. In der Tat ist sein Œuvre, was Sizilien betrifft, von einem tiefen Pessimismus durchzogen. Der Polizeikommissar Bellodi reflektiert in „Il giorno della civetta" zum Schluß sein Scheitern: „Sizilien hat etwas Unglaubliches. ... Vielleicht wird ganz Italien allmählich wie Sizilien. ... Die Wissenschaftler sagen, daß die Palmenlinie, das heißt der Klimabereich, in dem die Palme wächst, jedes Jahr 500 Meter nach Norden rückt. ... Diese Palmenlinie steigt wie die Quecksilbersäule eines Thermometers, wie die des konzentrierten Kaffees, wie die der Skandale. Sie wandert nach Norden und hat Rom schon überschritten." Dieser Pessimismus wächst auf dem Boden von den über mehr als ein Jahrhundert hinweg immer wieder enttäuschten Hoffnungen und Erwartungen. Der aus Caltanisetta stammende Priester und Gründer der Katholischen Volkspartei, Luigi Sturzo, hat in seinen Sizilienjahren ein unvollendet gebliebenes Mafiadrama geschrieben. Der katholische Dramatiker Diego Fabbri konzipierte nach 1945 einen positiv endenden fünften Akt. Jetzt fand man den Dispositionsentwurf Sturzos: Er wollte sein Stück mit dem Triumph des Verbrechens enden lassen.

Neben ihrer Aura des Schreckens hat die Mafia auf etliche Beobachter eine merkwürdige Faszination ausgeübt. Auch hier ist Sciascia einer der bedeutendsten Zeugen. In einem Interview mit der *Frankfurter Allgemeinen* im Juli 1987 hat er sich dazu ungewöhnlich freimütig geäußert: er habe wie viele Sizilianer „ein widersprüchliches Verhältnis zur Mafia". Er weise sie zurück „als gesellschaftliches Phänomen". „Als literarisches Phänomen ist sie in der Tat faszinierend. Die Mafia spiegelt eine tragische Auffassung des Lebens wider. Sie erfordert eine große Objektivität und Intransigenz im Verhalten. ... Sie verkörpert das was Montesquieu die ‚Tugend der herrschenden Klasse' nannte. ... Der Mafioso ist puritanisch in seinem gesellschaftlichen wie in seinem individuellen Verhalten". „Er lebt in einem geschlossenen System, das sicherlich Calvin gefallen hätte." „Keine Scheidung, keine Drogen, keine Sympathien für die extreme Linke."

Die katholische Kirche

Als einer der vielleicht wichtigsten Faktoren bei dem soziopsychologischen und kulturellen Wandel des letzten Jahrzehnts erweist sich eine veränderte Einstellung der katholischen Kirche. Traditionell hatte diese sich in dem Konflikt Staat–Mafia vorsichtig zurückgehalten und niemals eine offene Verurteilung ausgesprochen. Es gab und gibt breite Zonen der Koexistenz und sogar der verdeckten Kollaboration. In fast allen großen Mafiaprozessen gab es unter den Angeklagten einige Priester. Priesterkarrieren innerhalb mafioser Familien sind nicht selten. Offenbar hat es für steckbrieflich gesuchte, in der Illegalität lebende Mafiosi niemals Schwierigkeiten gegeben, kirchlich zu heiraten, Kinder taufen zu lassen oder mit kirchlichem Beistand unter die Erde zu kommen. Bekannt ist der Fall des Mafiabosses Totó Riina, der 1974 die ebenfalls aus einer Mafiafamilie stammende Mittelschullehrerin Antonietta Bagarella kirchlich heiratete. Der Erzbischof von Palermo, Ernesto Ruffini, erklärte noch in den fünfziger Jahren die Mafia für eine Erfindung von böswilligen Journalisten.

Bei Gelegenheit der großen Staatsbegräbnisse im Dom von Palermo hat der Erzbischof von Palermo, Kardinal Pappalardo, mit zunehmender Schärfe seine Stimme erhoben. Immer wieder aber hat er in späteren Äußerungen seine eigenen Warnungen abgeschwächt oder wieder zurückgenommen. 1985 z. B. hat er davor gewarnt, daß der anstehende Maxi-Prozeß „eine übertriebene Aufmerksamkeit auf Palermo richten könne". Die Mafia, so sagte er damals, „ist eines von vielen Problemen, mit denen ich mich beschäftige, es hat nur marginale Bedeutung".

Möglicherweise bedeutsamer als dieser durch viele Kautelen und Rückzieher immer wieder abgeschwächte und unwirksam gemachte Protest ist, daß sich kirchliche Institutionen mit religiöser, sozialer und kultureller Arbeit an der Basis engagierten. Zu den bedeutendsten Initiativen dieser Art zählt das Jesuiten-Zentrum „Pedro Arrupe" in Palermo, wo sich der langjährige Herausgeber der Zeitschrift *Civiltà Cattolica*, der Jesuitenpater Bartolomeo Sorge seit einem Jahrzehnt um die Heranbildung einer neuen regionalen politischen und kulturellen Elite bemüht. Pater Sorge kann sich, wie viele andere Repräsentanten des kulturellen, politischen und administrativen Lebens in Palermo, nur noch mit einer rund um die Uhr tätigen Polizeieskorte in der Stadt bewegen. Im Kampf gegen die Mafia baut Sorge auf soziokulturelle Veränderungen. „Zum ersten Mal gibt es auf der Insel eine Jugend, die sich kaum von der des Nordens unterscheidet. Ihr fehlt die Ehrfurcht vor den inneren Strukturen der Mafia, die noch ihren Vätern eingepflanzt war. ... Deshalb ist es zum ersten Mal möglich geworden, die kulturellen Wurzeln der Mafia zu kappen."

Auf seiner dritten Sizilienreise im Mai 1993 hat Papst Johannes Paul II. in bisher nie gekannter deutlicher Form eine radikale Verdammung der organisierten Kriminalität ausgesprochen. In Trapani warnte er davor, daß „der Mensch, angezogen vom Bösen, sich dazu verführen lasse, auf der Straße der Ungerechtigkeit, der Gewalttätigkeit und des Egoismus zu wandeln, ein Weg, der in sich und den anderen die Freude am Leben abtötet". „Wenn dieses schauerliche Fortschreiten in der Täuschung sich so weit fortsetzt, daß es Ausdruck des gemeinschaftlichen Lebens wird, dann verwirklicht sich jene ‚gesellschaftliche Sünde‘, die durch die Unterwanderung von Institutionen und Strukturen schreckliche geheime Kräfte des Zwangs und der Unterdrückung entfesselt. Dann kommt es zu jenen Formen der ‚organisierten Kriminalität‘, die die Gewissen demütigen und zerstören." In Agrigent ging der Papst noch einen Schritt weiter, indem er zum „entschiedenen Kampf" gegen die „mafiose Mentalität und gegen die Organisation der Mafia" aufrief, „die dieses Land entehrt und seine Entwicklungsmöglichkeiten blockiert". Im „Tal der Tempel" sprach der Papst von der Notwendigkeit, die „destruktiven Tendenzen" der Gesellschaft durch den Glauben zu überwinden, und forderte nicht nur einen Gewissenswandel, sondern auch „eine mutige Zeugenschaft nach außen, die in einer überzeugten Verurteilung des Bösen ihren Ausdruck findet". Notwendig sei „eine deutliche Ablehnung der Kultur der Mafia, die eine Kultur des Todes ist, zutiefst inhuman, gegen das Evangelium gerichtet, eine Feindin der menschlichen Würde und des mitmenschlichen Zusammenlebens". „Im Namen dieses gekreuzigten und wieder auferstandenen Christus, ... rufe ich den Verantwortlichen zu: Bekehrt Euch! Gottes Gericht kommt eines Tages." Die Opfer der Mafia nannte der Papst „Märtyrer der Justiz und indirekt des Glaubens".

Mafia als Unternehmer

Im letzten halben Jahrhundert haben sich die Formen und die Dimensionen illegaler Einkünfte schrittweise verändert. Parallel zu dem Bedeutungsrückgang der Landwirtschaft haben traditionelle Formen krimineller „Besteuerung" wie Diebstahl, Viehraub, Erpressung, Personenentführungen usw. an Gewicht verloren. Seit Mitte der fünfziger Jahre trat der Besitz als Gradmesser gesellschaftlichen Ansehens an die Stelle von „Ehre". Der Bauboom der Nachkriegszeit machte die Bauindustrie zum wichtigsten Wirtschaftszweig Süditaliens überhaupt und schuf neue Formen der illegalen „Besteuerung" und der Investitionen. Anfang der achtziger Jahre urteilte Giovanni Falcone, die Bauwirtschaft in Palermo sei völlig in der Hand der Mafia.

Mit dem Einstieg in das Drogengeschäft Anfang der siebziger Jahre eröffnen sich der Kriminalität Einkunftsmöglichkeiten in bislang unbekannten Größenordnungen. Mafiosi werden zu Unternehmern und zu Finanziers, die mittel- und langfristige Investitions- und Finanzierungsentscheidungen zu treffen haben. Das „mafiose Unternehmen" wird seit Beginn der achtziger Jahre zu einem Gegenstand der Forschung. Da dieses im wirtschaftlichen Konkurrenzkampf als Ultima ratio über das Instrument der Gewalt verfügt, besitzt es tendenziell einen monopolistischen Charakter. Durch Drohung, Erpressung, Zerstörung und Mord vertreibt es längerfristig auch bei geringerer Produktivität alle anderen Konkurrenten vom Markt. Dieser Vorgang hat sich inzwischen in Süditalien tausendfach wiederholt. Die Versuche der Region Siziliens etwa, für große Bauvorhaben der öffentlichen Hand internationale Firmen heranzuziehen, sind regelmäßig gescheitert.

Die Präsenz der organisierten Kriminalität bildet für weite Bereiche Süditaliens ein massives Hindernis für jede wirtschaftliche und gesellschaftliche Weiterentwicklung. Die Mafia repräsentiert nach Falcone „die Synthese aller Formen illegaler Ausbeutung des Reichtums", d. h. von Einkommen, von Kapital und Arbeit. Nur durch ihre Unterdrückung werden sich in Süditalien „die Voraussetzungen für eine geordnete Entwicklung wieder herstellen lassen". Eine kürzlich vorgelegte ökonometrische Untersuchung schätzt die durch die organisierte Kriminalität verursachten Verluste für die Wirtschaft Süditaliens auf 38 000 Mrd. Lire. Ein Beitrag der Jungunternehmer im Confindustria-Verband nennt die folgenden Ergebnisse einer Umfrage: über ein Viertel der im Süden arbeitenden Unternehmer sieht sich in den Investitionsentscheidungen durch Präsenz und Drohungen der Kriminalität beeinflußt oder behindert. In den Worten eines Stahlindustriellen aus Brescia: „Wir sind bereit, unser Kapital zu riskieren, nicht aber unser Leben." Der Textilfabrikant Luciano Benetton antwortet auf die Frage, warum er nicht mehr im Süden investiert: In Italien läuft 90 % des Gütertransports über die Straße. Jährlich werden über 6000 Fernlastwagen geraubt. Der Süden ist so unsicher, daß z. B. auf der Autobahn Catania–Palermo die Transporter in Konvois von der Polizei eskortiert werden müssen.

N'Drangheta, Camorra

Die Mafia hat den Phänomenen der organisierten Kriminalität den Namen gegeben. Sie hat das Hauptinteresse von Öffentlichkeit und Forschung auf sich gezogen. Dieser Tatbestand verdeckt, daß die Situation in anderen Teilen Süditaliens keineswegs beruhigender aussieht. Mafia ist längst ein Begriff und eine Realität, die weit über Sizilien hinausreichen. Als 1982 nach der Ermordung Dalla Chiesas der Artikel 416 bis ins Strafrecht eingeführt wurde, sah dieser hohe Strafen für „kriminelle Vereinigungen mafioser Art" vor. Darunter werden auch N'Drangheta und Camorra verstanden. Die Antimafia-Kommission hat am 21. 12. 1993 einen eigenen „Rapporto sulla Camorra" verabschiedet, der ein Porträt Kampaniens zeichnet, das unter vielen Aspekten dem Siziliens nicht nachsteht. Einige Daten mögen dies verdeutlichen: 32 Stadt- und Gemeinderäte wurden wegen mafioser Unterwanderung aufgelöst (Sizilien: 19, Kalabrien: 11); 16 Untersuchungsverfahren gegen Richter und Staatsanwälte wegen Verbindungen mit der Mafia eingeleitet, das gleiche gilt für 8 Parlamentarier. Der Bericht nennt 111 Clans mit 6700 „Soldaten". Nach Aussagen des Polizeichefs von Neapel lebt die Stadt in einem Meer von Illegalität. „Fast jeder Stadtteil Neapels und alle größeren und kleineren Zentren der Provinz befinden sich in der Hand der ‚Familien'. Wir haben es mit einer Pulverisierung der organisierten Kriminalität zu tun", die jede Verfolgung noch schwieriger macht.

Nach einer Schätzung 1991 beliefen sich die jährlichen „Einkünfte" der wichtigsten 20 „Familien" in Süditalien auf jährlich circa 11 700 Mrd. Lire (= circa 14 Mrd. DM). An der Spitze stand der in Neapel operierende Clan Carmine Alfieri mit 1500 Mrd. Lire. Zu den wichtigsten illegalen Einkunftsformen gehörten Drogenhandel, Zigarettenschmuggel, Racket, illegale Wetten und Toto, Großmärkte, Waffenschmuggel, Autodiebstähle, Personenraub, Geldwäsche. „Die Camorra ... unterhält in ihrer Region eine Kontrolle des Territoriums, der Wirtschaft und der lokalen Institutionen in einer Intensität, für die es weder in Sizilien noch in Kalabrien Vergleichbares gibt."

Kaum irgendwo wie in Kampanien scheint die Kriminalität Ausdruck eines chaotischen urbanen Wachstums, der Zersiedelung der Landschaft, der Massenarbeitslosigkeit der Jugendlichen, der sozialen Anomie, des Zerfalls der gesellschaftlichen Selbstorganisation. Vorherrschend ist eine Kultur der Illegalität und der Gleichgültigkeit, die schon bei den kleinen Fragen des Alltags beginnt: der Einhaltung der Verkehrsregeln, der Pflege der Umwelt, der Zuordnung von „privat" und „öffentlich".

Daß in dieser Chronik des Schreckens auch rückblickend noch Steigerungen möglich sind, zeigt ein vor kurzem erschienener, den achtziger und neunziger Jahren gewidmeter Band von Enrico Deaglio, „Raccolto rosso". Der Autor hat vor allem die Chronik der süditalienischen Lokalpresse ausgewertet. Er kann zeigen, daß seit Beginn der achtziger Jahre ein Großteil der Mordtaten gar nicht mehr die nationale Presse erreicht. Die täglich 3–4 Morde – von anderen Gewalttaten ganz zu schweigen – in Catanzaro, Catania oder Neapel sind für den *Corriere della Sera* oder die *Repubblica* keine Notiz mehr. Dies Crescendo des Schreckens wird in Rom, Florenz oder Mailand kaum mehr registriert. Kommt hinzu, daß viele der begangenen Morde keine Spuren mehr hinterlassen. Die Opfer verschwinden einfach, vergraben, eingemauert, in Beton gegossen, in Salzsäure aufgelöst oder verbrannt. Die amtliche Kriminalitätsstatistik erweist sich so als weitgehend unvollständig. Das zeigt auch eine kürzlich demoskopisch angelegte Umfrage des Nationalen Statistikinstituts. Danach wird über die Hälfte der kleineren Straftaten wie Diebstähle, Handtaschenraub, Einbrüche usw. der Polizei gar nicht mehr gemeldet. Sie werden von den nationalen Kriminalitätsstatistiken nicht mehr erfaßt. Nach Deaglio hat man davon auszugehen, daß die Großkriminalität in den drei kritischen Regionen Sizilien, Kalabrien und Kampanien seit Beginn der achtziger Jahre jährlich über 1000 Morde begangen hat. Berufskiller mit mehreren Dutzend Morden in ihrer Lebensgeschichte sind keine Seltenheit mehr. Es gibt keine Tabuschranken mehr, auch nicht gegenüber Alten, Frauen, Kindern, Säuglingen. „Was geschehen ist, darf man nicht als ‚Mafiakonflikt‘ betrachten. Es handelt sich um eine Art ‚Bürgerkrieg‘ neuen Typs, den das übrige Italien mit Gleichgültigkeit betrachtet hat, ohne zu begreifen, wie sehr diese Zusammenballung von Gewalt unvermeidlich den Nationalcharakter verändern mußte. Bis heute hat man nicht erfaßt, wie sehr sich Italien unwiederbringlich verändert hat in jenen Regionen, in denen dieser Krieg ausgefochten worden ist.“

Ende der Mafia?

Das Crescendo des Verbrechens, von dem schon die Rede war, ist nach 1945 von der wiederkehrenden Hoffnung begleitet gewesen, das Problem der organisierten Kriminalität werde sich durch einen Wandel der politischen Kultur, durch den Prozeß der Modernisierung, durch die Auflösung der archaisch-agrarischen Gesellschaft, durch die endgültige Durchsetzung des staatlichen Gewaltmonopols lösen lassen. Die Massenemigration der fünfziger und sechziger Jahre, die die hohe strukturelle Arbeitslosigkeit lindern half, schien solche Hoffnungen zu bestätigen. In die gleiche Richtung wirkte die durch massive Staatsinterventionen und Finanzhilfen gestützte Industrialisierungspolitik in Süditalien, die bis zur ersten Erdölkrise 1974 reichte. Auch der Rückgang des Gewaltvorfalls, vor allem der Mordfälle in Süditalien, schien den gleichen Kurs anzudeuten. Rückblickend gesehen, handelte es sich um Zwischenhochs. Die langfristigen Trends wiesen in die entgegengesetzte Richtung. Ebenso wie die „Meridionalisten" heute keine Hoffnung mehr hegen, die strukturellen Ungleichgewichte zwischen Nord und Süd in absehbarer Zeit noch auszugleichen, so skeptisch äußern sich die Experten heute über die Möglichkeiten, das Mafia-Problem noch an der Basis lösen zu können. Inzwischen gilt es bei etlichen Spezialisten schon als Maximum der Zielplanungen, im kommenden Jahrzehnt ein weiteres Ausgreifen des Krebsgeschwürs auf die italienische Gesellschaft verhindern zu können. Der Zeithistoriker Paolo Pezzino hat 1993 eine Untersuchung über eine konzertierte Mordaktion 1862 in Palermo publiziert, die mit einem Déjà-vu-Eindruck schließt: „Gestern wie heute gehört zu den Konstanten der Situation, daß der Staat keine spezifische Strategie zur Bekämpfung der Mafia entwickelt. Eine andere Konstante ist die Benützung der organisierten Kriminalität zur Bekämpfung politischer Gegner und zur Förderung politischer Karrieren. Institutionell befinden wir uns genau an dem gleichen Punkt wie vor 130 Jahren. Geändert hat sich die Bedeutung der Mafiakriminalität. ... Heute haben wir es mit der Katastrophe der nationsweiten Ausbreitung der Mafia zu tun."

Vor dem Hintergrund dieser allgemeinen Skepsis gibt es die individuellen Fälle des Durchhaltens, der täglichen, an Heroismus grenzenden Pflichterfüllung und der Resignation. Neben einer Verlegerin wie Elvira Sellerio, die in Palermo einen der dynamischsten Verlage Süditaliens aufgebaut hat, steht Franco Cazzola, Politologe an der Universität Catania, Kommunalpolitiker und Autor einiger der kenntnisreichsten Untersuchungen über die Phänomene der Korruption. Cazzola hat vor kurzem einen Ruf an die Universität Florenz angenommen. Eine Art Flucht: „Ich habe nicht mehr die Kraft für die große Rebellion."

Hat man sich mit der Unlösbarkeit des Problems abzufinden und mit einer – wie immer eingegrenzten und gesellschaftlich kontrollierten – Dauerpräsenz der mafiosen Kriminalität einzurichten? Der neapolitanische Historiker und Politiker Giuseppe Galasso besteht leidenschaftlich auf der Hoffnung eines dauerhaften Sieges über die organisierte Kriminalität: „Es bleibt ein unbestreitbares und grundlegendes Faktum: die ‚Utopie‘ eines endgültigen Sieges über die Mafia ist in sich selbst eine mächtige und unverzichtbare Waffe im Kampf gegen die Mafia". Sie gehört nicht zur normalen Sozialpathologie bürgerlicher Gesellschaften. Gegen sie kann es nur Krieg und Sieg geben. Der gleichen Auffassung sind die Autoren des jüngsten parlamentarischen Antimafia-Berichts: „Aufgabe der politischen Kräfte, der Repräsentanten der Regierung und der Justiz ist es, das Ziel der Zerstörung der Cosa Nostra zu verfolgen. Dazu dient die Beschlagnahme aller Vermögenswerte, die Verhaftung, Prozessierung und Verurteilung der führenden Vertreter der Mafia, ihrer Verbündeten und ihrer militärischen Strukturen."

So bleibt die ferner rückende Hoffnung, es möchte einst einen Aufruf geben wie den des Präfekten von Palermo vom 10. 11. 1877, in dem das Ende des Brigantentums verkündet wurde: „So wird", hieß es hier, „das Brigantenwesen für diese klassische Insel eine historische Erinnerung werden und bleiben. Das beifallspendende Italien weiß die Insel jetzt frei von einer Geißel, die ihr blutige Wunden schlug. ... Sie kann jetzt alle lebendigen Kräfte daran setzen, Entwicklung und gesellschaftlichen Wohlstand zu schaffen."

IV. Der Dualismus Italiens:
das ungelöste Problem des Südens

Am 31. 12. 1993 endete die Existenz der 1986 geschaffenen Agensud, die ihrerseits als Fortsetzung der Mitte der achtziger Jahre liquidierten Cassa per il Mezzogiorno gedacht gewesen war. Wie Tab. 1 zeigt, hat der Staat zwischen 1950 und 1992 zusätzlich zu seinem normalen finanziellen Engagement gut 250000 Mrd. Lire (Wert 1992) im Süden investiert, durchschnittlich pro Jahr 6,186 Mrd. Lire. Ein großes Projekt und ein von vielen Hoffnungen begleitetes und von beträchtlichem Idealismus getragenes Programm endeten so in allgemeiner Enttäuschung und tiefem Desinteresse. Die rasche und ohne großen Widerstand durchgesetzte Auflösung aller staatlichen Instrumente zur Förderung des Südens zeigte die Abneigung der öffentlichen Meinung gegenüber einer staatsinterventionistischen Politik, deren Kosten vor aller Augen standen, während der Nutzen immer zweifelhafter geworden war. Die SVIMEZ, das wirtschaftswissenschaftliche Institut, das die Förderungspolitik mit seinen Recherchen begleitet hatte und dessen Jahrbücher und Publikationen die wichtigste Quelle zum Studium der ganzen Problematik darstellen, schrieb kürzlich von der „langen Nacht", in die die Probleme des Südens einzutauchen drohen. „Schon die entfernte Möglichkeit, daß sich (bei staatsinterventionistischen Eingriffen) die gleichen grausamen Mißerfolge wiederholen könnten, reizt die noch offenliegenden Nerven im Kollektivbewußtsein" der Nation (so der Censis-Bericht 1994).

Die Einstellung der staatlichen Förderung droht zu einer „Negierung des Südproblems überhaupt" zu werden. Das sei ihm in den letzten Jahren deutlich und immer unbestreitbarer geworden, so schrieb 1990 der Turiner Sozialphilosoph Norberto Bobbio: „Das Südproblem ist in erster Linie ein Problem der Süditaliener selbst".

Die schrittweise Entsolidarisierung der Italiener gegenüber der „Südfrage" in den siebziger und achtziger Jahren wäre einer eigenen Darstellung wert. Die Aufarbeitung der beiden großen Erdbeben in Friaul/Julisch-Venetien 1976 und in Kampanien 1980 bildet hier ein eigenes Kapitel. Beide Erdbeben riefen eine Welle der gesellschaftlichen Solidarität hervor und führten zu großangelegten staatlich finanzierten Wiederaufbauprogrammen. Aber während die Zerstörungen in Norditalien innerhalb weniger Jahre beseitigt waren, und der Wiederaufbau der Städte und die erzwungene radikale Erneuerung der Infrastrukturen und des Produktionsapparats am Ende zu gesteigerter ökonomischer Leistungsfähigkeit führten, hatte die Rekonstruktionspolitik im Süden, in der Irpinia und der Basilikata einen völlig anderen Ausgang. Die großzügig bemessenen und schrittweise noch erweiterten staatlichen Hilfeleistungen in Höhe von mehr als 50 000 Mrd. Lire versickerten in tausenderlei Kanälen oder dienten vielfach zur Finanzierung pharaonischer und ökonomisch unsinniger Projekte. Während die geplanten Fabriken teilweise überhaupt nicht beendet wurden, oder kurz nach der feierlichen Eröffnung wieder ihre Tore schlossen, lebt ein beträchtlicher Teil der betroffenen Bevölkerung noch heute in den Baracken und den Notunterkünften, die man 1980/81 als Provisorien geschaffen hatte. Nach dem Urteil der Wirtschaftszeitung *Sole 24 Ore* ist die Geschichte des Wiederaufbaus der Irpinia das eklatanteste Beispiel für „das Scheitern der Gesamtheit der staatlichen Sonderförderung im Süden".

Süden, ein Territorium der Kriminalität?

Überdies gewann die Öffentlichkeit in den achtziger Jahren zunehmend den Eindruck, daß die staatlichen Unterstützungsgelder direkt oder auf Umwegen und in der erfindungsreichsten Form in den Händen der organisierten Kriminalität landeten; ja ihr Wachstum geradezu begünstigten. Die beiden Landkarten der geographischen Verteilung der Südgelder und die der größeren oder geringeren Präsenz der Kriminalität auf dem Territorium weisen nach Ansicht des Finanzministers Giulio Tremonti die erstaunlichsten Übereinstimmungen auf. „Die Geldströme sind mehr als häufig aus den Staatskassen direkt in die Kassen der organisierten Kriminalität geflossen." So geriet der Süden – vielfach zu Unrecht – in den Ruf, nur noch ein Territorium der Kriminalität zu sein. Nach einer statistischen Untersuchung war in der Berichterstattung der sechs landesweit ausgestrahlten Fernsehprogramme der Süden nur mit 16,8 % der Sendezeit vertreten (Zentrum 49,4 %, Norden 33,8 %). In diesem ohnehin schmalen Berichtsquantum nahm die „cronaca nera", die Information über Betrug, Gewalt, Erpressung, Entführung und Mord, mit 78,1 % den mit Abstand größten Platz ein. Das heißt: Der Süden wird heute von den Italienern selbst, auch von den direkt Betroffenen, überwiegend, wenn nicht fast ausschließlich, unter den Vorzeichen der Kriminalität gesehen.

Die Perzeption des Südens ist auch ein Problem der Information. Der Absatz und die Lektüre von Zeitungen z. B. ergeben für den Süden weit niedrigere Werte als im Norden. Es gibt südlich von Rom keine Zeitung mit nationaler Bedeutung, die die Interessen dieses Landesteils vor der nationalen Öffentlichkeit vertreten könnte. 49 % der im Süden gelesenen Zeitungen kommen aus dem Norden. Umgekehrt liest nur 1 % der Leser im Norden süditalienische Zeitungen. So finden die Interessen und Probleme des Südens vielfach nur ein gedämpftes und durch die weite Distanz verringertes Echo in den Zeitungsredaktionen in Rom, Florenz, Mailand oder Turin.

Die Entdeckung des Südens

Als Giuseppe Garibaldi im Sommer 1860 nach Sizilien zog, um das bourbonische Königreich zu erobern und den Süden für das neu vereinigte Vaterland zu gewinnen, trafen seine Freischaren auf eine vielfach noch archaische Welt, die eben erst aus dem Feudalismus herausgetreten war. Sie war charakterisiert durch enorme Unterschiede zwischen Stadt und Land, zwischen arm und reich, zwischen Privileg und Unterdrückung, eine Welt voller Rückständigkeit, mit hohem Analphabetismus und kaum entwickelten Infrastrukturen. Es gab z. B. kaum Straßen, von Eisenbahnen ganz zu schweigen. Diese sozioökonomische und mentale Distanz, dieser Dualismus, ist den Italienern erst langsam bewußt geworden. Die Generation der Staatsgründer vertraute auf die erzieherische Kraft freiheitlicher Institutionen, auf die Mechanismen eines großen vereinigten Wirtschaftsraumes und die belebenden Wirkungen der offenen politischen und kulturellen Diskussion. Der Süden – „ein Paradies, von Teufeln bewohnt", wie es in den deutschen Reiseberichten des 18. Jahrhunderts hieß – galt als potentiell reich und nur durch Mißwirtschaft und Desinteresse blockiert und herabgekommen.

Die reale Situation hat man nur schrittweise begriffen. Die Kosten-Nutzen-Rechnung für den Süden nach 1860 sah zuerst in vielen Bereichen negativ aus. Die Freihandelspolitik des Nordens zerstörte die ersten, durch hohe Schutzzollmauern geschützten Ansätze von Industrialisierung im Süden. Die rasch anwachsende Steuerbelastung führte zu einem Ressourcentransfer in den Norden. Der neu geschaffene, zentralistisch regierte und mit piemontesischen Beamten auftretende Einheitsstaat trug im Süden vielfach quasi kolonialistische Züge. Der sozioökonomische und politische Dualismus hat die nationale Entwicklung zutiefst geprägt. Mit den Beiträgen und Studien von Pasquale Villari, Sidney Sonnino, Leopoldo Franchetti und Giustino Fortunato entstand die Schule der „Meridionalisten", die die Südfrage als *die* große Herausforderung verstanden für die Zukunft der Gesamtnation.

Die Meridionalisierung der Staatsverwaltung

Hatte die aus dem Norden kommende Einigung Italiens in den ersten zwei Jahrzehnten in Politik und Verwaltung zu einer deutlichen „Vernördlichung" geführt, so setzte seit der „parlamentarischen Revolution" von 1876 und der Machtübernahme durch die „Linke" ein gegenläufiger Prozeß ein. Politik, Staatsverwaltung, Kultur und Kirche bildeten für den Süden vielfach die einzigen Chancen für gesellschaftlichen Aufstieg. So begann seit dem Ende des vorigen Jahrhunderts ein langsamer, osmotisch wirkender Prozeß der „Meridionalisierung", der zu immer höheren Anteilen der Süditaliener in Staatsverwaltung, Justiz, Polizei, Carabinieri, Zoll usw. führt. 60 % der hohen Beamten in der römischen Zentralverwaltung kommen heute aus dem Süden. Als der Kampf gegen den Terrorismus Ende der siebziger Jahre einen hohen Blutzoll forderte und als Richter, Staatsanwälte, Polizisten, Carabinieri ermordet wurden in Genua, Mailand, Turin oder Padua, sah man die bleiche greisenhafte Gestalt von Staatspräsident Sandro Pertini bei den Trauerfeierlichkeiten auf den Friedhöfen des Südens, in Apulien, Sizilien oder der Basilikata. Der Italiener im Norden hat es heute, wenn er dem „Staat" begegnet, im Finanzamt, bei der polizeilichen Straßenkontrolle, auf der Post, in der Bahn, auf dem Gericht, im Museum oder in der Universität vielfach mit Landsleuten aus dem Süden zu tun. In der Justiz gab es zum Beispiel in den fünfziger Jahren nur noch 16 % mit Herkunft aus dem Norden. Heute ist ihr Anteil wieder leicht angestiegen, liegt aber noch immer weit unter dem statistischen Mittel. Diese „Meridionalisierung" läßt sich auch für die Parteien und für die politische Elite der Ersten Republik konstatieren. Die Schlußphase der *Democrazia Cristiana* war bis 1992 weitgehend geprägt durch Politiker aus dem Süden, wie Ciriaco De Mita, Antonio Gava, Vincenzo Scotti, Cirino Pomicino oder Giulio Andreotti. „Die Meridionalisierung der politischen Klasse", so urteilt der Politologe Giorgio Galli, „war ein entscheidendes Element bei der Durchsetzung der Korruptionswirtschaft."

Die Südfrage nach 1945

Die säkulare Aufgabe, dem sozioökonomisch und soziokulturell zurückgebliebenen Süden den Anschluß an den weiterentwickelten Norden zu verschaffen, stellte sich für die italienische Politik nach 1945 in erneuter und verschärfter Weise. Der Faschismus hatte die Existenz der Südfrage schlicht negiert, jede Debatte über diese Themen verhindert und auf Staatsinterventionen verzichtet. De facto war in der Zwischenkriegszeit die Distanz zwischen den beiden Landesteilen noch gewachsen.

Drei politische Konzeptionen zeichneten sich nach 1945 ab. Die neoliberale Schule um Luigi Einaudi, die wirtschaftspolitisch damals ihren Siegeszug antrat, warnte vor allen staatsinterventionistischen Eingriffen. Nach dieser Ansicht konnte man nur auf eine allmähliche, durch Binnenwanderung, Kapitaltransfer und Verbesserung der infrastrukturellen Bedingungen begünstigte schrittweise Angleichung hoffen. Der scharf gegenteiligen Ansicht war die Linke. Sie vertrat die These, daß nur eine direkte staatliche Wirtschaftsförderungspolitik im Rahmen einer staatlichen Globalplanung dauerhafte Ergebnisse zeitigen könnte. De facto setzte sich eine dritte, stark von katholischer Seite her beeinflußte Konzeption durch: staatliche Intervention ja, aber als Hilfe zur Selbsthilfe. 1950 wurde die Südkasse (Cassa per il Mezzogiorno) begründet. Über sie und ihre Nachfolge-Institution, die Agensud (ab 1985) hat der Staat bis 1992 254000 Mrd. Lire, gleich ca. 300 Mrd. DM, im Süden investiert. Tab. 1 zeigt die Entwicklung dieser Investitionen. Die ersten drei Jahrzehnte sahen einen schrittweisen Anstieg von anfangs 2300 Mrd. Lire auf fast 5000 Mrd. Lire Ende der sechziger Jahre. Dabei verschob sich das Schwergewicht weg von den Direktinvestitionen zu Kreditbeihilfen und anderen Formen der Unterstützung. In den fünfziger Jahren wurden 50 % der bereitgestellten Gelder für die Landwirtschaft in Form von Meliorationen, Bewässerung, Mechanisierung, Kreditbeihilfen usw. ausgegeben. 28 % galten infrastrukturellen Projekten (Straßenbau, Staudämme, Aquädukte usw.), 20 % flossen in die Förderung von Industrie, Handwerk und Tourismus.

Diese Schwerpunktbildung im landwirtschaftlichen Bereich ließ sich nicht mehr aufrechterhalten, als dieser Sektor in Westeuropa und in Italien selbst zunehmend an Gewicht verlor. In den sechziger Jahren kehrte sich das Verhältnis der Ausgaben um: 50 % galten jetzt der Industrie und nur noch 20 % der Landwirtschaft. Damals entstanden große Industriekomplexe im Süden, von denen man sich breite Rückwirkungen auf die gesamte wirtschaftliche Entwicklung der umliegenden Zonen erhoffte: das Alfa-Romeo Werk in Pomigliano bei Neapel, der größte Unternehmenskomplex in Süditalien überhaupt, das auf eine Jahresproduktion von 10 Mio. t ausgelegte Stahlwerk in Tarent, die Raffinerien und petrochemischen Werke auf Sizilien und Sardinien. In den siebziger Jahren erreichten die industriellen Investitionen mit 44 % am nationalen Gesamt einen niemals wieder erreichten Höhepunkt. Es war überwiegend die öffentliche Hand selbst, die sich über die großen staatlichen Holdinggesellschaften wie ENI, IRI oder Gepi engagierte. Ca. ein Drittel der italienischen Wirtschaft war damals in Staatsbesitz oder war staatlich kontrolliert. Dieses Gewicht warf man in die Waagschale einer forcierten Industrialisierungspolitik. Es entstanden so kapitalintensive, aber relativ wenig neue Arbeitsplätze bietende Anlagen, „Kathedralen in der Wüste", deren Sekundärwirkungen auf das Umland begrenzt blieben. Sie haben nicht den erhofften Industrialisierungsschub ausgelöst. Im Gegenteil hat die Wirtschaftskrise nach 1973 etliche der schon erreichten Resultate, so im Bereich der Erdölverarbeitung und der chemischen Industrie, wieder in Frage gestellt. Italien war zwar zum zweitgrößten Stahlproduzenten und zum größten Erdölverarbeiter der EG aufgestiegen. Diese großen Investionen in traditionalen „alten" Industriezweigen erwiesen sich jedoch als Posten auf der Debet-Seite, als es nach 1975 darum ging, die Produktionen einzuschränken und Kapazitäten abzubauen.

Die erreichten Ziele

Rückblickend betrachtet waren die Investitionen im agrarischen und infrastrukturellen Bereich am erfolgreichsten. Die Pro-Hektar-Erzeugung in der Landwirtschaft ist gegenüber 1950 auf das Sechsfache angestiegen. Die Erschließung der früher malariaverseuchten Küstenebenen läßt sich als der größte Erfolg der Mezzogiorno-Politik bezeichnen. Die Überwindung des Latifundiums als ökonomische und soziale Erscheinung gehört ebenfalls zu den Positiva.

Im letzten Jahrzehnt ist man zunehmend zu der Einsicht gelangt, daß man die Südfrage nicht mehr unter einem einheitlichen Nenner betrachten kann. In den an Mittelitalien angrenzenden Teilen des Südens, so in den Abruzzen, in der Molise oder in Südlatium, scheint der Anschluß an eine selbsttragende wirtschaftliche Entwicklung erreicht. Die Abruzzen erbrachten Ende der achtziger Jahre 68% und 1992 74,5% des Bruttoinlandsprodukts Nord-Mittel-Italiens und lagen damit an der Spitze der Südregionen. Die Probleme der säkulären materiellen Not und des Hungers sind heute in fast allen Fällen gelöst. Die schwarze nackte Armut ist verschwunden. Die statistischen Daten von Konsum, Lebensgewohnheiten, Zeiteinteilung und die demographischen Angaben über Lebensziele und Planungshorizonte zeigen die schrittweise gesellschaftliche und kulturell-mentale Uniformierung des nationalen Territoriums. Die Daten zum Besitz langlebiger Konsumgüter wie Kühlschrank, Fernseher, Auto, CD-Spieler usw. dokumentieren den wachsenden Wohlstand auch des Südens. Der Sozialstaat hat, wenn auch durch bürokratische Ineffizienz, Korruption und korporative Privilegierung gehindert, ein Netz gesellschaftlicher Egalisierung geschaffen. Dieser prekäre Wohlstand wird aber nur durch einen beträchtlichen Ressourcentransfer unterhalten.

Seit Beginn der achtziger Jahre hat sich das Verhältnis der Ausgaben der öffentlichen Hand zwischen Produktivinvestitionen und Sozialkonsum immer stärker zuungunsten der ersteren entwickelt. Mit einem stark vereinfachenden Schlagwort gesagt: Der Süden konsumiert, aber er produziert nicht.

Der Süden konsumiert, aber er produziert nicht

Nach einer Studie des Senats 1990 gingen von den Staatsausgaben 1988 knapp 30% in den Süden (bei 37% Anteil an der Gesamtbevölkerung). Bei den Wirtschaftssubventionen 1989 in Höhe von 11370 Mrd. Lire erreichten nur 14% den Süden. Anders sieht es bei den Kosten für den Sozialstaat aus. Bei den Ausgaben für Pensionen und Alters- und Invalidenrenten ist der Süden mit fast 40 % überdurchschnittlich beteiligt. Dieser Ressourcentransfer wird aus einer kürzlichen Untersuchung der Agnelli-Stiftung sichtbar. Tabelle 2 zeigt die Pro-Kopf-Einnahmen und Ausgaben der öffentlichen Hand, nach Regionen aufgeschlüsselt. Bei diesem interregionalen Vergleich zahlen vier Regionen – Lombardei, Piemont, Venetien und Latium – in den großen nationalen Topf ein. Alle anderen geben mehr aus, als sie einnehmen. Das liegt zum Teil an den finanziell besonders günstig ausgestatteten Regionen mit Spezialstatut (Südtirol-Trient, Friaul/Julisch-Venetien). Insgesamt ergibt sich ein massives Nord-Süd-Gefälle. Der Beitrag der leistungsfähigsten Region, der Lombardei, liegt mit 13,1 Mio. Lire mehr als doppelt so hoch wie der der ärmsten Region, Kalabrien. Die Gesamtausgaben der Regionen betrugen 1992 180000 Mrd. Lire. Die Regionen der Po-Ebene gehören heute mit zu den reichsten Teilen Europas und der Welt, wie viele Daten und Parameter zeigen. Sie befinden sich in einem Staatsverband mit einigen Regionen, die zu den Schlußlichtern der europäischen Wohlstandsstatistik zählen. Welche statistischen Datensätze man auch befragt – die Pro-Kopf-Einkommen pro Provinz, die Durchschnittseinkommen der Familien, die Pro-Kopf-Ausgaben der Kommunen, der Kumulativ-Index der Lebensqualität der Städte, die Kriminalitätshäufigkeit, die Bankeinlagen – fast immer ergibt sich das gleiche Nord-Süd-Gefälle. Das Censis-Institut in Rom veröffentlicht seit einigen Jahren einen Kumulativindex, in dem ein Dutzend Indikatoren zu den Feldern Arbeit, Wohlstand/Armut, Kultur, Umwelt und Lebensqualität zusammengefaßt sind. Tab. 4 bringt einen Vergleich zwischen den Jahren 1985 und 1992. Die beiden Datenreihen zeigen die hohe Konstanz der Situationen. Sie zeigen auch die große Distanz zwischen Norden und Süden. Zwischen den Positionen 13 und 15 liegen 1985 wie 1992 mehr als 3,5 Punkte. Überraschend ist auch die niedrige Gruppierung der Region Piemont und Nordwestitaliens insgesamt. Hier werden die Strukturprobleme der altindustrialisierten Gebiete sichtbar. Die stärkste Wirtschaftsdynamik zeigen auch 1993/94 die Regionen Nordostitaliens und der oberen Adriaküste, Friaul/Julisch-Venetien, Emilia Romagna und die Marken. Eine aufschlußreiche

Datenreihe sei in diesem Zusammenhang noch genannt. In Italien erscheinen heute über 10 000 Zeitschriften, davon ca. 2000 in Rom und ca. 1500 in Mailand. In einigen Provinzen des Südens gibt es weniger als ein Dutzend Zeitschriften, in den Provinzen Nuoro (Sardinien) und Enna (Sizilien) keine einzige. Nicht einmal ein Pfarr- oder Bistumsblatt oder ein Vereinsorgan der Bienenzüchter. Die Nichtexistenz einer bürgerlichen Gesellschaft ließe sich kaum eindrucksvoller demonstrieren.

Eine der aussagekräftigsten Statistiken ist die der Arbeitslosigkeit in den Regionen (vgl. Tab. 3 und 5). Dabei erfassen die von der Eurostatistik gewählten Kriterien („in den vorhergehenden 30 Tagen auf Arbeitssuche") längst nicht mehr die Wirklichkeit Süditaliens. Hier gibt es eine breite Sockel-Arbeitslosigkeit, wo die Betroffenen nach jahrelangen vergeblichen Bemühungen längst resigniert haben, auf Arbeitssuche verzichten und damit statistisch nicht mehr aufscheinen. Und selbst bei den statistisch Erfaßten beträgt der Anteil der Langzeit-Arbeitslosen (über ein Jahr auf Arbeitssuche) mehr als 80%. Die Arbeitslosenrate in Italien beträgt heute 11,0%. In Nord- und Mittelitalien liegt sie bei 7,2%, im Süden bei über 20%. Kampanien und Kalabrien führen diese Statistik der Hoffnungslosigkeit an mit jeweils fast 22%. Bei einem weiter gefaßten Begriff von Arbeitslosigkeit liegt die Quote im Süden bei über 24%. 50% der Jugendlichen (15–29 Jahre) sind auf der Suche nach einer ersten Beschäftigung.

Allenthalben herrscht Resignation und die Befürchtung, daß man es mit einem unlösbaren Problem zu tun habe. So schreibt der Wirtschaftswissenschaftler Mariano D'Antonio: „Im Süden konstatieren wir den Zusammenbruch der Unternehmen der öffentlichen Hand und den Rückzug des Staates."

Die Armut

Die steigende strukturbedingte Arbeitslosigkeit verschärft auch die Probleme der Massenarmut. Nach einer ersten regierungsamtlichen Bestandsaufnahme 1983 gab es in Italien 7,3 Mio. „Arme" (definiert als unterhalb der 50%-Grenze des Durchschnittseinkommens liegend). Bei einer zweiten Erhebung 1989 war dieser Anteil auf 8,7 Mio. (= 15,3 %) gestiegen. Davon befanden sich 3,2 Mio. (= 5,6 %) in Nord- und Mittelitalien und 5,5 Mio. (= 9,7 %) im Süden. Bei 21,2 Mio. Süditalienern ergibt sich eine Armutsquote von 26 %. Die italienische Gesellschaft verfügt über eine relativ ausgeglichene Einkommensstruktur. Das reichste oberste Fünftel der Bevölkerung verfügt über ein sechsmal so hohes Einkommen wie das unterste Fünftel. Diese relative statistische Gleichförmigkeit verdeckt jedoch massive regionale Unterschiede und ein großes Nord-Südgefälle.

Mit 34,9 % der Bevölkerung produzierte der Süden 1971 24,4 % des Nationaleinkommens. Der Bevölkerungsanteil ist 1992 auf 36,7 % gestiegen, der Anteil am Nationaleinkommen hat sich leicht erhöht auf 25,3 %. Der Anteil des Südens am italienischen Außenhandel beläuft sich, mit ständig fallender Tendenz, auf weniger als 10 % (1985: 12,1 %, 1993: 8,6 %). Das ist weniger als ein Drittel dessen, was allein die Region Lombardei zum Export beiträgt. Auch in Bereichen, wo der Süden Standortvorteile ins Spiel bringen könnte, fällt er zurück. Das gilt z. B. für den Tourismus. Im inneritalienischen Reiseverkehr erreichte 1992 der Süden einen Anteil von fast 25 %. Aber nur 11,4 % der 19,1 Mio. ausländischer Touristen bereisten den Süden. Alle Anstrengungen des Staates, die Gleichförmigkeit der Lebensverhältnisse auf dem gesamten nationalen Territorium herzustellen (Art. 3 der Verfassung) haben eben ausgereicht, die Distanz zwischen Norden und Süden nicht noch größer werden zu lassen. Auf allen heutigen Planungen lasten die vorschnellen Hoffnungen, Euphorien und tiefen Enttäuschungen der vergangenen Jahrzehnte. Die früher so intensiven und fruchtbaren Meridionalismus-Debatten in der italienischen Kultur sind einem betretenen Stillschweigen gewichen. Skepsis und Ratlosigkeit beherrschen die Szene.

Urbanisierung und Migrationen

Dabei gibt es Unterschiede der Lebensverhältnisse und Distanzen, die sich statistisch schwer oder überhaupt nicht fassen lassen. Dazu zählen die Fragen von Ökologie und Umwelt. Italien hat sich in den fünf Jahrzehnten nach 1945 stärker verändert als in vielen Jahrhunderten zuvor. Die Industrialisierung, die Urbanisierung, die Migrationsbewegungen und die Zunahme der Zirkulation von Gütern, Menschen und Nachrichten haben das physische Anlitz des Landes und die Gesellschaft Italiens in tiefgreifender Weise verwandelt. Das gilt zum einen für die Wanderungsbewegungen. Seit Beginn der fünfziger Jahre wechseln mehr als 1,5 Mio. Italiener jährlich ihren Wohnort. Dies war überwiegend eine Wanderung von Süden nach Norden, vom Land in die Stadt, aus den Hügel- und Gebirgszonen in die Ebene, vom Landesinnern an die Küsten. 1911 wohnten nur 4,5 % der Bevölkerung nicht am Geburtsort. 1950 lag diese Ziffer bei 30 %, 1971 bei 42 %. In den Zuwanderungsgebieten des Nordwestens steigt dieser Wert auf über 50 %.

Die größte dieser Wanderungsbewegungen ging von Süden nach Norden. In den Jahrzehnten nach 1945 haben ca. 5 Mio. Süditaliener im Norden oder im Ausland eine Arbeitsstätte und einen neuen Lebensraum gesucht. In Turin stammte Mitte der siebziger Jahre nahezu die Hälfte der Einwohner aus dem Süden. Berg-, Süd- und Landflucht fanden hier ihr gemeinsames Ziel.

Die sterbende bäuerliche Welt

Das archaische, unwissende und arme Italien der Hügel- und Bergzonen, das Ignazio Silone für die Abruzzen und Corrado Alvaro für Kalabrien so eindrücklich in ihren Romanen beschrieben hatten, gehörte mit seinen Formen der Subsistenzwirtschaft zu dem großen Raum der vorindustriellen Welt. Diese „Welt der Besiegten" (Nuto Revelli) mit ihrer Armut, ihrer Not, ihrer Ausbeutung und ihrer Würde war durch den Einbruch der Moderne zum Untergang verurteilt. Die Jugend wanderte aus, die Alten starben langsam hinweg. Schon in den sechziger Jahren gab es Bergdörfer in der Molise oder in Kalabrien, wo der Pfarrer im Jahr nur noch ein Kind taufte und zwanzig Alte beerdigte. Aufgegebene Gehöfte, verfallende Wirtschaftsgebäude und überwucherte Oliven-, Wein- oder Ackerterrassen zeugen von dem Exodus der früheren Bewohner. Die Faszination, die der Süden auch heute noch auf den deutschen Betrachter ausübt, beruht z. T. auf der Begegnung mit dieser säkulären sterbenden bäuerlichen Welt.

Zersiedelung der Landschaft und illegales Bauen

Die vierfache Wanderungsbewegung und der rasch steigende Wohlstand haben nach 1945 eine rapide ansteigende Urbanisierungswelle mit einer enormen Bautätigkeit in Gang gesetzt. Am Ende der Wiederaufbauphase und der Beseitigung der Kriegsschäden gab es 1951 in Italien 11,4 Mio. Wohnungen mit 37,3 Mio. Zimmern. 1981 war der Bestand auf 21,9 Mio. Wohnungen mit 88 Mio. Zimmern angestiegen. Heute liegen diese Daten weit über 25 Mio. Wohnungen mit mehr als 100 Mio. Zimmern. Über zwei Drittel des heutigen Baubestandes sind nach 1945 entstanden. Der Anteil der Großstadtbevölkerung (über 100 000) ist von 16,8 % (1931) auf 28,2 % (1981) gestiegen. Um Millionenstädte wie Rom oder Neapel haben sich metropolitane Zonen gebildet, die weit über das eigentliche Gemeindegebiet hinausgreifen. Der Durchschnittsitaliener ist innerhalb von einer Generation vom Landmenschen zum Stadtbewohner geworden.

Diese enorme und auch in der Gegenwart weiterlaufende Bautätigkeit hat auf dem Papier längst alle Wohnbedürfnisse der seit vielen Jahren stationären und 1994 erstmals abnehmenden Bevölkerung gedeckt. Das Verhältnis Einwohner/Zimmer, das jahrzehntelang bei 0,6–0,9 lag, hat längst die Marke 1,5 überschritten und tendiert auf 2. Der Durchschnittsitaliener lebt heute weit geräumiger und mit Versorgungsleistungen besser ausgestattet als die Väter- und die Großvätergeneration. Außerdem ist die Zahl der Zweit- und Drittwohnungen, vor allem in den Erholungsgebieten am Meer, an den Seen und in den Bergen, rapide angestiegen. 1991 gab es über 4,5 Mio. nur zur temporären Nutzung bestimmte Häuser und Wohnungen dieses Typs.

Jeder Italienbesucher kennt die Wirklichkeit, die hinter diesen Zahlen steht: die 7000 km Küste Italiens sind weitgehend mit privat und kommerziell genutzten Ferienwohnungen zugebaut. Eine Woge von Zement hat auch die schönsten Lokalitäten entstellt oder ganz zerstört. Auto und Straße haben die Bevölkerung in einer vor wenigen Jahrzehnten noch kaum vorstellbaren Weise mobilisiert.

Dieser rasch ablaufende Prozeß der Urbanisierung und Mobilisierung ist vielfach außerhalb jeder Kontrolle und Planung der öffentlichen Hand erfolgt. Grundbesitzer, Immobilien- und Finanzgesellschaften und die Bauindustrie haben einen Prozeß in Gang gehalten, der vielfach die Züge nackten Profitinteresses trug. „Die Spekulation um Bauland und Bauerwartungsland ist über dreißig Jahre hinweg das größte, das gewinnbringendste und zugleich das schmutzigste Geschäft gewesen, das Italien zu bieten hatte" (Eugenio Scalfari). Das gültige Städtebaugesetz stammt aus dem Jahr 1942. Jede Novellierung ist bislang an vielfachen gesellschaftlichen Widerständen gescheitert. Noch 1981 entschied der Verfassungsgerichtshof, daß das *ius aedificandi*, das Bebauungsrecht ein dem Grundbesitz inhärentes Recht sei und daß der Eigentümer deshalb bei Enteignung zu marktnahen Preisen entschädigt werden müsse.

In Süditalien ist diese urbanistische Entwicklung auch völlig illegal, als Selbsthilfe, außerhalb jeder staatlich-kommunalen Kontrolle erfolgt. Dieser sog. „abusivismo" (illegales Bauen), der an ähnliche Phänomene der Dritten Welt erinnert, bildet inzwischen die vorherrschende Bauweise in weiten Teilen des Südens. Von den knapp 3 Mio. Einwohnern Roms lebt heute fast ein Drittel in solchen illegal errichteten (und z. T. später legalisierten und normalisierten) Vorstädten und Streusiedlungen. Als die Regierung 1983 versuchte, mit einer – gleichzeitig eine neue Steuerquelle erschließenden – Generalamnestie (condono) Ordnung in die Materie zu bringen, kam es in vielen Städten Siziliens und Kalabriens, z. T. unter Führung der örtlichen Bürgermeister, zu Protestbewegungen. Das Gesetz selbst und die von ihm ausgelösten Reaktionen zeigen, wie weit sich hier Rechts- und Ordnungssinn schon verändert haben. Aber auch das Staatshandeln erweckt Erstaunen. Für das Linsengericht einiger Milliarden DM neuer Steuereinnahmen hat der Staat auf Recht und Pflicht verzichtet, ein Minimum urbaner Ordnung – in mehrfachem Sinne – zu garantieren und notfalls auch mit Zwang durchzusetzen. Die Regierung Berlusconi hat hier ein böses Erbe wieder aufgenommen, als sie 1994 versuchte, mit einem neuen „allerletzten" „condono" Geld in die Staatskassen zu bringen. Eine neue Welle der illegalen Bautätigkeit wird die Folge sein. In Neapel, Salerno, Bari, Catania oder Palermo hat die vielfach mit mafiosen Praktiken verknüpfte Bauspekulation ihre schlimmsten Triumphe gefeiert. Den hier entstandenen, sich über Dutzende von Quadratkilometern hinziehenden Vorstädten fehlt es an jedem bürgerlichen Dekor und praktisch an allen Identitäts- und Gemeinschaftsbewußtsein stiftenden Orten der Selbstbegegnung wie Plätzen, Parks, Freiräumen, Arkaden, Brunnen, Denkmälern und ähnlichem. Dieser urbanistische Wildwuchs erregte auch international Aufsehen, so bei der Zerstörung oder Verbauung der Gärten, Parks und Villen um Neapel und Palermo oder bei der Zersiedelung des „Tals der Tempel" in Agrigent. Der marokkanische Schriftsteller Tahar Ben Jelloun hat vor Jahren im Auftrag der Zeitung *Il Mattino* eine Reise durch Süditalien gemacht und seine Eindrücke in einer Artikelfolge beschrieben. „Was ich an Orten wie Villa Literno, im Hinterland von Neapel, in Lamezia Terme oder in Palermo gesehen habe, hat mich sehr erschüttert. ... Ich komme aus einem Land, in dem es breite Zonen des Elends gibt. ... Aber was ich in Süditalien gesehen habe, hat mich tief bestürzt wegen des Nebeneinanders von Wohlstand und materieller wie moralischer Brutalisierung. ... Ich habe viel Furcht gesehen, Furcht, die die omertà erzeugt. ... Ihre Wirkungen sind auf das höchste zerstörerisch."

Der im öffentlichen Bewußtsein ferner rückende Süden gerät heute nur dann in das Scheinwerferlicht des allgemeinen Interesses, wenn es zu sensationellen Gewalttaten kommt, wenn sozialer Protest hochschäumt oder wenn publikumswirksame Deutungen des Südens zu diskutieren sind. Zwei Beispiele seien abschließend genannt:

Der Süden als „Hölle"?

Der italienische Starjournalist Giorgio Bocca hat in den letzten Jahren zwei Bücher dem Süden gewidmet. 1990 erschien „La disunità d'Italia", 1992 „L'inferno. Profondo sud, male oscuro" (Die Hölle. Der tiefe Süden, das schleichende Böse). Sein illusionsloser Blick, seine Präzision und Detailgenauigkeit und seine detektivische Spürlust machen ihn zu einem der aufschlußreichsten Interpreten des heutigen Italien. Seinem Blick als Historiker enthüllen sich dabei die historischen Tiefendimensionen der heutigen Vorgänge. Bocca sieht den Süden vielfach charakterisiert durch die Herrschaft der organisierten Kriminalität. „Für zwanzig Millionen Italiener befindet sich die Demokratie im Koma, und Europa entfernt sich". Der Staat hat in den urbanisierten Zonen der hier angesprochenen Regionen vielfach die territoriale Kontrolle verloren. Die Regeln des Rechtsstaates sind weitgehend außer Kraft gesetzt, die Rechtssprechung zeigt sich ohnmächtig, die Justiz ist von der Mafia unterwandert. Die Verwaltung erweist sich als ineffizient und ist vielfach korrupt. Im Bewußtsein der Bevölkerung verschwinden die Trennungslinien zwischen legal und illegal. Das fängt an bei den Verkehrsregeln, die als fakultativ betrachtet werden. Für den Mächtigen gibt es keine roten Ampeln und keine Einbahnstraßen. In einer „Kultur der Illegalität" kann die Polizei nur noch den Dekor und einige als unabdingbar betrachtete Kernbereiche betreuen und sichern. Die Staatsbürgergesellschaft der Gleichen (soweit sie im Süden je bestanden hat) verwandelt sich in eine Gesellschaft der Mächtigen, ihrer Klientelen und der Masse der Unterprivilegierten und Ohnmächtigen. Zur Lebensmaxime wird „fai gli affari tuoi", „kümmere dich um deinen eigenen Kram". So sterben das Staats- und Gesellschaftsbewußtsein und das Gefühl mitmenschlicher Solidarität. Die Grenzen zwischen Politik und Kriminalität verschwinden. Die organisierte Großkriminalität nimmt stärker politische und ökonomische Züge an. Das beherrschende Lebensgefühl werden die Furcht und ihr gesellschaftliches Pendant, die „omertà", das mitwissende Schweigen. Dieses in der Tat „infernalische" Gesellschaftsporträt ist mit großer Anschaulichkeit geschildert. Der Autor hat viele Städte und Landschaften des Südens bereist, hat viele der Protagonisten interviewt: Staatsanwälte, Industrielle, Politiker, Verwaltungsbeamte, Mafiabosse. Sein Name und seine Findigkeit haben ihm viele sonst verschlossene Türen geöffnet. Der Text ist von einem tiefen Pessimismus durchzogen. Bocca zitiert Brecht: „Weh dem Land, das Helden nötig hat". So der Textilindustrielle Libero Grassi in Palermo, der öffentlich verkündete, er werde trotz aller Drohungen keine Erpressungsgelder an die Mafia zahlen, und der zu einem Beispiel der Zivilcourage und der Moralität wurde. Er zahlte seinen Mut mit dem Leben. Süditalienische Kritiker haben Bocca „Rassismus" und nördliche Überheblichkeit vorgeworfen. In Wirklichkeit spiegelt sich in dem Text eher die Furcht eines scharfsichtigen Beobachters, daß diese „Kultur der Illegalität und der Unverantwortlichkeit" das zukünftige Schicksal ganz Italiens werden könne.

Fehlen der „Bürgergesellschaft"?

1993/94 hat ein weiteres Buch viel Staub aufgewirbelt. Italien (und besonders Süditalien) ist seit langem bevorzugtes Forschungsfeld der amerikanischen Sozialwissenschaften und der Politologie. Aus diesem Interesse ist eine Langzeitstudie hervorgegangen, deren Ergebnisse 1993 auf amerikanisch und in italienischer Übersetzung erschienen. Ein an der Universität Harvard unter Leitung von Robert Putnam gebildetes Forschungsteam hatte sich Anfang der siebziger Jahre die Aufgabe gestellt, die damals in Italien entstehenden Regionen in ihren Wirkungen auf das politische System, ihre Leistungen und ihre Akzeptanz von seiten der Staatsbürger zu untersuchen. Kaum irgendwo in der westlichen Welt schien sich ein so gutes Beispiel zu bieten, an dem man die wechselseitige Beeinflussung zwischen Institutionen, Mentalitäten und kollektiven wie individuellen Verhaltensweisen untersuchen konnte. Mit der Gesetzgebung der Jahre 1970/1971 und 1976/1977 wurden den Regionen erhebliche Kompetenzen, so in den Bereichen Schule, Wohnungsbau, Krankenfürsorge, Umweltschutz, Verkehrswesen, Raumplanung usw., übertragen. Heute verfügen sie über 25–30 % der Gesamtausgaben der öffentlichen Hand. Aus periodischen Umfragen und Interviews, statistischen Erhebungen, der Auswertung der regionalen Gesetzgebung und demoskopischen Tests ergab sich ein Zwölfpunkteraster, mit dem man die innere Effizienz der regionalen Parlamente und Regierungen, ihre Aufnahmebereitschaft gegenüber den aus der Gesellschaft kommenden Anforderungen und Anregungen, ihre Leistungen und ihre Akzeptanz von seiten der Staatsbürger messen konnte. Das Fazit dieser Untersuchung: In Teilen Nord- und Mittelitaliens funktionieren die Regionen befriedigend oder gar gut. Als Spitzenreiter bei fast allen Parametern erweist sich die Region Emilia Romagna. Die Schlußlichter bilden fast immer die süditalienischen Regionen. Kalabrien verzeichnet hier einen traurigen Primat des Versagens. „Die öffentliche Verwaltung erweist sich in manchen Regionen als eine an Kafka erinnernde Mischung aus Lethargie und Chaos". Auf der Suche nach den Ursachen haben die Autoren auf ältere Konzeptionen der amerikanischen Politologie zurückgegriffen. Edward Banfield hatte Ende der fünfziger Jahre die Gesellschaft Süditaliens charakterisiert gesehen durch ihren „amoralischen Familismus". Die Familie und der Klientelverband bildeten nach dieser Interpretation die einzigen, Loyalitäten, Gefolgschaft und Gehorsam erzeugenden und Schutz gewährenden Institutionen gegenüber einer als feindlich empfundenen, nur vertikal strukturierten und atomisierten Gesellschaft, die charakterisiert ist durch Mißtrauen, Feindschaft, Isolierung und Ausbeutung. Zu einem ähnlichen Fazit kommen nun auch Putnam und sein Team. Die neue Institution der Region funktioniert im Süden Italiens deshalb nicht, weil es das gesellschaftliche Umfeld nicht erlaubt. Putnam benutzt zur Analyse dieses Phänomens den Begriff der „Bürgergesellschaft" (civic community). Eine voll entwickelte „Bürgergesellschaft" ist durch ein dichtes

Netz horizontaler Beziehungen gekennzeichnet. Sie können bestehen in Vereinen, Gesellschaften, Genossenschaften, Clubs und allen anderen Formen der Vergesellschaftung in den Bereichen Arbeit, Kultur, Religion, Freizeit, Sport und Soziales. Hier handelt es sich zum Teil um meßbare Größen. Dazu zählen etwa die Vereinsdichte, die Präsenz kultureller, sportlicher oder anderer Einrichtungen, die Intensität bürgerlichen oder politischen Engagements, die Zahl der Zeitschriften, die Anzahl der gekauften Zeitungen usw. Ein kompliziertes Kausalverhältnis verbindet in dieser Bürgergesellschaft kulturelle Normen und Verhaltensweisen, gesellschaftliche Strukturen und Mentalitäten. Ihre Hauptkennzeichen sind die Gleichheit und das „Vertrauen" – Vertrauen auf die nachbarschaftliche oder genossenschaftliche Hilfe, auf die Einhaltung von ungeschriebenen oder geschriebenen Normen, Regeln und Gesetzen. Putnam glaubt feststellen zu können, daß mit der Einführung der Regionen die Bürgernähe von Politik gewachsen ist und daß der Staatsbürger eine pragmatischere, ideologiefreiere, kompromißbereitere Einstellung gefunden hat. Die neuen Institutionen haben eine langsam steigende Zustimmung bei den Italienern erfahren. Der Anteil von „sehr" oder „ziemlich zufrieden" ist von 33 % (1977) auf 45 % (1988) angestiegen; das heißt, daß auch heute noch 55 % wenig oder gar nicht zufrieden sind mit der Funktionsweise und den Leistungen der Regionen, aber der Akzeptanzgrad wächst. Das Porträt Süditaliens, das sich aus der Darstellung Putnams ergibt, ist von tiefen Schatten gekennzeichnet. Putnam spricht von „einer Anarchie der Einsamkeit und Trostlosigkeit des Südens", von einer „atomisierten Gesellschaft" und einer „alten Kultur des Mißtrauens". „Der Süden ist ein Land der Melancholie". Dieser Zustand hat tiefe historische Wurzeln. Auf der Suche nach den Ursachen für die so unterschiedliche Entwicklung im Norden und im Süden nimmt der amerikanische Politologe die Geschichte zur Hilfe. Die Ursprünge der „Bürgergesellschaft" liegen, so seine These, in der Existenz und den fortwirkenden Traditionen des kommunalen Italien. In den freien Stadtgemeinden des Nordens sind zuerst jene „horizontalen" Tugenden der Selbstverantwortung, der Solidarität, des Engagements, des politischen Interesses als Bewußtsein des Gemeinwohls entstanden, die in vielfältiger Verwandlung in der heutigen italienischen Gesellschaft weiterwirken.

Diese Studien sind auf den leidenschaftlichen Protest der Süditaliener gestoßen und haben heftige Polemiken ausgelöst. Es bleibt aber das Faktum, daß der Süden noch niemals seit 1945 so allein gewesen ist, sich so verlassen gefühlt hat wie in diesen letzten Jahren des ausgehenden 20. Jahrhunderts.

V. Die Zeitbombe der Staatsverschuldung

Über dieses Kapitel könnte man das Sprichwort setzen: „Der Weg zur Hölle ist mit guten Vorsätzen gepflastert." Die Geschichte der drei letzten Jahrzehnte der Staatsfinanzen in Italien bietet eine Saga der weitgehenden Inkongruenz zwischen Reden und Tun, zwischen Schein und Sein, zwischen guten Vorsätzen und schlechter Verwirklichung. Wenn man die jeweiligen programmatischen Erklärungen der gut zwanzig Regierungen seit Beginn der siebziger Jahre Revue passieren läßt, so hat man die schönste Beispielsammlung für die verführerische Kraft löblicher Absichten. Seit Einführung des jeweils bis zum 30. September vorzulegenden „Finanzgesetzes", das alle Eckdaten der Finanzplanung für das kommende Jahr enthalten soll, läßt sich die Distanz zwischen Programm und erreichter Realität, zwischen Soll und Haben in dürren – und um so bedrohlicheren – Zahlen messen: Die Differenz lag kaum je unter 10 % und erreichte in schlimmen Jahren auch weit höhere Werte. Nur im Jahr 1986 wurden die selbstgesetzten Ziele auch tatsächlich erreicht. Fast immer wurden die Einnahmen *über-* und die Ausgaben *unter*schätzt. Betrachtet man diese Daten im Zusammenhang, so wirken sie als erstaunliches Dokument des fortgesetzten leichtfertigen Optimismus und der planerischen Inkompetenz. Die *Financial Times* nannte 1992 die römischen Haushaltsdaten „a bubble bath of numbers". „Wir Italiener", so schreibt ein selbstkritischer Wirtschaftsjournalist, „scheinen unfähig zu sein, Planziele zu setzen und zu erreichen, die ein mittel- oder langfristig dauerhaftes Engagement voraussetzen." Piero Barucci, Bankexperte und Schatzminister im Kabinett Amato 1992/93, hat die Situation kürzlich auf folgende Formel gebracht: „Für gut dreißig Jahre sind wir jeden Tag gut essen gegangen und haben die Rechnung den kommenden Generationen geschickt. Jetzt wird es Zeit, den Riemen etwas enger zu schnallen, um unseren Nachkommen ein wenig Raum zu lassen." Nach dem Urteil des bekannten Wirtschaftswissenschaftlers Paolo Sylos Labini ist „die enorme Staatsverschuldung ... das Haupthindernis" für die vollständige Eingliederung Italiens in Europa.

Die Distanz zwischen Plan und Realität

Seit Mitte der achtziger Jahre haben die Verantwortlichen für Wirtschaft und Finanz mehr als ein Halbdutzend Mehrjahrespläne vorgelegt, in welcher Form das Wachstum der Staatsverschuldung gestoppt und die Staatsfinanzen auf den Weg der Tugend zurückgeführt werden könnten. Alle Diagramme zeigten vertrauenerweckende Kurven, die ihren Höhepunkt 1985, 1987 oder 1990 finden sollten, um dann in sanftem Hügelschwung abzufallen. Alle diese dickleibigen, zahlen- und graphikenbestückten Bände erwiesen sich als Makulatur, waren „libri di sogni" (Traumbücher), wie die Italiener sagen.

De facto haben alle Regierungen unter den Zwängen der jeweils aktuellen Notsituation gehandelt und von der Hand in den Mund gelebt. Seit Mitte der achtziger Jahre häuften sich die Erklärungen der Finanzverantwortlichen, man agiere „am Rande des Abgrunds", lebe mit einer „Zeitbombe", sitze auf einem „Pulverfaß" oder müsse mit „dem Schlimmsten" rechnen.

Die Kritiker dieser Kassandrarufe versicherten – und versichern bis heute – der Öffentlichkeit, bei diesen Mahnern handle es sich um unverantwortliche Miesmacher und professionelle Pessimisten. In Wahrheit sei die Lage vollständig unter Kontrolle und keineswegs beunruhigend. Das zeitweilige *Deficit-Spending* sei schon von Keynes als Universalrezept für die Ankurbelung der Wirtschaft empfohlen worden. Als Hauptmeister dieser Abwiegelungsstrategien erwiesen sich einige DC-Politiker wie Giulio Andreotti oder Cirino Pomincino. Die Forderungen nach einem ausgeglichenen Staatshaushalt sind von der vorherrschenden ökonomischen Kultur über viele Jahre hinweg als „gestrig", als „buchhalterisch rückständig" und als „reaktionär" betrachtet worden. An dieser leichtfertigen Haltung der permanenten Zukunftseuphorie waren selbst die Nationalbank und die jeweiligen Staatspräsidenten nicht unbeteiligt. Der Art. 81 der Verfassung, der den Ausgleich von Ausgaben und Einnahmen vorschreibt, blieb so ein leeres Blatt Papier.

De facto haben die Verantwortlichen seit Beginn der siebziger Jahre schrittweise und ohne den sichtbaren Zwang einer großen Krise oder Katastrophe (Krieg, Staatsvereinigung, Erdbeben, Überschwemmung, Weltwirtschaftskrise) ein Staatsdefizit aufgehäuft, das heute die Zwei-Billiarden-Lire-Grenze erreicht hat und circa 120 % des italienischen Bruttoinlandprodukts beträgt. Die Zahlen in der Tabelle 6 sprechen eine nur allzu deutliche Sprache. Allein der Zinsendienst verschlingt heute mit 180 000 Mrd. Lire über 20 % des Staatsbudgets und fast 40 % der Steuereinnahmen. Pro Kopf der italienischen Bevölkerung, Säuglinge und Greise eingeschlossen, kommt heute eine Schuldenbelastung von circa. 36 Mio. Lire. Auf eine dreiköpfige Durchschnittsfamilie entfällt ein unsichtbares Debet von über 100 Mio. Lire. Täglich erhöht sich die Schuldenlast um 500 Mrd. Lire, in jeder Stunde um 20 Milliarden. Nach dem Urteil des EG-Kommissars Mario Monti gibt es hier eine nicht geringe Mitverantwortung der Banca d'Italia, die bis Anfang der achtziger Jahre die Rolle eines „Fürstenbankiers" gespielt hat, indem sie diese anwachsende Verschuldung finanzierte. Das verspätete Abgehen von dieser Linie ist eine Mitursache dafür, „daß die Wirtschaft heute von einer immensen Staatsschuld paralysiert wird". Diese Politik hat „der politischen Klasse noch finanziellen Kredit gesichert, als diese bei der öffentlichen Meinung schon in Mißkredit geraten war". Die Spirale ernährt sich inzwischen längst von selbst. Ohne den riesigen Berg des Zinsendienstes würde der italienische Staatshaushalt einen positiven Saldo aufweisen. Das sog. „Primärdefizit", das Anfang der achtziger Jahre bei 25 000 Mrd. Lire lag und 1985 mit 38 376 Mrd. Lire seinen Höhepunkt erreichte (vgl. Tab. 6), ist heute getilgt und in einen Überschuß verwandelt. Dieser lag schon 1992 bei 17 712 Mrd. Lire und steigt weiter an.

Diese Staatsverschuldung weist einige Charakteristiken auf, deren Skizzierung zum Verständnis des Gesamtproblems von Wert ist. Über kurz-, mittel- und langfristige Schuldverschreibungen, sog. Buoni ordinari del Tesoro (BOT), Certificati di Credito del Tesoro (CCT), Buoni del Tesoro Poliennali (BTP), und andere Formen hat sich der italienische Staat bei seinen eigenen Bürgern verschuldet. Die durchschnittliche Laufzeit dieser Staatspapiere beträgt heute 3,5 Jahre. Das zuständige Schatzministerium muß jährlich in der Form von Versteigerungen 700 000 Mrd. Lire in Form von BOT und CCT und BTP „an den Mann" bringen. Die Verzinsung ergibt sich aus der jeweiligen aktuellen Marktsituation. Um die potentiellen Anleger aus dem In- und Ausland „bei der Stange" zu halten, muß das Schatzministerium attraktive Zinssätze bieten, die gegenwärtig je nach Typ und nach Abzug der 12,5 % Steuern zwischen 9–11 % liegen.

Seit der weitgehenden Liberalisierung des Kapitalmarktes im Zuge der europäischen Einigung besitzt der italienische Anleger auch die Möglichkeit, mit seinen Spar- und Investitionsentscheidungen ins Ausland auszuweichen. Bei den monatlich stattfindenden Auktionen neuer Staatspapiere, bei denen jeweils Titel zwischen 60 000 und 70 000 Mrd. Lire abgesetzt werden müssen, starren die Verantwortlichen mit gespannter Aufmerksamkeit auf Angebot und Nachfrage. Nicht abgesetzte Titel in Größenordnungen von einigen Tausend Milliarden Lire (die zumeist dann provisorisch von der Banca d'Italia übernommen werden) signalisieren steigende Zinsen und Zinskosten. Dabei ist es den Verantwortlichen in den letzten Jahren gelungen, den Anteil der mittel- und langfristigen Staatspapiere deutlich zu erhöhen (vgl. Tab. 8). Dieses könnte ein erster Schritt sein zu einer langfristigen Konsolidierung der Staatsschuld. Der Durchschnittszins aller Staatspapiere liegt gegenwärtig über 10 %. Der Anstieg um einen Punkt bedeutet für den italienischen Staat Mehrkosten von 15 000 Mrd. Lire.

Die internationalen Finanzmärkte betrachten das italienische Gelände mit zunehmender Skepsis und Kritik. Die Bonität der italienischen Staatsschulden gilt heute als nicht gesichert. Seit 1991 haben die beiden amerikanischen Bewertungsgesellschaften Moody's und Standard and Poor's die Bonität Italiens schrittweise von dem früheren Spitzenwert AAA auf den mehrere Stufen niedrigeren Mittelwert AA3 heruntergesetzt. Bei der vorletzten Herabstufung im März 1993 klagten italienische Politiker und Kommentatoren bewegt, das Land sei aus der B-Liga in die 1. Regionalliga abgestiegen. Im Mai 1993 kam dann eine weitere Herabstufung nach A1, die Italien mit Portugal gleichstellte. Als Vorletzter im europäischen Verband befand man sich nur noch vor Griechenland. Dabei ist es bis heute geblieben. Die unsichere und widersprüchliche Finanz- und Wirtschaftspolitik der Regierung Berlusconi hat 1994 sogar zu einem erneuten Abzug von internationalem Anlagekapital geführt. Der Lirawert ist um weitere 15 % gesunken. Die Distanz zwischen den Realzinsen für Industriekredite zwischen Deutschland und Italien hat sich um zwei Punkte erhöht. Italien hat damit unter den sieben „großen" Industriemächten die mit Abstand schlechteste Position und muß diesen Statusverlust mit vielen Tausend Mrd. Lire jährlich zusätzlich bezahlen. Die italienische Währung ist in den letzten Jahren zunehmend abhängig geworden vom Urteil der internationalen Finanzmärkte. Der jeweilige Stand der Lira gegenüber Dollar und DM bildet den täglichen Gegenstand der abendlichen Fernsehnachrichten. Wenn Italien dabei nach dem Urteil der Rechten immer wieder zum Opfer der internationalen Finanzspekulation wird, so handelt es sich zumeist um eine optische Täuschung. In Wirklichkeit wird der Lirakurs auch heute noch eher durch die Anlage- und Transferentscheidungen der Italiener selbst bestimmt.

Die Binnenverschuldung

Dabei ist diese enorme Staatsverschuldung zu fast 90 % eine Binnenverschuldung. Der italienische Staat steht bei seinen eigenen Bürgern in Kreide. Die Italiener haben, in den drastischen Worten von Exministerpräsident Carlo Azeglio Ciampi, den

Strick, mit dem sie sich aufhängen könnten, selbst in der Hand. Bei einer Auslandsverschuldung würden die dortigen Kreditgeber den Strick in die Hand bekommen. Der öffentlichen Armut steht ein rasch gewachsener privater Reichtum gegenüber. Der Italiener gehört seit vielen Jahrzehnten zu den Weltmeistern im Sparen. Wie Tab. 7 zeigt, legt der Italiener seit den sechziger Jahren und bis heute 15–20 % des BIP auf die hohe Kante. Diese Kapitalakkumulation findet teilweise auf dem Immobiliensektor statt. Über 70 % der Familien wohnen in Eigentum, es gibt über 4,5 Mio. Zweit- und Dritthäuser und Wohnungen. Mit der gleichen Intensität aber investiert der Italiener auch in den (praktisch steuerfreien) Staatspapieren. Die scherzhaft, aber nicht ohne tiefere Bedeutung so genannten „BOT-People" stellen eine breite Bevölkerungskreise erfassende Rentiersschicht dar, von deren Stimmungslage Wohl und Wehe der staatlichen Finanzpolitik abhängt. Keine Partei und kein Finanzverantwortlicher riskiert es mehr, eine Besteuerung der hier anfallenden Einkünfte zu fordern. So bleibt und verstärkt sich die massive Ungerechtigkeit, daß der Staat Einkünfte aus Kapital so gut wie gar nicht besteuert. Als der Chef der Linkskommunisten Fausto Bertinotti es im Februar 1994 wagte, eine Einbeziehung der Einkünfte aus Staatspapieren in die Lohn- und Einkommenssteuerveranlagung zu fordern, schallte ihm ein Chor von Neinstimmen entgegen. Es gibt unverdächtige Stimmen, die die Wahlniederlage der Linken im März 1994 auf diesen „Ausrutscher" zurückführen. Eine Flucht der BOT-People ins Ausland würde den italienischen Staat in eine akute Finanzkrise stürzen. Das weit verbreitete Mißtrauen gegenüber der eigenen Obrigkeit, ja gegenüber der eigenen Nation führt die „BOT-People" zu dieser Flucht vor sich selbst. Nach den Daten der Banca d'Italia betrug das mobile Vermögen der italienischen Familien Ende 1993 circa 3 Mill. Milliarden Lire. Davon waren 800 000 Mrd. in Staatspapieren angelegt, 760 000 Mrd. auf Spar- und Girokonten eingezahlt und 584 000 Mrd. in Obligationen und Aktien festgeschrieben. Ein Drittel der Staatsschuld befindet sich in der Hand von Banken und Unternehmen. Auch hier würde ein „Einfrieren" des Debits gravierende Konsequenzen haben.

Gleichzeitig findet mit dieser Entwicklung eine enorme Umverteilung gesellschaftlichen Reichtums statt. Aus einer kürzlich vorgelegten Untersuchung des Comitato Nazionale dell'Economia e del Lavoro geht hervor, daß über ein Drittel der Familien in Italien über Staatspapiere verfügt. Im Norden steigt dieser Anteil auf 50 %, im Süden sinkt er auf 19,7 %. Jede Familie besitzt durchschnittlich im Norden 65,7 Mio. Lire, in Mittelitalien 41,9 Mio. Lire und im Süden 25,4 Mio. Lire. Besonders bei mittleren und hohen Einkommen geben die Staatspapiere inzwischen einen bedeutsamen Beitrag zum verfügbaren Jahresbudget. Fast Dreiviertel der Zinseinnahmen auf Staatspapiere landen im Norden (72 % : 16 % : 12 %). So wird Reichtum von Süden nach Norden und von den produzierenden und arbeitenden Bevölkerungsgruppen zu den Rentiers transferiert, ein Vorgang mit großen psychologischen und materiellen Folgen. Nach Ansicht des Olivetti-Chefs Carlo De Benedetti handelt es sich hier um die Privilegierung des Rentenkapitals und der Couponschneider, die alle Risikoanlagen massiv benachteiligt. Wer auf Staatsanleihen 5–6 % Realzinsen bekommt, ist kaum bereit, sein Kapital in innovativen Investitionen zu riskieren. Dieser Kapitaltransfer von den produzierenden Schichten zu den Rentiers, deren Größenordnung jetzt jährlich 200 000 Mrd. Lire beträgt, bedroht das Land mit einer Sklerose. Alle Kenner sind sich darüber einig, daß die Steuerfreiheit für Staatspapiere das gesellschaftliche Gleichheitsprinzip massiv verletzt und in hohem Maße ungerecht ist.

Auswirkungen der Staatsverschuldung

Die hohe Staatsverschuldung hat eine Reihe von negativen Folgen, von denen zumindest vier genannt seien. 1. Der hohe Geldbedarf des Staates fegt den Kreditmarkt leer und verdrängt die privaten Kreditnehmer vom Kapitalmarkt. War der Staat in den fünfziger Jahren noch mit 15 % des heimischen Kreditvolumens ausgekommen, so beanspruchte er in den siebziger Jahren schon 60–70 %. „Der Staat", so der frühere Rektor der Bocconi-Universität in Mailand, Mario Monti, „bietet beste Bedingungen für die Sparer und liefert damit gleichzeitig das schlimmste Beispiel für eine gesunde Bewirtschaftung der Ressourcen." „Wie der Rattenfänger von Hameln lockt er Mäuse und Kinder hinter sich her." Der Mangel an Kapital verhindert auch eine raschere Entwicklung des italienischen Börsenwesens. Im internationalen Vergleich verfügt die Mailänder Börse auch heute nur über sehr bescheidene Dimensionen. Nach einer Untersuchung der Zeitschrift *Business Week* betrug die Kapitalisierung der italienischen Börsen 1993 113,6 Mrd. $ (England 724,7 Mrd., Deutschland 309,9 Mrd., Schweiz 209,4 Mrd.). Hier fehlt der italienischen Industrie ein Finanzierungsinstrument, das sie eigentlich dringend benötigte. 2. Die Staatsverschuldung drückt das gesamte Zinsniveau nach oben. Geld ist ausgesprochen teuer in Italien. Zinssätze um und über 20 % sind keine Seltenheit. Das erschwert Rationalisierungen und Innovationen in allen Bereichen der Wirtschaft. 3. Die finanzielle Notlage zwingt den Staat, die Steuerschraube immer weiter anzuziehen. Die Steuerlastquote in Italien liegt heute bei 42 % BIP. Da Handel, Handwerk und Freiberufliche vielfach fast ungeschoren davonkommen und die Hauptlast der direkten Steuern auf den abhängig Beschäftigten ruht, ist in diesen Bereichen der Gesellschaft die Schmerzgrenze erreicht oder schon überschritten. Für das Jahr 1990 haben – nach den Angaben des Finanzministeriums – die Betriebsinhaber steuerlich veranlagbare Einkünfte von durchschnittlich circa 20 Mio. Lire angegeben. Dieses Einkommen liegt knapp über dem der Arbeiter und *unter* dem der Angestellten. Der Schlachtergeselle, der einen höheren Lohn bezieht als – auf dem Papier – sein Prinzipal, ist ein in der Publizistik häufig angeführtes Beispiel. Hier gibt es Bereiche der Steuerhinterziehung in riesigen Ausmaßen, die der Staat nicht hat anpacken können oder wollen. Der Staat besteuert Unternehmensgewinne mit 53 %. Das ist der höchste Satz in Westeuropa. 4. Die finanzielle Notlage verengt massiv die Spielräume jeder Finanz- und Wirtschaftspolitik. Sie verhindert jede Form von antizyklischer Konjunkturpolitik. Zählt man Steuern und Sozialabgaben zusammen, so ergibt sich für viele Italiener das Image eines erdrückenden Staatsmolochs. 1970 beanspruchte die öffentliche Hand 36,3 % des BIP, 1980

43,6 %, 1992 57,6 % BIP. Die Polemik gegen die „Überbesteuerung" zählte zu den wirksamsten Argumenten der Berlusconi-Mannschaft im Wahlkampf 1994. Der Italiener zahlt heute über 200 verschiedene Steuern. Dieses System trägt unübersichtliche und vielfach irrationale Züge. Der „tax freedom day", der Tag, an dem der Italiener aufhört, für den Staat, und anfängt, für sich selbst zu arbeiten, liegt nach der Berechnung von Antonio Martino heute um den 28. Juli. Dieses höchst diskutable, aber einprägsame und publikumswirksame Bild hat die Italiener beeindruckt.

Sanierung der Staatsschuld?

Die Sanierung der Staatsschulden läßt sich mit den Instrumenten der regulären Finanzpolitik nicht in wenigen Jahren realisieren. Bei allen Perspektivplanungen ergeben sich viele Jahre, ja Jahrzehnte der Spar-, Brems- und Restriktionspolitik, die die Verantwortlichen jeder Bewegungsfreiheit berauben würde. Experten wie Bruno Visentini plädieren deshalb seit etlicher Zeit für eine groß angelegte einmalige Sanierungsaktion, eine Nationalsteuer auf mobiles und immobiles Vermögen, die den Schuldenstand auf haushaltstechnisch vertretbare Dimensionen herunterdrücken würde. Eine andere Möglichkeit wäre, die Staatspapiere „einzufrieren", ihre Konvertierbarkeit aufzuheben und sie mit einem langfristig niedrigen Zinssatz auszustatten. Für einen solchen Schritt gibt es in der Geschichte des italienischen Einheitsstaates zwei Vorbilder. Wie schon in den Staatsgründungsjahren nach 1860 und in der Zeit der Weltwirtschaftskrise könnte der Staat zum „Zwangskurs" greifen und damit die so gefährliche Dynamik des Kreditmarktes stillegen. Eine solche Gewaltkur aber würde den „starken" und „autarken" Staat voraussetzen, würde eine radikale Entliberalisierung des Kapitalverkehrs mit sich bringen und damit das Ausscheiden aus dem europäischen Wirtschaftsverbund bedeuten.

Andere Vorschläge tragen einen ähnlich radikalen Charakter. Wer in Not ist, verkauft auch das Familiensilber, so heißt es.

Also: Privatisierung der staatlich kontrollierten Banken und Industrieunternehmen, Verkauf von Teilen des staatlichen Grund- und Immobilienbesitzes, Verkauf eines Teils der italienischen Kunstbestände. Mit der Privatisierung des Bankensystems wurde erstmals 1993/94 Ernst gemacht. Der Verkauf der drei Großbanken *Credito Italiano*, *Istituto Mobiliare Italiano* und *Banca Commerciale Italiana* erbrachte über 10000 Mrd. Lire. Mit diesem Erlös aber sind noch nicht einmal 10 % der jährlichen Neuverschuldung gedeckt.

Inflation? Bankrott?

Eine weitere Möglichkeit schließlich wäre der Abbau der Schulden über eine galoppierende Inflation. Beide Weltkriege haben diesen Effekt gehabt – mit zerstörerischen Auswirkungen auf Sozialgefüge, gesellschaftlichen Reichtum, soziopsychologische Stabilität und politisches System. Ohne Kriegsteilnahme und Inflation hätte es mit Sicherheit keinen Faschismus gegeben. Die sich hier eröffnenden Katastrophenszenarien kann niemand im Ernst wollen.

Eine letzte Möglichkeit schließlich wäre der Staatsbankrott. Das Frankreich des Ancien régime vor 1789 hat geradezu ideal-typisch den langen verzweifelten Kampf mit der Hydra einer durch Leichtfertigkeit, Korruption und Verschwendungssucht entstandenen überhöhten Staatsverschuldung vorgeführt. Dieser Kampf ging am Ende verloren. Aus den Vorgängen von damals ließen sich auch heute noch manche Einsichten gewinnen.

Die Verantwortlichen haben deshalb jeden auch nur leisesten Gedanken an irgendwelche Zwangslösungen weit von sich gewiesen. So hat noch kürzlich der neue Präsident der Banca d'Italia, Antonio Fazio, betont, ein solcher Schritt „würde das Vertrauensverhältnis zwischen dem Staat und den Inhabern der Staatsanleihen unterbrechen und würde die Verfassungsordnung Italiens völlig unterminieren".

Der gleichen Ansicht ist sein früherer Bankkollege Lamberto Dini, der in der Regierung Berlusconi das Schatzministerium übernommen hatte. „Die Sanierung der Staatsfinanzen ist nicht nur ein Problem der gegenwärtigen Regierung ... es betrifft die gesamte Nation, die Generationen der Gegenwart und der Zukunft. Für Italien ist es eindeutig das Problem Nr. 1." Als Nachfolger Berlusconis hat Dini im Januar 1995 die Leitung der Regierung übernommen.

Die Leiche im Keller

Das Problem der Staatsverschuldung wirkt wie eine Leiche im Keller. Je weniger darüber gesprochen wird, desto besser erscheint dies den Zuständigen. Deshalb klaffen reale Bedeutung und subjektives Bewußtsein der Bevölkerung weit auseinander. Bei Meinungsumfragen nach den dringlichsten und mit Vorrang anzupackenden Problemen der italienischen Politik landet die Schuldenfrage regelmäßig auf einem der hintersten Plätze (1994: 8 %). Die Zeitung *Il Giornale Nuovo* unter Indro Montanelli brachte 1993 auf der Frontseite in digitaler Form die tikkende Uhr der fortschreitenden Staatsverschuldung. Dienstag: 1 821 000 Mrd. Lire, Donnerstag, 1 822 000 Mrd. Lire, Samstag: 1 823 000 Mrd. Lire. Pro Tag ein Zuwachs von gut 500 Mio. DM. Als Berlusconi dann Anfang 1994 in seiner Zeitung einen willfährigen neuen Chefredakteur installierte, war dieser Alarmruf über Nacht verschwunden. Die wirkliche Dimension der hier anstehenden Fragen wird nur bei außergewöhnlichen Anlässen ausgesprochen. So äußerte der damalige Ministerpräsident Giuliano Amato 1992, die Situation Italiens sei besonders gravierend wegen des Zusammentreffens von hoher Arbeitslosigkeit, Schwäche der Staatsverwaltung und dem Zustand der staatlichen Finanzen. „Ohne Steuerkorrekturen gibt es hinter der nächsten Ecke ... nicht die Zuflucht zu einer völlig irrealistischen Autarkie, sondern das Risiko, zum Disneyland Europas zu werden, begünstigt durch unser Klima, unsere Naturschönheiten und die Zeugen unserer Geschichte und unserer Kunst."

Die Ursachen

Fragt man sich nach den Ursachen, so hat man in der Reihenfolge der Bedeutung das Rentensystem, das Gesundheitswesen, das Bildungswesen und die Gemeindefinanzen zu nennen.

Seit den späten fünfziger Jahren ist der Sozialstaat in Italien mit einer Großzügigkeit ausgebaut worden, für die es im übrigen westlichen Europa keine Vergleiche gibt. Kurze und kürzeste Versicherungszeiten, frühes Ausscheiden aus dem Berufsleben, Kumulierungsmöglichkeiten für verschiedene Rentenansprüche – das alles schien angesichts der positiven Eckdaten wirtschaftlichen Wachstums finanzierbar. In das Netz sozialer Sicherheit wurden schrittweise immer weitere Bevölkerungskategorien einbezogen: selbständig Beschäftigte, Handwerker und Kaufleute. Der große Exodus aus der Landwirtschaft machte die Frage der Altersversorgung der alten Bauern dringlich. Mit minimalen eigenen Beiträgen oder überhaupt ohne finanzielle Eigenleistungen wurde so eine flächendeckende Altersversorgung geschaffen. Eine ähnliche Ausweitung vollzog sich auf dem Sektor der Krankenversorgung und -versicherung. Unter Aufgabe der Kausalbeziehung von Eigenleistung und Versorgungsanspruch wurde so ein praktisch für die Gesamtbevölkerung geltendes System der Kranken- und Altersversorgung geschaffen. Katholisches Fürsorgedenken und kommunistische Gleichheitskonzeptionen wirkten bei der Schaffung dieses Wohlfahrtssystems italienischer Prägung einträchtig zusammen. Italien, so schrieb der *Corriere della Sera* im November 1993, ist über zwei Jahrzehnte hinweg von der „Einheitspartei der öffentlichen Ausgaben" regiert worden. Die Kosten für diesen Ausbau des Wohlfahrtsstaates wurden, statt über Steuern, weitgehend über Kredite finanziert. Tab. 6 zeigt, daß die Neuverschuldung (ohne Zinsausgaben) vor allem nach 1975 rasch anstieg und in den achtziger Jahren Spitzenwerte erreichte. Hier waren eine kollektive Unvernunft und Blindheit am Werke, die manche Beobachter rückblickend von den „Jahren der Heuschrecken" sprechen lassen. Hier schien der Traum vom kostenlosen Wohlfahrtsstaat für alle realisiert. Zwischen 1960 und 1990 sind die Ausgaben für Kranken- und Altersversorgung von 8,3 % auf 15,6 % des BIP gestiegen. Dabei kletterten allein die Alters- und Invaliditätsrenten von 5,0 % auf 13,8 % des BIP. Die Kranken- und Altersversorgung bildet den mit Abstand größten Faktor beim Wachstum der Ausgaben der öffentlichen Hand. Heute gibt es über 20 Mio. Pensionen und Renten.

Renten und Pensionen

Ähnlich großzügig verfuhr man bei der Festsetzung der Alters- und Beitragsgrenzen. Die Pensionierungsgrenzen lagen bei den Frauen bei 55, bei den Männern bei 60. Einzelne Berufskategorien sorgten jeweils für ihre eigene Altersversorgung. So gibt es heute in Italien einen wahren „Rentendschungel", 17 verschiedene Pensionskassen für abhängig Beschäftigte, 11 für die freien Berufe. Journalisten, Apotheker, Architekten und viele andere Berufsgruppen mehr verfügen über eine eigene Altersversorgung. 46 staatliche Institutionen verfügen über eigene Pensionskassen. So gibt es eigene Altersversorgungen für die Angestellten von Kammer und Senat, für die des Rechnungshofes, für Richter und für viele andere Berufsgruppen mehr. Der staatliche Bereich weist dabei höhere Privilegierungen auf als der private. Durch die Rentenreform von 1992 werden die Grenzen schrittweise, aber sehr langsam angehoben auf 60 bzw. 65. Die Höchstrente beträgt 80 % des letzten Lohnes. Auch der Rentenanstieg pro Arbeitsjahr liegt mit 2 % deutlich über den übrigen europäischen Ländern. Gesellschaftlich wichtige Leistungen wie Studium, Wehrdienst oder Mutterschaft konnten zusätzlich in die Berechnungen eingebracht werden. So kam es zu dem überraschenden Phänomen der sog. „Baby-Pensionäre", Frauen, die mit 38, 40 oder 42 völlig legal „in Rente" gehen konnten. „Vom Studium in die Rente", dieser Wunschtraum altgedienter „Berufsstudenten" aus der achtundsechziger Generation, schien in Italien fast erreicht. Alters- und Invalidenrenten sind lange Zeit mit einer Großzügigkeit verteilt worden, die auch klientelare und politische Hintergründe hatte. Vor allem im Süden hat das Rentensystem auch die Funktion einer Arbeitslosenunterstützung und eines sozialen Befriedungsinstruments erhalten. Hier hat man die Ausgabenpolitik der öffentlichen Hand systematisch zur Konsensusgewinnung benutzt. Italien ist das Land mit den meisten Invaliden auf der Welt. Offiziell gibt es über 1,5 Mio. Blinde, Taubstumme und andere Schwerbehinderte mit Rentenberechtigung. In einem sizilianischen Dorf, Militello Rosmarino, finden sich unter 1200 Erwachsenen 500 Invaliden. Von ihnen haben 125 zusätzlich Anspruch auf eine Hilfe. An diesem klientelaren System waren Politiker, Ärzte, Gesundheitsämter und Aufsichtsbehörden beteiligt: eine wahre Schule der Illegalität mit hohen Kosten für die Allgemeinheit. Dabei sind die Einzelsummen bis heute sehr bescheiden geblieben. Die Mindestrente liegt heute bei 600 000 Lire. Viele Renten liegen unter 1 Mio. Lire im Monat. Kaum je erreicht die Rente die 2-Mio.-Grenze. Erleichtert jedoch wird die Lebenssituation dadurch, daß diese Individualrenten zumeist in ein Familienbudget eingehen, wo sie mit anderen Pensionen, Arbeitsverdiensten und Zweiteinkommen kumulieren. Es gibt heute 12 Mio. Italiener, die sechzig und älter sind. Die Zahl der Pensionen beträgt aber 20 Mio.

Die kopflastige Alterspyramide

Einige fundamentale Daten beleuchten die Situation. Nach einer Untersuchung der Weltbank lag der Anteil der über Sechzigjährigen 1990 in Italien bei 20,6 % der Bevölkerung. Im Jahr 2000 wird er voraussichtlich 24,2 % erreichen. Für das Jahr 2030 sieht man einen Anteil von 36 % voraus. 1995 wird Italien das erste Land auf der Welt sein, in dem der Prozentsatz der über Sechzigjährigen die Anzahl der unter Zwanzigjährigen übersteigt. Die heutigen Ausgaben für die Altersversorgung liegen bei einem europäischen Spitzenwert von 14,4 % des BIP. Der Anteil der Rentner und Pensionäre liegt heute schon über dem der aktiv Beschäftigten. Auch hierfür gibt es in der westlichen Welt keinen Vergleich. Schließlich: Zwei Fünftel der vom *Istituto Nazionale di Previdenza Sociale* (INPS) finanzierten Rentner und Pensionäre sind unter 60, zwei Drittel sind unter 65 Jahre alt. Die voraussichtliche Lebenszeit für in Rente gehende Personen liegt gegenwärtig bei 26 bzw. 17 Jahren (Frauen/Männer). In diesen Daten spiegelt sich die sehr hohe Lebenserwartung der Italiener wider, aber auch die tiefgreifenden demographischen Veränderungen der beiden letzten Jahrzehnte. Italien hat unter allen westeuropäischen Ländern den raschesten, fast traumatisch wirkenden Geburtenabfall zu verzeichnen. 1994 hat die Bevölkerung Italiens zum ersten Mal in der Geschichte des Einheitsstaates abgenommen. Schließlich fällt ins Gewicht auch das Faktum der allzu großzügigen Regelungen der Altersversorgung in den drei vorausgegangenen Jahrzehnten. Auch im letzten Jahrzehnt hat der Staat vielfach von dem Instrument der Frühpensionierungen Gebrauch gemacht, um notleidenden Unternehmen oder Institutionen unter die Arme zu greifen oder um Rationalisierungsbemühungen der Industrie zu unterstützen. Noch die Regierung Ciampi hat mit einem eigenen Gesetz mehrere Hunderte von Angestellten der zentralen, zahlungsunfähig gewordenen Parteiverwaltungen in Frührentner verwandelt. Die hier anfallenden Kosten hat man ebenfalls der INPS aufgebürdet. Hier spiegelt sich eine Tendenz wider, die man wiederholt als charakteristisch für Italien bezeichnet hat: die Privatisierung der Gewinne und die „Sozialisierung" der Verluste. Hochrechnungen zeigen, daß das gegenwärtige Rentensystem selbst mittelfristig auf keinen Fall mehr finanzierbar sein wird. Die Beiträge müßten schon ab dem Jahr 2000 um 50 % über den heutigen Sätzen liegen. Nach einer Studie der Banca d'Italia würde die nächste Generation das Dreifache der gegenwärtigen Beiträge zahlen. Pessimisten sprechen von einem kommenden „Konflikt der Generationen".

Kumuliert man die Staatsschulden mit den bislang aufgelaufenen Pensions- und Rentenansprüchen, so kommt man auf die beängstigende Ziffer von 350 % des BIP (verglichen mit den circa 150 % der großen westlichen Industriestaaten).

Aufhellungen

In dieses insgesamt düstere Bild sind zahlreiche Aufhellungen einzuzeichnen. Die Italiener sind ein Volk von Sparern. Seit den fünfziger Jahren befinden sie sich in der obersten Etage jeder Weltstatistik, die vergleichend die Sparneigung der Nationen untersucht. Seit vielen Jahren wandern 15–20 % des Nettosozialprodukts jährlich in den Sparstrumpf der Nation (vgl. Tab. 7). Die Sparleistungen liegen zwar nicht mehr so hoch wie Ende der siebziger Jahre, als sie 22,5 % erreichten, aber mit 15,9 % (1990) und 14,6 % (1992) und 18,4 % (1993) ergeben sich noch immer Werte, die erheblich über den Daten für die übrigen westeuropäischen Länder liegen. Dieser akkumulierte Reichtum bildet ein Ruhepolster, das viele soziale Härten abmildert. Eine Wohnung und ein sicherer Arbeitsplatz, das ist das Minimum dessen, was die Elterngeneration ihren Sprößlingen vererben möchte. Weit mehr als in anderen europäischen Gesellschaften bildet die Familie das Not- und Schutzdach für den einzelnen, das in schwierigsten Zeiten Hilfe und Zuspruch gewährt. So sind etwa die turbulenten Jahre 1992–94 mit dem Verlust von 1 200 000 Arbeitsplätzen und dem deutlichen Rückgang der Realeinkommen ohne den befürchteten raschen Anstieg der sozialen Spannungen geblieben.

Auf alle Veränderungen der Marktsituation reagiert die italienische Wirtschaft und Gesellschaft mit Dynamik und Elastizität. Befreit von den Fesseln und Verpflichtungen des Europäischen Währungssystems hat z. B. der italienische Export nach dem September 1992 neue Marktsegmente erobert und Exportüberschüsse produziert, die mit über 30 Mrd. DM (1993) und voraussichtlich 40 Mrd. DM (1994) fast an japanische Dimensionen erinnern. Die italienische Wirtschaft besitzt ein hohes Potential an Mobilität, Phantasie, Dynamik, Elastizität und „Marktgefühl", das ihr eine rasche Anpassung an neue Marktsituationen erlaubt. Das Land verfügt über eine Vielzahl kleinster und kleiner Firmen, die überwiegend in Nord- und Mittelitalien angesiedelt sind und als Familienbetriebe arbeiten. Die Zahl dieser „Selbständigen" beträgt ungefähr 10 Mio. und übersteigt damit vergleichbare Daten aus Frankreich, Deutschland und England zusammengenommen. Der öffentlichen Armut steht ein Bild vielfältig verteilten privaten und gesellschaftlichen Reichtums gegenüber. Das läßt sich zum Beispiel bei einem Blick auf das italienische Bankensystem erkennen. Nach einer Untersuchung der amerikanischen Zeitschrift *The Banker* befanden sich 1993 unter den 500 größten Banken Europas 101 italienische Institute. Mit über 20% stellen sie die größte Gruppe überhaupt. Unter den zehn größten findet sich zwar keine italienische, aber bei den Positionen 11–50 besetzten die Italiener, angeführt von der größten Sparkasse der Welt, der „Cassa di Risparmio delle Province Lombarde" (Platz 18), gleich neun Plätze. Gliedert man die Banken nach den Einlagen, so belegt Italien mit 738 000 Mrd. Lire (=14,9%) hinter Deutschland (18,1%) und Frankreich (16,3%) einen beachtlichen dritten Platz. Ohne die 25–30% Lira-Abwertung der letzten Jahre würde Italien sogar die erste Position einnehmen.

Ebenso ermutigend sehen die Daten über die private Verschuldung aus, die im Durchschnitt der Familien bei 30% des verfügbaren Jahreseinkommens liegt (gegenüber 80–100% bei vielen westlichen Industriestaaten).

Schon oben wurde darauf hingewiesen, daß das sog. „Primärdefizit", das – wie Tab. 6 zeigt – auf dem Höhepunkt 1985 bei 38 000 Mrd. Lire lag, heute abgebaut ist. Der „Primärüberschuß" erreichte 1993 sogar 1,8% des BIP. Gäbe es die „Sünden" der Vergangenheit nicht, würde Italien heute zu einem der finanzstärksten Staaten Europas zählen. Statt dessen fordern amerikanische Investitionsexperten heute auf, nach Italien zu blicken. Dort könne man heute dank der Lira-Schwäche billig „shopping" von leistungsfähigen Firmen machen. Alle Diskussionen über die Finanzpolitik der Zukunft sind von dem furchterweckenden Gefühl begleitet, daß jeder neue Tag eine weitere Verschlechterung der Situation mit sich bringt und daß grundlegende Entscheidungen möglichst bald, ja eigentlich sofort getroffen werden müßten. Der Blick zurück ist auch ein Blick auf die vielen verpaßten Gelegenheiten einer Generalsanierung. Das gilt besonders für die Jahre der Regierung Craxi 1983–1987, als der Wirtschaftsboom hohe Zuwächse produzierte und weite Handlungsspielräume eröffnete. Damals verdoppelte sich die Staatsschuld von 456031 Mrd. Lire (1983) auf 910542 Mrd. Lire (1987) (vgl. Tab. 6). So sagte der frühere Nationalbankchef und Ministerpräsident Carlo Azeglio Ciampi kürzlich: „...wieviel Bitterkeit empfinden wir, daß wir heute in einer so schwierigen Situation Probleme anpacken müssen, die wir früher mit geringeren Kosten hätten lösen können."

Zur Bewältigung des Schuldenproblems bedarf es einer großen gemeinsamen Anstrengung, einer neuen Ethik des Gemeinwohls. „Die Staatsschuld", so ein alarmierter Beobachter, „ist der Spiegel unserer staatsbürgerlichen Schwächen." Ein Universitätsprofessor, Luciano Corradini, hat im September 1992, mit einem Monatsbeitrag von 500000 Lire, einen Verein gegründet, der „einen freiwilligen Beitrag zur Sanierung der Staatsfinanzen" leisten will. Der Fall ging, belächelt, ironisiert, verspottet und mit Zustimmung aufgenommen, durchs Fernsehen. Der Professor trat in Talk-Shows auf, in denen er zu freiwilligen Spenden aufforderte. Es ist nie bekannt geworden, wieviel Geld auf diesem Konto eingegangen ist.

Diese Demokratie der Privilegien und Vergünstigungen hat über viele Jahrzehnte hinweg Konsens geschaffen und den sozialen Frieden gesichert. Wird, so fragte der *Corriere della Sera* im Oktober 1993 besorgt, „das Ende der Demokratie der Trinkgelder" auch das Ende der „Demokratie tout court" sein? Wie wird Italien in Zukunft den für den Zusammenhalt einer Gemeinschaft notwendigen Minimalkonsens sichern können? „Im Vaterland Guicciardinis ist die öffentliche Ethik immer ein ferner Traum geblieben, und die Vorstellung des Gemeinwohls hat hier niemals wirklich Fuß gefaßt. Können die Institutionen in diesem Land soviel an Zustimmung gewinnen, daß der Konsens nicht mehr ausschließlich auf Zahlungen gegen bar angewiesen ist?"

Die gleiche Sorge formulierte Ende 1993 der spätere Finanzminister der Regierung Berlusconi, Giulio Tremonti: „Die Demokratie des Defizits" ist in Gefahr, „in ein Defizit an Demokratie" umzuschlagen.

VI. Die Offensive der Richter

Zwei Begriffe sind in den letzten Jahren in den italienischen Wortschatz eingegangen, mit denen sich noch Anfang der neunziger Jahre nichts hätte verbinden lassen: „tangentopoli" und „mani pulite". „Tangente" ist eine der vielen Bezeichnungen für die kleineren oder größeren Bestechungssummen, die im Umgang mit der Bürokratie, mit kommunalen oder staatlichen Behörden anfallen und die dazu dienen, die Bearbeitung eines Antrags, die Bauerlaubnis oder Konzession, die Ausstellung einer Bescheinigung, die Gewährung eines Kredits oder den Gewinn einer Ausschreibung zu beschleunigen oder überhaupt erst zu ermöglichen. Die „tangente" dient wie die „bustarella" (kleiner Umschlag) oder der „pizzo" dazu, als „Schmieröl" die bürokratischen Maschinerien in Gang zu halten. „Tangentopoli" hat der Volksmund jene Phantomstadt der kleineren oder größeren Illegalität getauft, jenes Netz von Nehmen und Geben, von Kumpanei, Mitwisserschaft, Erpressungen, Angst, Zorn und Schuld, das im Umfeld der tangenti-Zahlungen entstanden war.

Daß im Umfeld der Parteienfinanzierung vieles im argen lag, war der Öffentlichkeit seit langem bekannt. Die Geschichte der Republik ist von ihren Anfängen 1946 bis zur Gegenwart von einer Serie von Korruptionsfällen begleitet gewesen. Namen wie Lockheed, Italcasse, Caltagirone, Sindona, Banco Ambrosiano oder Carceri d'Oro (Goldgefängnisse) sind in die Annalen der Republik eingeschrieben. Es gibt eine reiche Literatur, die die Geschichte Italiens nach 1945 als Geschichte der sie begleitenden Skandale behandelt. Vor allem die starke staatliche Präsenz in der Wirtschaft und die staatlichen Strukturförderungsprogramme im Süden (Cassa per il mezzogiorno) haben vielfältige Anreize für Korruption geboten. Mit dem Ziel der Moralisierung der Politik und ihrer Befreiung aus wirtschaftlichen Abhängigkeiten ging man 1974 zu einem System staatlicher Parteienfinanzierung über.

Das Parteienfinanzierungsgesetz von 1974

Das Gesetz vom 2. Mai 1974 führte eine Grundfinanzierung und eine Wahlkampfkostenerstattung ein. Berücksichtigt wurden alle Parteien, die mindestens einen Sitz per Direktwahl oder 2 % der gültigen Wählerstimmen erreicht hatten. Die Parteien waren gehalten, bis zum 31. März des darauffolgenden Jahres eine Jahresbilanz der Einnahmen und Ausgaben zu veröffentlichen. Spenden natürlicher wie juristischer Personen sollten ab circa 5000 DM aufgeführt werden. Unternehmen mit einem Staatsanteil von über 20 % durften nicht an Parteien spenden. Die Kontrolle der Bilanzen wurde den Präsidenten von Kammer und Senat übertragen. Gleichzeitig stellte man „illegale" Geldzahlungen an die Parteien unter Strafe. Diese konnte im Höchstfall vier Jahre Gefängnis betragen. Der staatliche Zuschuß lag 1974 bei 60 Mrd. Lire (damals = circa 450 Mio. DM). Das Parteiengesetz forderte eine Bilanzlegung nur für die nationalen Parteizentralen. Die Kosten für die regionalen und lokalen Parteiapparate sowie die Kosten für die „correnti", die innerparteilichen Untergruppierungen, blieben verborgen. Die seitdem jährlich publizierten Bilanzen der Parteien zeigten einige Grundtendenzen, die bis in die neunziger Jahre hinein gültig blieben. Das gilt für die beträchtlichen Kosten der hochdefizitären Parteipresse. Das gilt für den unterschiedlichen Selbstfinanzierungsgrad, der nach den offiziellen Angaben relativ hoch lag bei dem PCI (80 %) und dem PSI (70 %) und die niedrigsten Werte bei den kleinen Mittelparteien (PLI: 37 %, PRI: 16 %) erreichte. Insgesamt erwiesen sich die Bilanzen als weitgehend frisiert und unglaubwürdig. Bettino Craxi hat in seinen jüngsten Verteidigungsschriften zu Recht darauf verwiesen, daß das Parteienfinanzierungsgesetz von Anfang an und von allen Beteiligten systematisch verletzt worden sei. Dies sei mit „fast einhelliger Zustimmung" geschehen. „Wie die Dinge wirklich standen, wußten, jedenfalls in den großen Zügen, alle führenden Parteifunktionäre, Parlamentarier, Verwaltungsleiter. Mit Sicherheit wußten es die Inhaber der höchsten Staatsämter. ... An diesem Problem wollte niemand sich die Finger verbrennen. Niemand hat die Anomalie ... und

die Illegalität der Gesamtsituation aufgehellt und angeklagt. ...
Die Komplizenschaft in dieser Frage war fast total."

Craxi unterschlägt in dieser Argumentation indes die zahlreichen Versuche von wissenschaftlicher, publizistischer und gerichtlicher Seite, das Problem auf die Tagesordnung der öffentlichen Diskussion zu setzen. Um nur ein Beispiel zu nennen: 1988 veröffentlichte der vielleicht beste Kenner der komplizierten Materie, der Politologe Franco Cazzola, ein Buch über die „Korruption. Die Physiologie und Pathologie eines politischen Systems", das im Rückblick geradezu prophetisch wirkt. Cazzola konstatierte nach Durchsicht der italienischen Presse für die Jahre 1976–1986 ein hohes Maß an Korruption auf allen Ebenen der Politik. In den von ihm erfaßten 3000 gerichtskundig gewordenen Fällen waren in den elf genannten Jahren circa 30 000 Mrd. Lire als „tangenti" gezahlt worden. Diese circa 55 Mrd. DM, d. h. ein jährlicher Aderlaß von circa 5 Mrd. DM, erschienen schon damals als ein sehr hoher, von der italienischen Gesellschaft gezahlter Tribut für ein mehr schlecht als recht funktionierendes System, in dem der Service in vielen Bereichen sich schrittweise verschlechterte. Cazzola sprach von dem „Triumph einer zum System gewordenen Korruption, die nichts mehr der Improvisation überläßt" und mit ihren festen Prozentsätzen und ihren Zahlungsmodalitäten zu einem zweiten illegalen Besteuerungssystem geworden sei.

Hier wie an vielen anderen Stellen fand sich die Aufforderung an die Justiz und an die Politik, einzugreifen. Man könnte zahlreiche Beispiele nennen, wo mutige Einzelkämpfer in Politik, Publizistik oder Justiz versucht haben, den Schleier der Illegalität zu lüften, und könnte zeigen, warum sie mit ihrem Vorhaben gescheitert sind. Nach ersten ermutigenden Ansätzen wurden sie kaltgestellt, die Untersuchungsverfahren wurden ihnen entzogen, oder sie wurden entlassen oder versetzt. Ein beliebtes Verfahren war auch, gefährdete Personen durch eine Kandidatur für Kammer oder Senat dank der parlamentarischen Immunität den Nachforschungen zu entziehen. Viele heikle Prozesse wurden nach Rom verlegt, wo sie im „Nebelhafen" der hauptstädtischen Justiz sang- und klanglos verschwanden.

Das italienische Rechtssystem

Ein Blick auf das italienische Rechtssystem ist notwendig, um die gegenwärtige Situation zu begreifen. In seiner heutigen Gestalt ist es noch stark durch die Erfahrungen des totalitären Faschismus geprägt. In politikfernen Bereichen etwa des Zivilrechtes konnten nach 1922 die rechtsstaatlichen Traditionen des liberalen Italien überdauern. Dort jedoch, wo massive politische Interessen des neuen Regimes im Spiel waren, etwa bei der Unterdrückung der politischen Oppositionen oder der Erstickung der Meinungsfreiheit, hatte sich die Justiz rasch den Direktiven der neuen Machthaber gebeugt. Die Verfassungsgeber von 1946 gingen daher von einer strikten Trennung zwischen Exekutive und Jurisdiktion aus. In Art. 104 der Verfassung von 1948 heißt es: „Die Rechtsprechung bildet eine eigene und vor allen anderen Gewalten unabhängige Instanz." Um diese Autonomie zu gewährleisten, wurde ein höchstes, aus 33 Mitgliedern bestehendes Gremium geschaffen, der „Oberste Richterrat", der in allen Fragen der Laufbahn, der Versetzung, der Beförderung, der Aufgabenverteilung und der Disziplinarmaßnahmen entscheidet. Den nominellen Vorsitz führt der Staatspräsident. Der „Consiglio Superiore della Magistratura" (CSM) wird zu zwei Dritteln von den Richtern selbst, zu einem Drittel vom Parlament gewählt. Die italienische Rechtsprechung besitzt damit eine Unabhängigkeit, für die es in der westlichen Welt kaum Vergleichbares gibt. Auch die sonst übliche Trennung zwischen dem Bereich der staatsanwaltschaftlichen Ermittlungen (magistratura inquirente) und der richterlichen Wahrheitsfindung (magistratura giudicante) ist in Italien seit 1948 nicht mehr vorhanden. Gleichzeitig hat die Art der Bestellung des „Consiglio Superiore" eine Politisierung der Justiz begünstigt, die ohnehin seit den sechziger Jahren im Gang war. Etwa dem politischen Spektrum entsprechend gibt es heute vier größere Richtervereinigungen, die „Magistratura democratica" (PDS-nahe, bei den Wahlen zum CSM Juli 1994: 24 %), „Movimento per la giustizia" (16 %), „Unità per la Costituzione" (42 %) und die konservative „Magistratura indipendente" (18 %).

1956 entstand außerdem der Verfassungsgerichtshof, der die letzte Entscheidungsinstanz in allen verfassungswichtigen Rechtskonflikten bildet.

Recht und Rechtsfragen spielen im Leben Italiens eine höchst bedeutsame Rolle. Nach Schätzungen gibt es heute circa 200 000 geltende Gesetze und Verordnungen, die einen wahren Dschungel für den Nichteingeweihten bilden. Ein vergleichbarer Großstaat wie Frankreich kommt mit 8000 Gesetzen und Dekreten aus. Nicht die *Neu*-, sondern die *Ab*schaffung von Gesetzen wäre eine der Hauptaufgaben der Gegenwart. Ein ganzes Heer von über 70 000 Rechtsanwälten und Notaren bemüht sich um die Auslegung dieser Gesetzesvielfalt. Eine sehr reiche Rechtsliteratur mit Hunderten von Zeitschriften und jährlich Tausenden von Publikationen kommt ihnen zu Hilfe. Dem Mißbrauch sind hier viele Türen geöffnet. Der Winkeladvokat und Rechtsverdreher ist eine immer wiederkehrende Figur in der Literatur und der Realität Italiens.

Mit dieser Gesetzesvielfalt hängt zusammen die große, ja bisweilen kaum überbrückbare Distanz zwischen Norm und Realität, die viele Lebensbereiche Italiens charakterisiert. Es gibt viele Verordnungen und Gesetze, die gar nicht, viele, die nur selektiv, und etliche, die mit Konsequenz angewendet werden. Das beginnt mit der Straßenverkehrsordnung. Offiziell besteht Anschnallpflicht beim Autofahren. Auf einen Verstoß steht eine hohe Geldstrafe. In Rom bewegen sich täglich mehr als eine Million Autofahrer, die zu über 90 % keine Sicherheitsgurte anlegen. Laut Statistik sind 1992 2947 Autofahrer in Rom wegen dieses Vergehens bestraft worden. Die Anwendung des Rechts erweist sich hier als russisches Roulette: Es trifft *einen* Unglücklichen unter Hunderttausenden.

Prozesse dauern quälend lange. Im Zivil- wie im Strafrecht schiebt die Justiz eine hohe Bugwelle von unerledigten Verfahren vor sich her. Bei manchen Gerichten gibt es Kalendarien, die jetzt schon bis zum Jahr 2000 reichen. Im Zivilrecht, wo die Lage besonders bedrückend ist, steht durchschnittlich jeder Richter vor einem Berg von 1500 zu erledigenden Prozessen. Normalerweise kann er davon 100 pro Jahr zum Abschluß bringen. Nach dem Urteil des Präsidenten des Appellationsgerichtshofs in Mailand droht „die Paralyse der Zivilgerichtsbarkeit die Fundamente der Gesellschaft zu unterminieren". Wer auf die Wiedergutmachung für einen erlittenen Schaden mehr als ein Jahrzehnt warten muß, ist eventuell längst bankrott gegangen. Jedenfalls hat er das Vertrauen auf die Justiz verloren. Wer bereit oder gezwungen ist, sich durch die vorgesehenen drei Instanzen hindurchzukämpfen, muß mit einer Prozeßdauer von zehn und mehr Jahren rechnen. Italien ist seit 1951 in 119 Fällen wegen Verletzung der Europäischen Menschenrechtskonvention angeklagt und in 81 Fällen verurteilt worden und hält damit einen negativen Rekord. In der Mehrheit der Anklagen ging es um die übermäßige Dauer der Prozesse. Nach einer kürzlichen Umfrage verbringt der Italiener durchschnittlich zwei Wochen im Jahr vor den Schaltern und in den Büros öffentlicher Institutionen. Auf die Bewilligung einer Rente hat der Bürger 2–3 Jahre zu warten, Steuerrückerstattungen dauern 5–7 Jahre, auch die Wartezeiten auf Paß oder Führerschein sind eher in Jahren denn in Monaten zu messen. Nach einer Untersuchung der Confindustria schuldet der Staat allein der Industrie an (noch) nicht bezahlten Rechnungen und zuviel gezahlten Steuern über 50 Mrd. DM. Wie bei anderen Teilen der Staatsverwaltung hat es die Justiz mit allen bekannten Schwächen der italienischen Bürokratie zu tun: veraltete oder ungeeignete Gebäude und Strukturen, gravierende Mängel in der materiellen Ausstattung, zu wenig Personal auf allen Ebenen, hoher Formalismus der Prozeduren. Vom Bleistift bis zum Telefon, von der Sekretärin bis zum Faxgerät fehlt es häufig an dem Notwendigsten. Zusätzlich hat Tangentopoli dazu geführt, daß die schmalen Ressourcen mit Vorrang im Bereich der Strafjustiz eingesetzt wurden. Der alte Spruch „Italien: Wiege des Rechts und Grab der Gerechtigkeit" hat auch heute seine Gültigkeit nicht verloren.

Der Strafvollzug

Ähnliche Mängel zeigt auch der Strafvollzug. Die Soll-Kapazität der Gefängnisse beläuft sich gegenwärtig auf circa 30000 Haftplätze. Die tatsächliche Belegung hat gegenwärtig die Grenze der 50000 überschritten. Davon sind über die Hälfte Untersuchungshäftlinge ohne rechtskräftige Verurteilung. Als Folge ergeben sich teilweise miserable Haftbedingungen, ein hoher Gewaltvorfall und zahlreiche Selbstmorde (1992: 531) und Selbstverstümmelungen (1992: 4385). Die Gefängnisbevölkerung hat sich massiv verändert. Drei neue Gruppen sind hinzugekommen: die Drogenabhängigen (1992: 15000, darunter 4000 Aidskranke), straffällig gewordene illegale Einwanderer aus der dritten Welt und Untersuchungshäftlinge aus dem Tangentopoli-Komplex. Ein Aufenthalt in einem italienischen Gefängnis ist schon an sich eine traumatische Erfahrung – um so mehr für denjenigen, der nie mit dieser Möglichkeit gerechnet hat. 1993 erschienen mehrere halb humorvoll-witzig, halb ernstgemeinte „Führer" für potentielle Gefängnisinsassen. In seinem Roman „Todo Modo" beschreibt Leonardo Sciascia die psychologischen Schockerfahrungen einer unerwarteten Untersuchungshaft: „Wenn einer, der sich für mächtig hält, in Polizeigewahrsam kommt und die Schnürsenkel der Schuhe und seinen Gürtel abgeben muß, dann bricht er zusammen, mein lieber Freund, er bricht so vollständig zusammen, wie Sie sich das gar nicht vorstellen können." Nach dem neuen Strafprozeßgesetz von 1989 kann der Staatsanwalt Untersuchungshaft nur bei bestimmten Relikten und bis zu einer zeitlichen Obergrenze verhängen, die in Beziehung steht zu der möglichen Strafe. Für Korruption liegt das Höchstmaß gegenwärtig bei fünf Jahren Gefängnis. Der ermittelnde Staatsanwalt muß den Haftbefehl durch zwei weitere Untersuchungsrichter gegenprüfen lassen. Die Staatsanwälte haben von diesem Instrument – nach Meinung ihrer Kritiker – in einem extremen Maße Gebrauch gemacht, um so die Häftlinge „mürbe" zu machen und Aussagen herauszulocken. „Wenn die Untersuchungshaft dazu dient, Geständnisse ... zu erzwingen, so ist sie eine Verletzung der Menschenrechte", so

mahnte Staatspräsident Scalfaro schon im Juli 1993. Der Ermittlungsbescheid nahm vielfach die Form einer Vorverurteilung an.
Angesichts der großen Strukturschwächen der italienischen Justiz kann jeder Angeklagte, der sich gute Anwälte und mehrere
Prozeßrevisionen leisten kann, damit rechnen, innerhalb eines
Jahrzehnts dank einer Amnestie ohne rechtskräftige Verurteilung
davonzukommen. 95 % der bei Tangentopoli Beteiligten werden
die Gefängnisse Italiens nur dank der Untersuchungshaft ken-
nengelernt haben. Diese Voraussetzungen erklären, warum
große Teile der italienischen Öffentlichkeit – teilweise mit inqui-
sitorischer Härte – die Untersuchungshaft der vermeintlich oder
wirklichen Schuldigen gebilligt oder gar emphatisch begrüßt
haben. Die Habeascorpusgarantie scheint manchen Beobachtern
in Italien gefährdet. Der in den dreißiger Jahren emigrierte No-
belpreisträger Franco Modigliani sagte im November 1993: „Bei
einer Rückkehr hätte ich Angst vor den Handschellen. Wer
garantiert mir, daß ich nicht Opfer eines Justizirrtums werde?"

Tangentopoli

Die Phantomstadt von „Tangentopoli" wurde am 17. Februar
1992 erstmals von der Ferne sichtbar. Am Abend dieses Tages
ließ der Mailänder Staatsanwalt Antonio Di Pietro den Präsidenten des Mailänder Altersheims Pio Albergo Trivulzio, Mario
Chiesa, verhaften. Das „Trivulzio", eine Stiftung aus dem
18. Jahrhundert, war in Mailand Inbegriff für christliche Näch-
stenliebe, mitbürgerliche Solidarität und humanitäres Engagement. Dies mag einer der Gründe gewesen sein, warum der Fall
landesweit Aufsehen erregte. Gegen den sozialistischen Lokal-
politiker und Aufsteiger Chiesa, der seine Karriere Bettino Craxi
verdankte, war seit längerem ermittelt worden, seitdem seine ge-
schiedene Ehefrau wegen Nichtzahlung der Unterhaltsbeihilfe
Anzeige erstattet und Angaben über Milliardenkonten des Ex-
gatten gemacht hatte. Der umtriebige „Präsident" wurde in flagranti ertappt, als er eine „tangente" von bescheidenen 7 Mio.
Lire einkassierte. Die Presse berichtete genüßlich weitere bild-

reiche Einzelheiten: Bei der Durchsuchung seines Büros war es dem Überraschten gelungen, eine weitere Schmiergeldzahlung von 30 Mio. Lire durch das WC wegzuspülen. Diese Verhaftung war nicht nur ein glücklicher Zufallsfund, sondern auch das Ergebnis langfristiger, computergesteuerter Recherchen. Das neue, 1989 in Kraft getretene Strafprozeßgesetz hatte die Staatsanwälte ermächtigt, bei Verdachtsmomenten ohne Wissen des Betroffenen vertrauliche Voruntersuchungen zu führen. Di Pietro hatte eine Datenbank aller Ausschreibungen und Wettbewerbe der Kommune Mailand erstellt und diese Angaben mit den Namen der beteiligten Firmen verbunden. Die Durchleuchtung aller Geschäftsbeziehungen des Altersheimes führte zu raschen Ergebnissen. Auf den Konten und den Depots Mario Chiesas wurden nach und nach Vermögenswerte von über 15 Mrd. Lire beschlagnahmt.

In der Hoffnung, daß seine Partei ihn herauspauken würde, verlegte sich der Untersuchungshäftling Mario Chiesa auf eine Taktik des Schweigens. Für die Führung der sozialistischen Partei in Mailand und Rom kam der spektakuläre Fall höchst ungelegen. Die Parlamentswahlen vom April standen vor der Tür. Parteichef Bettino Craxi zielte auf die Wiedereroberung der Regierungsführung oder auf die Wahl zum Staatspräsidenten. Er versuchte deshalb, den Fall möglichst herunterzuspielen, und sprach von einem „kleinen Gauner", der das Ansehen der gerade zur Feier des hundertsten Jubiläums rüstenden sozialistischen Partei nicht mindern könne. De facto wurde Mario Chiesa wie eine heiße Kartoffel fallengelassen. Das war der psychologische Anstoß, der den ehrgeizigen Aufsteiger zum Auspacken bewog. Nach fünf Wochen Untersuchungshaft erzählte er dem inzwischen gebildeten Pool der Mailänder Untersuchungsrichter aus dem reichen Fundus seiner Insider-Kenntnisse. Was sich schon im Kampf gegen die Mafia bewährt hatte, die programmierte und koordinierte Zusammenarbeit einer Gruppe von Staatsanwälten, bewährte sich in Mailand erneut. „Mani pulite", die Partei der sauberen Hände, das Bündnis zwischen Staatsanwälten und öffentlicher Meinung war geboren. Die Aussagen Chiesas bestätigten die Thesen von Cazzola. Die Parteien in Mailand hatten, unter führender Mitwirkung der tonangebenden Sozialisten, ein zweites illegales Besteuerungssystem aufgebaut, das alle Bereiche der kommunalen Aktivitäten erfaßte. Bei kommunalen Bauvorhaben, wie Krankenhäusern, U-Bahnen, Schulen oder Flugplätzen, wurde den beteiligten Firmen ein Obolus abverlangt, der je nach Objekt zwischen 3 % und 20 % der geplanten Kosten betragen konnte. Das gleiche galt für alle städtischen Dienstleistungen. Die Gärtnerei oder der Steinmetz, tätig auf dem kommunalen Friedhof, mußten ebenso zahlen wie die Konzessionäre der Müllabfuhr oder die Lizenznehmer von Parkhäusern oder Einkaufszentren. Es lief nichts ohne einen Beitrag zu dieser „Pizzo"-Connection. Die eingegangenen Summen wurden nach einem bestimmten Schlüssel auf die Parteien verteilt, wobei der PSI in der Regel den Löwenanteil behielt. Es gab feste Tarife für Bauaufträge (5 %), Malerarbeiten (10 %) oder Reinigungsarbeiten (15 %). Christdemokraten und die Linksdemokraten (Exkommunisten) erhielten je 25 %, ein paar Brosamen fielen auch für die kleineren Parteien PDSI und PRI ab. Nach Aussagen von Maurizio Prada, dem langjährigen Mailänder Parteichef der DC, hat allein seine Partei seit 1979 illegale Gelder in Höhe von 20–30 Mrd. Lire erhalten. Dieses System der Verteilung hieß intern: „der ambrosianische Ritus" (nach dem Gründer des Mailänder Erzbistums, Bischof Ambrosius).

Zwischen Wirtschaft, Verwaltung und Parteien hatte sich längst ein System der Komplizenschaft eingespielt. Die beteiligten Firmen wurden geschröpft, aber bewahrten gleichzeitig das Privileg, als „insider" bei künftigen Aufträgen mit im Rennen zu bleiben. Vielfach hatte sich längst der Zusammenhang zwischen einem Verwaltungsakt oder einer Auftragsvergabe und einer Tangente-Zahlung aufgelöst. Die Firmen zahlten jährliche Kontributionen, um auf der Bewerberliste zu bleiben. Der Chef einer der großen italienischen Baufirmen, Vincenzo Lodigiani, hat z. B. über viele Jahre hinweg zuerst 1, dann 1,5 Mrd. Lire an die Parteileitungen von PSI und DC gezahlt.

Die Lawine der Ermittlungen

Aus dem Schneeball der Chiesa-Verhaftung wurde im Frühjahr 1992 rasch eine Lawine. Jede neue Verhaftung, jedes neue Geständnis zog mindestens ein Dutzend weiterer Verhaftungen und Aussagen nach sich. Taktisch geschickt hatten die Staatsanwälte auf der unteren Etage begonnen. Waren anfangs nur die kleinen und mittleren Figuren betroffen, so erfaßten die staatsanwaltschaftlichen Ermittlungen seit dem Sommer 1992 Politiker von nationalem Rang. So erhielten die früheren sozialistischen Oberbürgermeister von Mailand, Carlo Tognoli und Paolo Pilliteri, die Mitteilung, daß gegen sie ermittelt werde. Beide sind 1994 zu vier bzw. viereinhalb Jahren Gefängnis verurteilt worden. Eine zweite Stoßrichtung zielte in Richtung Wirtschaft. Bekannte Manager, Finanziers, Industrielle und leitende Angestellte von Großfirmen fanden sich eines Morgens in Untersuchungshaft wieder. Das Beispiel der Mailänder Richter machte Schule. Schrittweise begannen auch ihre Kollegen in Florenz, Rom, Neapel und Palermo Mut zu fassen und entschiedener gegen die ihnen längst bekannten, aber ohnmächtig geduldeten Mißstände anzugehen.

Innerhalb weniger Monate wurde der Pool der Mailänder Staatsanwälte in ganz Italien und weit über die Landesgrenzen hinaus bekannt. Wie eine Handvoll spanischer Ritter das Aztekenreich Montezumas erobert und zerstört hatte, so rückte die Gruppe von Richtern und Staatsanwälten einem festgepanzerten und nach vielen Richtungen hin abgesicherten politischen System zu Leibe und brachte es zum Einsturz. Daß bei ihrem Handeln auch politische Erwägungen mit im Spiel waren, haben die Mailänder Richter immer abgeleugnet. Sie seien nach dem Gesetz verpflichtet, alle ihnen zur Kenntnis kommenden Straftaten zu verfolgen. Über die möglichen Konsequenzen ihres Tuns müssen sie sich im klaren gewesen sein. Nach Regie zumindest sah aus, was man das Zusammenspiel mit den Medien nennen könnte. Bei der Vielzahl von Spuren und möglichen illegalen Handlungen besaß die Rechtsprechung einen großen Aktionsspielraum und eine ausgedehnte Entscheidungsfreiheit. Es ist den Richtern immer wieder der Vorwurf gemacht worden, daß sie auf dem linken Auge blind seien und nicht – oder nur in Ausnahmen – gegen die früheren Kommunisten, gegen Gewerkschaften und Genossenschaften ermittelten. Daran ist soviel richtig, daß der Hauptbereich der Untersuchungen die Sozialisten und die Christdemokraten betraf. Über die häufig im Morgengrauen stattfindenden Verhaftungen waren Presse und Fernsehen informiert und berichteten breit darüber. Auch die Ermittlungsgeheimnisse blieben in den seltensten Fällen gewahrt. Auszüge aus den Verhörprotokollen konnte man schon im Abstand von wenigen Tagen oder Wochen in der Presse lesen. 1993 wurden auch mehrere Prozesse im Fernsehen übertragen, so der gegen den Mailänder Kommunalassessor Walter Armanini (PSI) und der gegen einen der Hauptvermittler im Enimont-Skandal, Sergio Cusani. Die Reaktionen reichten von Mitleid bis zu lynchjustizähnlichen Rachegefühlen. Erst die kumulierenden Wirkungen von Enthüllungen und Öffentlichkeitsentrüstung provozierten die Lawineneffekte, die die Weltöffentlichkeit in Erstaunen versetzten.

Symbolfigur Antonio Di Pietro

Binnen weniger Monate wurden die Mailänder Richter zu Figuren des öffentlichen Interesses und der enthusiastischen Zustimmung. Der junge Staatsanwalt Antonio Di Pietro stieg rasch auf zum beliebtesten Italiener. Ende 1992 wählte ihn das Wochenmagazin *Panorama* zum „Mann des Jahres". Bei einer Umfrage im Mai 1993 nach der mächtigsten Persönlichkeit in Italien landete er mit großem Vorsprung vor Papst Johannes Paul II., Medienzar Silvio Berlusconi und Ministerpräsident Ciampi auf dem ersten Platz. Um diesen einfachen Bauernsohn aus der süditalienischen Bergregion Molise, der als Gastarbeiter in Deutschland gewirkt hatte und der über eine Polizeikarriere zur Justiz gekommen war, rankten sich rasch volkstümliche Legenden. Er erschien als ein Robin Hood, ein unerschrockener Kämpfer der Gerechtigkeit und Repräsentant eines vielfach enttäuschten, demotivierten und ratlos gewordenen Italien, ein Mann aus der Provinz, der in seiner catonischen Einfachheit (und bei seinem bescheidenen Beamtengehalt von 5000 DM netto) das Italien des Anstands, der Zuverlässigkeit und der Gesetzestreue verkörpert. Di Pietro wurde zum Symbol des Aufstandes der Anständigen, Inkarnation aller „italischen Tugenden" (so der Journalist Giorgio Bocca) und zur „letzten Bastion der Demokratie" (so die Tageszeitung *La Repubblica*).

Die Welt der Schmiergeldzahlungen

Was Di Pietro und seine Kollegen in Mailand, Turin, Florenz, Rom, Neapel und in vielen anderen Städten des Landes zutage förderten, übertraf auch die düstersten Befürchtungen. Der Umfang der Illegalität und der Korruption überstieg, so Giorgio Bocca, „mit gewaltigem Abstand unsere Verdächte und unsere Anklagen". „Wir alle wußten", so der Verfassungsrechtler Gianfranco Miglio, „daß es die Korruption gibt, aber zumindest keiner von uns Politikwissenschaftlern konnte sich vorstellen, welche Ausmaße sie angenommen hatte." Wir hören von Tag zu Tag, so der Sozialphilosoph Norberto Bobbio im Juli 1993, „daß der Umfang der Korruption unendlich viel größer war, als wir vermutet hatten". Die Aktion der Mailänder Richter „enthüllte ein so riesiges und auf allen Ebenen der National-, Regional- und Lokalpolitik verzweigtes System der Korruption, des Amtsmißbrauchs und der Illegalität", daß eine ganze politische Klasse delegitimiert wurde (Antonio Maccanico). Der Generaldirektor der Confindustria, Innocenzo Cipoletta, schrieb im August 1993: „Wir haben in einem System der Korruption gelebt, bei dem keine Berufskategorie auf ihre weiße Weste zeigen kann. Alle haben von der Korruption profitiert. Nicht nur der Kapitalismus, sondern ein großer Teil Italiens ist in den letzten Jahrzehnten ein Wilder Westen geworden." Die Insistenz der Mailänder Staatsanwälte brachte zutage, daß auch Banken und Großindustrie in das System der Schmiergeldzahlungen verwikkelt waren. Selbst solche Weltfirmen wie Ferruzzi oder Fiat hatten sich an diesen Zahlungen beteiligt. Ein scheinbar unbestechlicher Industrieller wie Carlo De Benedetti, der über seine Zeitungen und Zeitschriften wie *La Repubblica* und *L'Espresso* jahrelang einen Moralitätsfeldzug gegen die Korruption hatte führen lassen, mußte sich im Frühjahr 1993 als Lügner bekennen und zugeben, daß sein Olivetti-Konzern im Laufe der vorhergehenden 15 Jahre 20 Mrd. Lire an Schmiergeldzahlungen geleistet hatte – unter anderem, um nicht seine Monopolaufträge bei der italienischen Post zu verlieren. Bettino Craxi nannte ihn deshalb einen „Fürsten der öffentlichen Korruption". Alle diese Firmen könnten angeklagt werden wegen Bilanzfälschung, der Führung schwarzer Kassen und wegen Steuerhinterziehung. Der Olivetti-Konzern führte seit 1983 in seinen Bilanzen eine eigene, steuerlich veranlagte Rubrik „nichtdokumentierbare Ausgaben".

Ähnlich blamabel und aufschlußreich war das Verhalten des Fiat-Konzerns, der bis zum Frühjahr 1993 trotz Verhaftung mehrerer Manager jede Beteiligung an Tangentopoli kategorisch dementiert hatte. Unter der Last der Beweise vollzog der Konzern im April 1993 eine Wende um 180 Grad. Am 13.4. fand in Turin eine interne Tagung des Koordinationskomitees der Fiat-Werke statt, auf der der gesamte Gotha des Unternehmens vertreten war. Giovanni Agnelli konstatierte in seiner Ansprache, daß sich der Konzern in der schwierigsten Phase seiner Nachkriegsgeschichte befinde. Das politische System habe zu großen „Verzerrungen" und „Umweltverschmutzungen" geführt. Die augenscheinliche Beteiligung des Unternehmens an Tangentopoli habe im In- wie im Ausland einen gravierenden Imageverlust bewirkt. Unumgänglich sei eine Wende und eine realistische Bestandsaufnahme der Schäden und Verfehlungen.

Am 24.4. übergab der Vorstandssprecher Cesare Romiti der Mailänder Staatsanwaltschaft ein Memorandum, das eine Zusammenfassung der konzerninternen Ermittlungsergebnisse enthielt. Der Konzern wickelte Anfang der neunziger Jahre nur 3,4 % des Umsatzes mit staatlichen Institutionen in Italien ab, vor allem im Tiefbau, im öffentlichen Transport und beim Flugzeugbau (Fiat Ferrovia, Cogefar Impresit, Iveco, Fiat Avis).

Hier versprach Romiti rücksichtslose Klarheit und damit einen Beitrag der Fiat-Werke zum „moralischen Wiederaufbau" des Landes.

Nach dem Vorbild amerikanischer Großkonzerne wie General Motors oder IBM ließen die Fiat-Werke einen Moralkodex entwerfen, den alle Angestellten im Mai 1993 zu unterschreiben hatten. Hier hieß es in Art. 1: „Kein Angestellter der (Fiat-) Gruppe darf irgendeinem Angestellten oder Beamten der öffentlichen Hand Geldsummen oder Waren irgendwelcher Größenordnung versprechen oder übergeben, um so die Interessen einer oder mehrerer Gesellschaften der Gruppe zu begünstigen, selbst dann nicht, wenn er ungesetzlichen Pressionen ausgesetzt sein sollte." Art. 2 machte deutlich, daß zu solchen verbotenen Leistungen auch Konsulenzen, Werbungen, Sponsorbeiträge und ähnliches gehörten. Wer immer sich Forderungen der oben genannten Art ausgesetzt sah, sollte sofort die Geschäftsleitung informieren. Für massive Verletzungen dieses Verhaltenskodex war sofortige Entlassung angedroht.

Ein eigenes Kapitel verdiente die Geschichte der staatseigenen Unternehmen und Konzerne. Solche Großholdings wie IRI, ENI oder EFIM sind von den Parteien planmäßig okkupiert und für Finanzierungszwecke herangezogen worden. Die ENI etwa, die in den achtziger Jahren zu einer Domäne der Sozialisten geworden war, hat innerhalb eines Jahrzehnts aus schwarzen Kassen über 500 Mrd. Lire an die Parteien gezahlt und als „illegales Schatzamt" für die Regierungsparteien gedient.

Die Firmen und die Wirtschaftsvertretungen, so der Industriellenverband Confindustria, behaupteten, sie seien gezwungen und erpreßt worden. De facto jedoch profitierten, wenn auch auf perverse Weise, beide Seiten von dem System – auf Kosten der Allgemeinheit. Die zusätzlichen Kosten wurden auf den Preis umgewälzt. Bei öffentlichen Ausschreibungen wurde das Objekt einem schon vorher bestimmten Kandidaten zugeschlagen. Durch Planungsvarianten, Projektverlängerungen, Auftragsteilungen und viele andere Techniken mehr konnte bei Fehlen aller effizienten Kontrollen ein Mehrfaches der eigentlich möglichen Gewinne hereingeholt werden.

Korruption in der Staatsverwaltung

Die Aktion der Richter von „mani pulite" deckte bald auch gravierende Schäden innerhalb der Staatsverwaltung selbst auf. So zeigte die Verhaftung von mehreren hohen Repräsentanten des Richterstandes selbst, daß der Fäulnisprozeß auch hier um sich gegriffen hatte. Schließlich demonstrierten weit über hundert Verhaftungen von Angehörigen aller Dienstgrade der Finanzpolizei (Guardia di Finanza) (die auch schon in den siebziger Jahren in Bestechungsfälle verwickelt gewesen war), daß diese für Steuer- und Finanzkontrollen zuständige Elitetruppe korruptionsanfällig geworden war. Zahlreiche Großfirmen hatten Bilanzüberprüfungen und Steuerkontrollen unterlaufen, indem sie den kontrollierenden Beamten eine „bustarella", einen Diplomatenkoffer, gefüllt mit Geld, zuschoben. Auch hier hatte sich ein System der prozentualen Verteilung herausgebildet: 35 % für die drei „finanzieri", die Steuerprüfer „vor Ort", 15 % für ihren Vorgesetzten in der Kaserne, 50 % für die höheren Chargen. Diese Korruptionserscheinungen innerhalb des Staatsapparats erschienen vielen Beobachtern als noch gravierender als Tangentopoli selbst. Der Oberbürgermeister von Venedig, Massimo Cacciari, behauptete, 50 % der Schmiergeldzahlungen seien durch die Ineffizienz der Verwaltung selbst verursacht. Die Blockierungen, Hemmnisse und Verzögerungen seien so gravierend, daß die Wirtschaft nur mit diesen illegalen Instrumenten hätte arbeiten können. In der Tat zählt der Wiederaufbau einer effizienten, motivierten und statusbewußten Verwaltung zu den Kardinalproblemen der künftigen Politik. Die Verwaltungsreform muß man als „Mutter aller Reformen" betrachten. Kriminalitätsbekämpfung, Beschleunigung der Rechtsprechung, Steuerreform, effiziente Südförderung – fast alle diese Probleme hängen von der Voraussetzung ab, daß die öffentliche Hand auf allen Ebenen von der Komune bis hin zum Parlament wieder über eine leistungsfähige und zuverlässige Administration verfügt.

Prozeß gegen das politische System

Die Einzelvorgänge liefen so zusammen zu einem großen Prozeß gegen eine ganze politische Elite. Hier ergab sich das, was der Dichter Pier Paolo Pasolini schon 1975 kurz vor seinem gewaltsamen Tod gefordert hatte: einen Prozeß gegen den „palazzo", gegen das ganze politische System. Dieses hatte offensichtlich auf allen Ebenen des politischen Handelns zu einer negativen Elitenauslese geführt. Symptomatisch ist der bei einem der jüngsten Mailänder Prozesse gefallene Satz: „Der Betreffende hatte keine Chance, in der Organisation der sozialistischen Partei Mailands Karriere zu machen, er galt als zu anständig und naiv." War ursprünglich Geld nötig gewesen, um einen großen Parteiapparat zu unterhalten und um Politik zu machen, so kehrten sich in den achtziger Jahren die Zwecke um: Politik wurde zum Instrument, um Geld zu machen.

Welchen zusätzlichen Preis hat dieses System der „Umweltsteuer" der Gesellschaft aufgebürdet? Ein gut informierter hoher Staatsmanager wie Alberto Mario Zamorani schätzt die jährlichen direkten Kosten der Parteien auf 1500 Mrd. Lire. Davon sei ein Zehntel durch die legalen Staatszuwendungen gedeckt gewesen. Wie oben gezeigt, schätzte Franco Cazzola die Kosten für die achtziger Jahre auf jährlich 5 Mrd. DM. Eine ähnliche Schätzung veröffentlichte *Il Giornale Nuovo* im April 1993. Danach lebten in Italien circa 300000 Personen von der Politik. Der jährliche „Umsatz" wurde auf 5000 Mrd. Lire geschätzt. Andere Schätzungen ergeben weit höhere Werte. Der Wirtschaftswissenschaftler Mario Deaglio spricht allein für 1992 (also in einem Jahr, als der Beginn von „mani pulite" eine gewisse Moralisierung erzwang) von 10000 Mrd. Lire. Das Luigi-Einaudi-Institut in Turin schätzt die direkten und indirekten Kosten für die 13 Jahre 1980–1992 auf ca. 110000 Mrd. Lire. Der Wirtschaftswissenschaftler Giovanni Somogyi macht folgende Rechnung auf: Die Vergabe von Aufträgen der öffentlichen Hand belief sich Anfang der neunziger Jahre jährlich auf 130000–140000 Mrd. Lire. Niedrig geschätzt sind auf die Hälfte dieser Aufträge „tangenti" von 3%–20% gezahlt worden. Nimmt man einen (niedrigen) Mittelwert von 5 % an, so beläuft sich die Gesamtsumme jährlich auf 3500 Mrd. Lire. Franco Cazzola hat kürzlich eine Schätzung ausgesprochen, die weit über dieser Summe liegt, nämlich jährlich 15 000 Mrd. Lire.

Die Ansichten gehen hier weit auseinander. Das liegt unter anderem daran, daß niemand weiß, ein wie hoher Anteil dieser Brandschatzungen in die privaten Taschen der „Steuereinneh-mer" geflossen ist. Den Intentionen nach sollte es sich hier um untadelige Personen mit absoluter Parteiloyalität handeln. De facto begünstigte das System die dubiosesten Figuren. Nach Schätzungen sind nur 30 % der gezahlten Summen in die Partei-kassen gelangt. Merkwürdigerweise ist nie etwas darüber be-kannt geworden, ob die Parteien eine Art illegaler geheimer Justiz für den Fall von Unterschlagung oder Veruntreuung von Geldern gehabt haben. An vielen Beispielen läßt sich zeigen, daß Tangentopoli Anlaß für große private Bereicherungen geworden ist. Die hier praktizierte Doppelmoral wird noch in einem kürz-lichen Ausspruch des früheren Staatspräsidenten Francesco Cos-siga sichtbar: „Wer die tangenti genommen hat, um sich eine Villa zu bauen, mit dem könnte ich niemals essen gehen. Ich kann aber mit dem gehen, der die tangenti für die Partei genom-men hat. Ich hätte sonst auch binnen weniger Wochen nieman-den mehr, mit dem ich speisen könnte."

Ebensowenig ist bislang darüber bekannt, wie die Parteiver-waltungen die „doppelte" Buchführung, bei der es einen „lega-len" kleinen und einen „illegalen" großen Haushalt gab, in der Hand behalten und kontrolliert haben. Bei den Sozialisten gab es sogar Jahresvoranschläge, wo die erwarteten „Beiträge" der Fir-men und Firmengruppen aufgeführt waren. Es ist belegt, daß Bettino Craxi sich monatlich über den Stand der Parteifinanzen informiert hat und „säumige" Firmen mit der Androhung von Gunstentzug mahnen ließ.

Zahlungen liefen vielfach noch „in bar". Die werthöchste Stückelung in Italien ist der 100 000-Lire-Schein. So ergibt sich rasch ein Raumproblem. Jenseits der 500-Mio.-Grenze reicht auch ein Aktenkoffer nicht mehr für die Flut der Scheine. Die DC-Zentrale ließ zeitweilig einen Kurier im Privatflugzeug von

Rom nach Bergamo, dem Sitz der Hausbank, fliegen. Vorsichtigere Transaktionen gingen von „Ausland zu Ausland" auf Geheimkonten in der Schweiz, auf den Bahamas, in Luxemburg oder in Hongkong. Die höchst unterschiedlichen Schätzungen erklären sich u. a. daraus, daß der Bereich der illegalen Parteifinanzierung kaum zu trennen ist von allen anderen Formen „normaler" Korruption und gewöhnlicher krimineller Erpressung. Wenn eine Berlusconi-Zeitung wie das *Giornale* mit den Worten des Chefredakteurs Vittorio Feltri die Bestechung von Steuerpolizisten für ein Kavaliersdelikt und für eine allgemein übliche Praxis in der italienischen Wirtschaft erklärt, so verschwimmen in der Tat die letzten Grenzen. Feltri schreibt: „Die ‚Tangenti' mit den ‚Bustarelle' (Briefumschläge) zu verwechseln, ist reiner Aberwitz. Aufzulisten, wer die Finanzpolizisten bezahlt hat, wäre ein titanisches Unternehmen. Weit leichter wäre eine Aufstellung derjenigen, die *nicht* gezahlt haben" (Giornale 23. 11. 1994).

Bestandsaufnahme nach einem Jahr

Eine Bestandsaufnahme der „mani pulite" nach gut einem Jahr zeigt die Dimensionen, die die Offensive der Staatsanwälte bis dahin angenommen hatte. In ganz Italien gab es bis zum 31. 3. 1993 im Zusammenhang mit „Tangentopoli" 1356 Verhaftungen und über 1000 Ankündigungen von Untersuchungsverfahren (avviso di garanzia). 152 Abgeordnete und Senatoren waren betroffen sowie 852 Politiker auf der Ebene der Regionen, Provinzen und Kommunen. Bei den Unternehmern, Angestellten und Beamten hatte die Aktion 1487 Personen erfaßt. Nach Parteien aufgeschlüsselt ergaben sich folgende Daten: Democrazia Cristiana: 465, PSI: 288, PDS: 71, PSDI: 39, PRI: 31, PLI: 20, MSI: 4. Eine geographische Verteilung zeigt folgendes Bild: Lombardei: 501, Venetien: 287, Kampanien: 254, Latium: 236, Abruzzen: 232, Kalabrien: 156, Sizilien: 132, Apulien: 128, Piemont: 127, Toskana: 122. Auffällig niedrig lagen die Daten für die Emilia Romagna (61) und Umbrien (23).

Weit schlimmer noch als der materiell-finanzielle Aderlaß war der moralische und psychologische Schaden. Wie ein Krebsübel hatten sich die Illegalität, die Doppelmoral und der mit ihr verbundene Zynismus im Bewußtsein und im Verhalten wachsender gesellschaftlicher Gruppen eingefressen und immer weitere Bevölkerungsschichten erfaßt. Das System begünstigte eine negative Elitenauslese und propagierte Verhaltensweisen, die bis auf den gesellschaftlichen Alltag abfärbten.

Auch wenn es für politisch-ökonomische Korruption in der Gegenwart zahlreiche Vergleichsmöglichkeiten gab und gibt, etwa in Frankreich, in Spanien oder in Japan: das italienische Beispiel erschien den Beobachtern einzigartig durch seine Breite und seine Systematik, eine Art institutionalisierter Diebstahl an der Allgemeinheit. Selbst ein so vorsichtiger Beobachter wie Ministerpräsident Carlo Azeglio Ciampi sprach 1993 von einer „allgemein verbreiteten Korruption" und einem „System von tangenti, das die Unternehmen mit verdeckten Kosten belastete, die Preise für öffentliche Aufträge in die Höhe trieb und die Qualität der Ausführung verschlechterte". Dies war ein System, das „enorme Summen" verschlang und den Wettbewerb verhinderte. Aus der Korruption als physiologischer Begleiterscheinung parlamentarisch-demokratischer Systeme war ein pathologisches Phänomen geworden. Staatsanwalt Antonio Di Pietro prägte hierfür den Begriff der „ambientalen Parallelsteuer" (dazio ambientale).

Nach Ansicht des Wirtschaftsjournalisten Giuseppe Turani handelte es sich bei den „tangenti" um eine Zusatzsteuer, die in keinem Gesetzestext steht, welche auch die Unternehmer auf gleich zweifache Weise in die Illegalität zwang: Sie mußten zuerst ihre Bilanzen fälschen, um das Schwarzgeld, das sie für die „tangenti" brauchten, zu verbergen. Und wenn der Unternehmer erst einmal gezwungen worden war, sich in derartigem Maße illegal zu verhalten – dann mußte er immer mehr schwarzes Geld in den Bilanzen verstecken. Denn nun mußte er seinerseits auch die Steuerbehörde oder die Aufsichtsämter bestechen. Die „tangente" sei Ausdruck eines ganzen politischen Systems, schreibt die Politologin Marcella Andreoli. „Sie erfordert eine komplexe Organisation, einen Verhaltenskodex, einen Apparat, ein Gefüge von Allianzen, Köpfe von Denkern und Köpfe von Ausführenden." Am Ende ist sie „das Produkt einer kranken Politik, die ihrerseits andere Krankheiten hervorbringt".

Die Tangentopoli-Krise erreichte ihren Höhepunkt im Sommer 1993. Die abendlichen Fernsehnachrichten glichen Kriegsbulletins: kein Tag ohne einen Stapel von Ermittlungsbescheiden, und kein Tag ohne die Verhaftung eines Dutzend von Politikern, Unternehmern, Managern oder Staatsbeamten. Der Ritus der Sensation war fast immer der gleiche: Handschellen, bleiche und übernächtigte Gesichter, Blaulicht und Sirenen der Carabinieri-Wagen, Kaserneneingänge mit sich öffnenden und schließenden Toren und lange Berichte über Aussagen und Enthüllungen der Untersuchungshäftlinge. Auf den Selbstmord des früheren Präsidenten der Energieholding ENI, Gabriele Cagliari, nach vier Monaten Untersuchungshaft am 20. 7. 1993 folgte fast unmittelbar der Freitod einer der bekanntesten Unternehmerfiguren. Am 23. 7. erschoß sich Raul Gardini aus Furcht vor der bevorstehenden Verhaftung in seiner Mailänder Stadtwohnung, dem Palazzo Belgioioso. Hier wurde sichtbar, wie häufig das Umfeld von Tangentopoli auch die Züge von individuellen und kollektiven Tragödien annahm. Hier wäre von mindestens zwei Dutzend Selbstmorden zu berichten. Die richterlichen Ermittlungen zeigten später, daß Gardini als langjähriger Leiter des Feruzzi-Konzerns mehr als unorthodoxe Führungsmethoden praktiziert hatte. Allein beim Verkauf der Kapitalanteile des Enimont-Konzerns an den Staat 1990 war eine Maxitangente von 135 Mrd. Lire für die Parteien angefallen. Nicht nur illegale Parteienfinanzierung wird Gardini zugeschrieben, sondern auch Bilanzfälschungen, Schwarzkonten und Bestechungen. Acht Jahre Management des Feruzzi-Konzerns endeten mit einer Katastrophe: Die Familie mußte verkaufen; die Schlußbilanz lautete 33 Mrd. DM an Verlusten, der größte Firmenzusammenbruch, den Italien je erlebt hat. Einen ebenso großen Schock für die Öffentlichkeit bildete die Verhaftung einer ganzen Reihe von hohen und höchsten Beamten aus der römischen Zentralverwaltung. Hier ging es zumeist nicht um illegale

Parteienfinanzierung, sondern um reine Korruption. Eine quasi symbolische Rolle übernahm der Generaldirektor des Gesundheitsministeriums, Duilio Poggiolini, der über zwei Jahrzehnte hinweg entscheidenden Einfluß auf die Zulassung und die Preisgestaltung von Pharmaka besessen hatte. Die italienische und die internationale Pharma-Industrie hatten nolens volens diese graue Eminenz über lange Zeit mit fürstlichen Geschenken und geldlichen Zuwendungen bedacht. Die Polizei fand bei der Durchsuchung seiner römischen Wohnungen Geld, Schmuck, Gold, Silber, Antiquitäten, Kunsthandwerk und Gemälde im Gesamtwert von einer viertel Milliarde DM. In Ausübung staatlicher Funktionen hatte sich dieser Mann in einer Weise bereichert, für die es vermutlich selbst in Italien keine vergleichbaren Beispiele gab. Dieser König Midas ist, wie Schüleraufsätze zeigen, als ein neuer „Onkel Dagobert" in die Volksphantasie eingegangen.

Das Trommelfeuer von Nachrichten und Sensationen, das sich seit dem Herbst 1993 nochmals intensivierte, als die ersten Prozesse im Fernsehen gezeigt wurden, hat vielfach den Eindruck hervorgerufen, es gäbe einen grundlegenden Unterschied zwischen dem korrupten „Regime" und dem völlig delegitimierten Parteiensystem auf der einen und dem ahnungslosen und moralisch entrüsteten „Volk" auf der anderen Seite. Alle Versuche der Politik, das Brandfeuer der Entrüstung und der moralischen Verdammung durch gesetzgeberische Akte zu zähmen und unter Kontrolle zu bringen, schlugen fehl.

De facto jedoch hat man die Gegenüberstellung von amoralischer Politik „dort oben" und dem moralisch entrüsteten „Jedermann" „hier unten" mit Skepsis zu betrachten. Der katholische Historiker Pietro Scoppola urteilt: „Die Korruption hängt eng mit der Politik zusammen, hat aber tiefe Wurzeln in der Seele der Italiener, in ihrer Mentalität und in den Gebräuchen des Landes." Ähnlich skeptisch schrieb im April 1993 der *Corriere della Sera*: Was heißt „moralische Revolution", wenn die Masse der Italiener ihr Verhalten in keinem Punkt verändert hat? „Hat vielleicht die Abwesenheit der Beamten in den staatlichen Ämtern abgenommen? Ist die Steuerhinterziehung zu Ende? Die fortlaufende Mißachtung der Straßenverkehrsordnung? Der Mißbrauch öffentlichen Guts in jeglicher Form?"

Wie wenig Widerhall die Moralitätsoffensive der Mailänder Richter im ethischen Bewußtsein breitester Bevölkerungsschichten fand, zeigten 1993 zwei Untersuchungen über „Tangenti im Beichtstuhl". Zwei Journalisten hatten, mit Tonband bewaffnet, einige Dutzend „Beichten" in verschiedenen Kirchen ganz Italiens abgelegt und sich dabei als „reuige" Tangenti-Nehmer oder -Spender ausgegeben, d. h. als Politiker, Industrielle oder Kleinunternehmer. Alle beteiligten Priester zeigten sich überzeugt, daß die Aktionen der Justiz politischen Zwecken dienten. Die Richter handelten nicht guten Glaubens. Ein Gang zum Gericht und eine Selbstanzeige seien nicht nötig. Niemand brauche sich selbst anzuklagen. Die Fehlhandlungen müßten aus der Sicht des Augenblicks betrachtet werden, in dem sie geschehen seien. Das unrechtmäßig erworbene Gut könne für wohltätige Zwecke gestiftet werden. Rückgabe an den Staat sei nur nötig, wenn ein Gerichtsurteil ergangen sei. Fazit: Reue für heute und Besserung für morgen und Schwamm über das Geschehene.

In diesen Zeugnissen spiegelt sich ein Gutteil der Realität Italiens. Die Sündenvergebung ist ein integraler Bestandteil der katholischen Kultur des Landes. Der alte wackere Johann Gottfried Seume, Republikaner und Protestant, der 1803 Italien zu Fuß auf dem Weg nach Syrakus durchquerte, fand schon damals, „der Begriff der Verzeihung hindert meistens das Besserwerden". „Die Vergebung der Sünden ... gehört zu den Gängelbändern der geistlichen Empirik, damit ja niemand allein gehen lerne." Diese „entsetzliche Gnade" herrsche in Italien „im größten Umfange und Unfuge". Die Vorstellung, daß man mit einem „condono", einem Strafnachlaß oder einer Amnestie, eine verfahrene Situation wieder ins Lot rücken könne, wandert als Konzept und als Realität durch die Nachkriegsgeschichte Italiens. Die Gefängnisse wurden periodisch durch die Amnestierung der verbleibenden Strafzeit freigeräumt. Ähnlich gab es „condoni" für Steuerschulden, für nicht gezahlte Gebühren (Fernsehen, Müll usw.) und für manches andere mehr. Von den wiederholten Amnestien für illegales Bauen war schon die Rede.

Ein beträchtlicher Teil der Italiener hielt schon 1992/93 den Verfolgungseifer und die „calvinistische" Strenge der Mailänder Richter für übertrieben. Von der verbreiteten Illegalität hatten viele, ja vielleicht sogar die Mehrheit profitiert. Seit dem Herbst 1993 wuchs die Sehnsucht nach der Rückkehr zur Normalität. Von den Wahlen des 27. März 1994 wird im nächsten Kapitel zu sprechen sein. An diesem Tag hat die Mehrheit der Italiener – nach Ansicht der Tageszeitung *La Repubblica* – „gleichzeitig *gegen* die Parteien und *für* eine Amnestie der Betrügereien der Parteien gestimmt".

Ein Schlußstrich unter Tangentopoli?

Die Richter haben frühzeitig gesehen, daß eine rein juristische Aufarbeitung von Tangentopoli nicht möglich sein werde. Seit der Jahreswende 1992/93 sprachen die Mailänder Staatsanwälte von der Notwendigkeit einer *politischen* Lösung des Problems. In den folgenden Monaten haben sie immer wieder darauf hingewiesen, daß bei den Strukturschwächen der italienischen Justiz, ihrem schleppenden Arbeitstempo und der immer weiter wachsenden Zahl der zu führenden Prozesse die Gefahr der Verjährung von Tag zu Tag wachse. Der Mailänder Pool hat eine Reihe von Vorstellungen entwickelt, wie man einen Schlußstrich unter Tangentopoli ziehen könne. Die Grundidee dabei war, daß man dem fliehenden Feind goldene Brücken bauen müsse. Diese Projekte gipfelten in einem Gesetzesvorschlag vom 7.9.1994. Danach sollte der Gesetzgeber ein hohes Maß an Strafnachlaß allen denjenigen gewähren, die innerhalb eines bestimmten Zeitraumes, z.B. drei Monaten, sich bereit erklärten, mit der Justiz zusammenzuarbeiten. „Nur der Bruch der Solidarität zwischen den Parteien des illegalen Tauschs öffnet konkrete Möglichkeiten der Bestandsaufnahme und der Unterdrückung." Rückzahlung der illegalen Gelder und Verzicht auf politische Aktivitäten zählten zu den weiteren Punkten des Projekts. Die faktische Amnestie sollte begleitet sein von einer deutlichen Verschärfung der Strafandrohung für unentdeckt gebliebene, vergangene und für künftige Illegalität. Für passive und aktive Bestechung, „ein Verbrechen der gravierendsten Bedeutung", sollte die Höchststrafe von bislang fünf auf acht (für normale Bürger) bzw. zwölf Jahre (Staatsangestellte und Beamte) heraufgesetzt werden.

Mit diesen Vorschlägen haben die Richter bei der Regierung Berlusconi kein Gehör gefunden. Der Konflikt zwischen Politik und Justiz, der sich schon seit Beginn der neunziger Jahre abzeichnete, ist in den beiden letzten Jahren mit einer bislang unbekannten Härte und Erbitterung in immer neuen Waffengängen ausgefochten worden. Die Regierung Amato machte Anfang März 1993 in der Form eines überraschend verabschiedeten Gesetzesdekretes einen ersten Vorstoß, unter Tangentopoli einen Schlußstrich zu ziehen. Dieses Dekret, das die illegale Parteienfinanzierung entkriminalisieren und zu einer mit Geldbußen zu ahndenden Ordnungswidrigkeit herabstufen wollte, scheiterte an dem empörten Aufschrei der Öffentlichkeit und der verneinten Unterschrift von Staatspräsident Scalfaro. Einen zweiten Vorstoß unternahm die Regierung Berlusconi. Am 14. 7. 1994 erließ Justizminister Alfredo Biondi ein Dekret, das die Möglichkeiten zur Verlängerung von Untersuchungshaft weitgehend einschränkte, die Ermittlungschancen der Staatsanwaltschaften neu definierte und die Rechte der Verteidiger erweiterte. Berlusconi sprach von dem Kampf „der Partei der Rechtssicherheit und der Freiheit" gegen die „Partei des Gefängnisses und der raschen Handschellen". Licht gegen Finsternis. Gleichzeitig ließ er über seine Fernsehsender die Mailänder Richter als verantwortlich für die Selbstmorde und als „Mörder" attackieren.

Auch dieses „decreto salva-ladri" (die „Rettet-die-Diebe-Verordnung") scheiterte nach einer Woche heftigster Polemiken an dem Widerstand breiter Teile der Presse und der Öffentlichkeit. Die Mailänder Richter traten vor die Fernsehkameras. Antonio Di Pietro verlas eine kurze gemeinsame Erklärung, in der es hieß, unter diesen Umständen sähen sie sich außerstande, ihre Arbeit fortzusetzen. Die Regierung mußte sich zähneknirschend auf den Rückzug begeben, ihr Dekret zurückziehen und den langwierigen Weg einer normalen parlamentarischen Gesetzesinitiative antreten, die bis zum Jahresende 1994 noch nicht zu konkreten Ergebnissen geführt hat.

So geht das Duell zwischen der Justiz und der römischen Exekutive weiter. Gegen den Vorwurf, sie leiteten nur spektakuläre Untersuchungsverfahren ein, vernachlässigten aber die Prozesse selbst, veröffentlichen die Mailänder Richter im Oktober 1994 folgende Statistik: Danach wurden durch das Mailänder Gericht bislang gegen 847 Personen Gerichtsverfahren eingeleitet. Davon wurden verurteilt 221 (davon mit Kompromiß [patteggiamento) und deshalb rechtskräftig 172), Freispruch oder Tod: 32; erstattete Summen: circa 31 Mrd. Lire; unter Sequester: 42 Mrd. Lire; auf ausländischen Konten sichergestellt: circa 100 Mrd. Lire. Eine grobe Übersicht nennt im Dezember 1994 für alle Staatsanwaltschaften: 10000 Ermittlungsverfahren, 3000 Ermittlungsbescheide und 4000 Einlieferungen in Untersuchungshaft. Auch wenn man unter den oben genannten Schätzungen von Tangentopoli die niedrigsten ansetzt: bis jetzt ist trotz großer Anstrengungen kaum mehr als ein Bruchteil der Illegalität aufgearbeitet worden. Carlo De Benedetti hat über einen Moment seines Verhörs durch Antonio Di Pietro im Mai 1993 berichtet: „Er fragte, ‚an welchem Punkt sind wir Ihrer Meinung nach bei unseren Untersuchungen?‘“ Seiner Meinung nach war über die Hälfte geschafft. „Ich habe ihm gesagt: ‚Doktor Di Pietro, vielleicht 10 %!‘.“

Am 22. November 1994 stellten die Mailänder Richter Ministerpräsident Silvio Berlusconi einen Ermittlungsbescheid zu. Gegenstand der Ermittlungen sind Zahlungen der Fininvest-Gruppe an die Finanzpolizei in den Jahren nach 1989. Das hat es in der Geschichte Italiens nach 1945 noch nicht gegeben: ein amtierender Ministerpräsident, gegen den gerichtliche Ermittlungen laufen. Zwei Wochen später entzog das Kassationsgericht die Kompetenz für die Finanzpolizei-Prozesse den Mailänder Richtern und verlegte sie nach Brescia.

Die Offensive der Richter droht zu einem Pyrrhussieg zu werden. Die moralische Hochspannung der Jahre 1992/93 ist einem Klima der Enttäuschung und der Resignation gewichen. Der Schwung ist weg, die Luft ist raus. Sobald sich die Krisis überstürzt hat, so schreibt Jacob Burckhardt in seinen „Weltge-schichtlichen Betrachtungen", so tritt „eine Epoche der Ermü-dung" ein, und „die früheren Machtmittel der älteren Routine" reorganisieren sich. An einem solchen Punkte scheint Italien heute zu sein. Aber sehen wir, was auf der politischen Bühne selbst 1993/94 geschehen ist.

VII. Das Triumvirat der Neuen:
Bossi, Fini und Berlusconi

Die Vorgänge 1993/94 sind noch zu zeitnah, als daß man sie historisch schon verorten könnte. Wie in den Zeiten der ausgehenden römischen Republik agiert im Augenblick auf der italienischen Bühne ein Triumvirat, von dessen Absprachen und Entscheidungen ein Gutteil der Zukunft des Landes abhängen wird. Umberto Bossi und Gianfranco Fini ebenso wie Silvio Berlusconi sind Newcomer in der politischen Landschaft Italiens und gewissermaßen Hervorbringungen der vorstehend geschilderten Identitäts-, Finanz-, Rechts- und Moralkrise.

Die Lega-Bewegung

Die von Umberto Bossi 1982 gegründete Lega Lombarda blieb lange Zeit unbeachtet und fast ohne Erfolg. Diese „Antipartei" versuchte, den Protest gegen den Zentralstaat, gegen die Parteienmißwirtschaft, gegen die Steueroppression und gegen die „Überfremdung" aus dem Süden zu kanalisieren und auf ihre Mühlen zu leiten. Im ersten, bis heute unverändert gebliebenen Programm von 1983 forderte die Lega die Anerkennung einer „lombardischen" Identität, Föderalisierung des italienischen Staates, Vorrang der „Einheimischen" bei der Verteilung von Arbeitsplätzen, Wohnraum, Sozialleistungen und in der medizinischen Versorgung; stärkere Berücksichtigung des „lombardischen Volkes" bei der Reorganisation von Verwaltung und Schule, weitgehende Steuerhoheit der Region. In der Nr. 1 der Zeitschrift *Lombardia autonomista* schrieb der damals noch völlig unbekannte gescheiterte Ex-Medizinstudent Umberto Bossi 1982 „Lombarden!... Unser fundamentales gemeinsames Interesse ist die Befreiung der Lombardei von der habgierigen und erdrükkenden Hegemonie der Zentralregierung in Rom. ... Die Lombardei will nicht der Blöde (fesso) sein, der die Schulden anderer bezahlt. Die Lombardei will nicht passiv Rom in den Bankrott folgen. Sie will nicht auf dem Altar der römischen Mißregierung die Rechte ihrer Bürger, den Schweiß ihrer Söhne, den Fleiß ihrer einfachen Leute und die Identität ihres Volkes opfern."

Der Begriff der „Lega" bezog sich auf den „Lombardischen Städtebund", der 1176 das Heer Kaiser Friedrichs I. Barbarossa auf dem Schlachtfeld von Legnano besiegte. Als Anführer und Held des damaligen Bundes galt ein (historisch nicht belegter) Alberto da Giussano, dessen Mythos in der Nationalromantik des 19. Jahrhunderts fleißig gepflegt wurde und dessen Denkmal auf dem Marktplatz in Legnano steht. Bossi und ein kleiner Kreis von Getreuen „erfanden" die Mythen, die Symbole und die Embleme der neuen Bewegung: Hymne, Fahne, Riten. Das alles schien eine folkloristische Kuriosität und wurde von Presse und Parteien totgeschwiegen oder als „faschistisch" bekämpft, bis dann in der zweiten Hälfte der achtziger Jahre der mächtiger werdende Wind des Steuerprotests die Segel der neuen Bewegung zu schwellen begann. Bei den Parlamentswahlen 1987 gelang es Bossi als erstem Vertreter der Lega, in den Senat gewählt zu werden. Deshalb der noch heute ihm anhängende Titel des „Senatúr" (lombardisch: Senator). 1989 gründete er mit den in vielen anderen Teilen Norditaliens entstandenen Regionalbewegungen die „Lega Nord". Die Kommunalwahlen vom Mai 1990 brachten dann den politischen Durchbruch. In der Lombardei kam die Lega auf über 20 %. Der latente Wählerprotest hatte ein Ventil gefunden. Die Ligenbewegung in den anderen Teilen des Nordens bot weniger spektakuläre Ergebnisse.

Insgesamt zeichneten sich für die politische Gesamtlandschaft Italien mögliche erdrutschartige Verschiebungen ab: ein starker Rückgang aller etablierten Parteien im Norden, mit besonders massiven Verlusten für die Democrazia Cristiana. „Diese Republik ist im Bewußtsein der Italiener gestorben", schrieb der *Corriere della Sera*. Im Sommer 1990 trat Bossi mit dem Vorschlag an die Öffentlichkeit, den Einheitsstaat umzugründen in einen Staatenbund aus dem Nord-, einem Mitte- und einem

Südstaat. Im Juni 1991 proklamierte Bossi sogar auf einer Groß-versammlung die (symbolische) Gründung der „Republik des Nordens". Um die Reaktion der öffentlichen Meinung zu prüfen und die Widerstandskraft des Zentralstaates zu testen, brachte man „versuchsweise" Münzen, Briefmarken, Pässe und andere Attribute staatlicher Souveränität in Umlauf.

Hinter den hier sichtbar werdenden Forderungen steht die tiefe Unzufriedenheit breiter Bevölkerungsgruppen mit der Funktionsweise und den Dienstleistungen der öffentlichen Hand, zugleich aber auch eine tiefe, rassistisch getönte Abnei-gung gegenüber dem Süden, der vielfach mit Ineffizienz, bour-bonischer Mißwirtschaft, Korruption und Großkriminalität gleichgesetzt wird. Im ersten Teil dieses Bandes (Kapitel III und IV) ist von diesen Problemen ausführlich die Rede gewesen. Zwischen dem Norden und Süden ist nach dem Eindruck des kalabrischen Journalisten Salvatore Scarpino ein „Vorhang aus Zorn und Verdächtigungen" niedergegangen. Die Entdeckung von „Tangentopoli" mußte dieser Protestbewegung erhebliche neue Energien zuführen.

Bei den Parlamentswahlen am 5. April 1992 kam die Lega Nord/Lega Lombarda von 0,5% auf 8,7% und wurde so in vielen Provinzen Norditaliens zur stärksten Partei, mit Spitzen-werten bis zu 40%. Dieser Erfolg bestätigte und verstärkte sich bei den Kommunalwahlen im Juni 1993, wo die Lega zahlreiche Rathäuser im Norden eroberte. Einen symbolischen Wert hatte der Erfolg in Mailand, wo bei den Stichwahlen der Kandidat der Lega, Marco Formentini, den Kandidaten der Linken besiegte. Nicht jedoch gelang der „Durchmarsch zu den Meeren". Sowohl in Genua wie in Venedig kamen Kandidaten der Linken zum Sieg. Selbst die Eroberung von Turin gelang nicht. Mit der Gründung von „Ligen" in Mittel- und Süditalien hatte man gehofft, föderalistische Bewegungen auch außerhalb der „Pada-nia", der Po-Ebene, ins Leben rufen zu können. Auch diesem Projekt war kein Erfolg beschieden.

Die Lega ist bis heute eine Bewegung der „kleinen Leute" geblieben, die ihren Hauptrückhalt in dem Kleinbürgertum der Provinz besitzt: Kaufleute, Handwerker, Selbständige, Angestellte, Kleinunternehmer, Bauern. Die Jugend ist weit überproportional vertreten. Sie repräsentiert eine Rebellion der Mittelschichten, die Einkommen, Status und berufliche wie gesellschaftliche Zukunft gefährdet sehen. Gleichzeitig äußert sich in der Lega-Bewegung der Wunsch nach „Heimat" und nach Rückverlagerung der Politik auf bürgernähere Entscheidungsebenen.

Der Volkstribun Umberto Bossi mit seinem missionarischen Führungsstil leitet eine charismatisch strukturierte Bewegung, der es an jeder demokratischen Legitimation mangelt. Die Führung der Bewegung liegt in der Hand einer kleinen Gruppe von sorgfältig ausgesuchten „Vertrauten", die auf den Chef, den „Senatúr", eingeschworen sind. Die Willensbildung und Entscheidungsfindung geht von oben nach unten. Formen demokratischer Willensbildung mit Abstimmung und Mehrheitsentscheidungen finden so gut wie nicht statt.

Die dialektgeprägte politische Rhetorik Bossis spiegelt die Alltagssprache von Bar und Marktplatz. Sie ist durchsetzt mit Schimpfworten und mit zahlreichen Anspielungen auf Gewalt und Sexualität. Berühmt-berüchtigt wurde sein „La Lega c'e l'ha dura" (der Lega steht's). Diese verbale Gewaltbereitschaft spiegelt sich auch in den Slogans der Bewegung, so etwa: „Roma ladrona, la Lega non perdona" (räuberisches Rom, das verzeiht die Lega nicht). In der Kammer zeigten Lega-Abgeordnete demonstrativ die Schlinge eines Henkerstricks. Bossi schwadronierte von den 300000 bewaffneten „Legisten", die er bei einem Marsch auf Rom einsetzen könnte. Rom nahm diese Zeichen verbaler Gewaltbereitschaft immerhin so ernst, daß Heer und Polizei in einem Manöver auf die Einsatzbereitschaft im Fall von bürgerkriegsähnlichen Unruhen im Norden überprüft wurden.

Bossi hat bei seinen Föderalisierungsforderungen immer offengelassen, ob er als Ultima ratio auch die Sezession in Erwägung zieht. „Die föderalistische ethnische Politik", so die Jesuitenzeitschrift *Civiltà Cattolica*, „zerstört jene mit so vielen Opfern erreichte kulturelle, moralische und politische Einheit unseres Landes." Italien würde sich dann „auflösen in eine Vielheit von miteinander verfeindeten und sich bekämpfenden Partikularismen".

„Das Wort Italien", so schrieb Fürst Metternich am 12. April 1847 an den österreichischen Botschafter in Paris, Graf Apponyi, „ist nur eine geographische Bezeichnung, ein für die Bezeichnung der Sprache nützlicher Begriff. Dieses Wort ist ohne politischen Wert, den die revolutionären Ideologen ihm beizulegen suchen. Er ist voll von Gefahren für die Existenz der Staaten, die sich auf der Apenninhalbinsel befinden." Dieser skeptisch-zynische Ausspruch Metternichs könnte noch einmal aktuell werden.

Vom Movimento Sociale zur Alleanza Nazionale

1993 ist ein Akteur auf die politische Bühne Italiens zurückgekehrt, der der Entwicklung der letzten Jahrzehnte nur als schweigender steinerner Gast beigewohnt hatte: der Post- und Neofaschismus. Dieser konnte sich nach 1945 relativ früh unter der Bezeichnung „Movimento Sociale Italiano" (MSI) reorganisieren. In Programm, personeller Zusammensetzung und politisch-kulturellen Leitbildern knüpfte diese Partei stark an den historischen Faschismus bis 1943, aber auch an die Republik von Salò an. Noch Ende der achtziger Jahre hieß es, die Partei erkläre sich „völlig solidarisch mit den zwanzig Jahren Faschismus". Dies sei „ihr spezifisches geistiges Erbe und ihr historisches Vermächtnis". „Der Faschismus ist nicht unsere Vergangenheit, er ist unsere Zukunft" (Giorgio Almirante).

Durch die Abstinenz der übrigen gesellschaftlichen Gruppen gegenüber der nationalen Symbolik wurde die auch im Parteisignet des MSI als Flamme emporlodernde „tricolore" quasi zum Markenzeichen der Neofaschisten. Unter „festa tricolore" versteht man heute ohne weitere Erklärungen die Volksfeste des MSI. Im Umkreis dieser von Presse und Öffentlichkeit bis vor kurzem weitgehend verfehmten Subkultur gibt es zahlreiche Zeitschriften, Buchpublikationen oder Tondokumente.

Der MSI hat Anfang der siebziger Jahre die Reste der monarchischen Parteien aufgesogen, ist aber bis 1993 niemals über die Randrolle einer Antisystem-Partei am äußersten rechten Flügel und Prozentzahlen zwischen 5% und 8% hinausgekommen. Auf nationaler Ebene ist die Partei bis 1994 niemals in einer Regierung vertreten gewesen. Den stärksten Rückhalt besitzt der MSI seit langem, völlig anders als der historische Faschismus, im Süden des Landes. In Krisensituationen aber blieb, wie etwa die Ereignisse in Reggio Calabria 1971 oder in Südtirol nach 1983 gezeigt haben, der antikommunistische wie nationalistische Appell der Neofaschisten attraktiv.

Neben diesem moderaten, stark nostalgisch geprägten Postfaschismus gab es seit den fünfziger Jahren einen viel radikaleren, in der Anonymität von Kleingruppen und Konventikeln operierenden, vielfach studentischen Rechtsradikalismus mit einer Fülle von Siglen, Zeitschriften und Publikationen. In diesen Gruppen war die Bezugnahme auf die Republik von Salò, aber auch auf elitäre, männerbündische Erfahrungen des Nationalsozialismus und der SS explizit. Aus diesem Umfeld ist der Rechtsterrorismus erwachsen, der nach 1969 die innenpolitische Szene erschüttert hat. Die unübersehbaren Verbindungen dieser rechtsextremistischen Kleingruppen mit den militärischen Geheimdiensten und mit Teilen des Staatsapparats haben eine endgültige gerichtliche Aufklärung und Abrechnung mit der Kette von Attentaten auf Züge, Bahnhöfe und Massenversammlungen verhindert, die die siebziger und achtziger Jahre mitgeprägt haben.

Die Ausschließung und Tabuisierung dieser Rechten hat zur Folge gehabt, daß diese an dem großen Bankett der Parteien mit ihren klientelaren Beziehungen, ihren Vergünstigungen, ihren kleinen und großen Korruptionen so gut wie nicht teilgenommen hat. Die große moralische Krise der Parteien nach 1990 hat den Movimento Sociale nicht berührt. Auch bei den Tausenden von Untersuchungen und Verurteilungen von Tangentopoli nach 1992 tauchte der Name des MSI kaum auf. Das verlieh der Partei die Gloriole von Anstand und Moralität. Vor dem Hintergrund von Tangentopoli gewann auch plötzlich die jahrzehntelange Antiparteienkritik der Postfaschisten neues Gewicht. Der MSI erschien als unbefleckter, hartnäckiger und konsequenter Gegner der ersten Republik.

Während der MSI noch 1990 bei den Regional- und Kommunalwahlen mit 4% die schlechtesten Ergebnisse seiner Geschichte hatte einstecken müssen, wendete sich das Blatt ab 1992. Hier spielte die neue Führung der Partei eine Rolle. Der 1991 zum Generalsekretär gewählte Gianfranco Fini (geb. 1952) besitzt keine direkte biographische Verbindung mehr zur Zeit des historischen Faschismus. Er zählt zur Enkelgeneration. In Sprache, Auftreten und Argumentation weiß er eine Atmosphäre von politischer Vernunft, Sachverstand und bürgerlicher Wohlanständigkeit um sich zu verbreiten. Sozusagen ein italienischer Giscard d'Estaing. In den Talk-Shows und den politischen Round-table-Gesprächen des staatlichen wie des privaten Fernsehens machte er dank Schlagfertigkeit und Fairneß eine vorzügliche Figur. Diese Auftritte haben ihn überhaupt erst einem breiteren Publikum bekannt gemacht. In einem politischen Geniestreich kandidierte Fini im Herbst 1993 für das Amt des Oberbürgermeisters in Rom, kam als Zweitplazierter in die Stichwahl und unterlag mit 47% der Stimmen nur knapp seinem progressiv-grünen Konkurrenten Francesco Rutelli. Zu diesem aufsehenerregenden Ergebnis hatte beigetragen, daß der Medienzar Silvio Berlusconi vor dem zweiten Wahlgang offen für Fini Partei ergriffen hatte. Ähnlich spektakulär war am gleichen Tag die knappe Niederlage der Duce-Enkelin Alessandra Mussolini bei den Bürgermeisterwahlen in Neapel.

Damit stand der MSI plötzlich im nationalen Rampenlicht. Bei Umfragen stieg der Anteil der Sympathisanten und potentiellen Wähler auf über 10%. Um die Aura der Antisystem-Partei noch stärker abzustreifen, gründete Fini im Januar 1994 die Partei um in die „Alleanza Nazionale". Mit dieser im Kern weiterhin postfaschistischen Verbindung ging im Februar 1994 der neue Matador der politischen Arena, Silvio Berlusconi, im Süden Italiens eine Wahlallianz ein (Polo del Buon Governo).

Um dieses Bündnis zu verstehen, müssen wir ein wenig ausgreifen und den Strukturwandel der Öffentlichkeit in Italien seit 1945 beleuchten.

Strukturwandel der Öffentlichkeit

Seit der Entstehung der Massenpresse vor gut einem Jahrhundert war die öffentliche Meinung in Italien charakterisiert durch eine enge Symbiose zwischen Politik, Wirtschaft und gedrucktem Wort. Vor 1914 besaßen die großen Tageszeitungen im Norden, so der *Corriere della Sera* von Luigi Albertini oder die *Stampa* von Alfredo Frassati, die Funktion von Ersatzparteien. Zeitungen hatten – und haben – nicht den primären Zweck, Gewinne zu erwirtschaften, sondern sie dienten dazu, Politik zu machen, Pressionen auf die Politik auszuüben oder Vetopositionen zu sichern. Spätestens seit den zwanziger Jahren befanden sich alle großen Tageszeitungen in der Hand großer Industrieunternehmen. Daran hat sich bis heute nichts geändert. Eine wirklich unabhängige, nur ihrem Informationsauftrag verpflichtete Presse gibt es heute in Italien nicht. Bei jeder Zeitung, ob es sich um die *Stampa*, den *Corriere della Sera* (beide Fiat), den *Messaggero* (Montedison), *Repubblica* (Olivetti) oder den *Giornale Nuovo* (Berlusconi) handelt, muß man diesen ökonomisch-politischen Hintergrund mitlesen, um Texte und Signale zutreffend entziffern zu können. Diese Situation hat wenige Vor- und viele Nachteile, was die Qualität der Information und die Objektivität der Berichterstattung angeht.

Der Italiener war und ist ein schwacher Zeitungsleser. Mit 118 verkauften täglichen Exemplaren auf 1000 Einwohner liegt Italien am unteren Ende der europäischen Zeitungsstatistik. Von den gut 6 Mio. täglich verkauften Exemplaren hat man knapp ein Sechstel als reine Sportpresse abzuziehen. Bei der Wochen- und Monatspresse sehen die Werte, auch im internationalen Vergleich, günstiger aus. Als Fazit aber hat man zu konstatieren: Die Presse als wichtigster Ausdruck und als Medium der öffentlichen Meinung erreicht nur eine relativ schmale Minderheit der italienischen Bevölkerung, mit rasch abnehmenden Prozentzahlen in Richtung Süden.

Ganz andere Daten ergeben sich beim Fernsehen. Die staatliche RAI (Radio Televisione Italiana) hat seit Beginn der fünfziger Jahre ein flächendeckendes, am Ende drei Programme umfassendes Sendesystem aufgebaut, das schon in den sechziger Jahren die gesamte Bevölkerung erfaßte. In 95 % der italienischen Haushaltungen steht heute zumindest ein Fernsehgerät. Der Italiener entwickelte sich so zu einem starken TV-Konsumenten. Nach den jüngsten Daten sitzt der Italiener heute im Durchschnitt täglich 3 Stunden und 18 Minuten vor dem Fernseher und erreicht damit europäische Spitzenwerte. Das neue Medium hat sprachlich, in den Verhaltensweisen und der Mentalität eine bislang unbekannte Vereinheitlichung der Bevölkerung Italiens bewirkt, deren politische Konsequenzen erst jetzt sichtbar werden.

1976 wurde durch ein Urteil des Verfassungsgerichts das staatliche Sendemonopol der RAI aufgehoben und der Medienmarkt auf lokaler und regionaler Ebene privaten Bewerbern geöffnet. Diese Liberalisierung hatte eine Art Goldgräberstimmung zur Folge. Die Aussicht auf große Gewinn- und Expansionschancen lockte zahlreiche Investoren an. Binnen kurzem gab es über 500 lokale Fernsehanstalten. Durch Lizenzen, Koproduktionen und Kapitalverflechtungen entstanden bald regionale und interregionale Zusammenschlüsse. Da das Parlament sich außerstande zeigte, ein Mediengesetz zu erlassen, setzte sich in diesem neuen „Wilden Westen" bald der rücksichtslosere, kapitalstärkere Bewerber durch. Die Werbeeinnahmen wurden rasch zum Motor der Entwicklung. Die Einzelheiten brauchen hier nicht zu interessieren. Ein Schnappschuß der heutigen Situation mag genügen. Von den 9693 Mrd. Lire Werbeeinnahmen 1993 gingen 5169 Mrd. Lire (= 53,3 %) an das Fernsehen; 2280 Mrd. gingen an die Tageszeitungen, 1550 an die Periodika. In Italien kann man praktisch an jedem Ort über 20 verschiedene Programme empfangen. 1993 wurden über 800 000 Werbespots gesendet, mehr als im ganzen übrigen Westeuropa, davon fast 600 000 allein durch die drei Berlusconi-Programme. Bei ihnen sind über 10 % der gesamten Sendezeit der Werbung gewidmet. Das Fernsehen hat so das Leben der Italiener weit stärker verändert als irgendein älteres Medium.

Das gilt auch für die Politik. „Ohne Zugang zu den Medien kann der Politiker nicht handeln, kann sich nicht mitteilen, kann nicht existieren. Die Medien haben die Macht, eine Karriere, eine Idee oder gar eine politische Partei aufzubauen oder zu zerstören", so urteilte Anfang der achtziger Jahre der sozialistische Politiker und enge Mitarbeiter Bettino Craxis, Claudio Martelli.

Silvio Berlusconi

Hier nun gilt es, einen Blick auf den Lebenslauf eines Mannes zu werfen, der heute im Schnittpunkt dieser Medienentwicklung steht. Wer ist Silvio Berlusconi? Die vorhandenen Biographien lassen die wirkliche Figur dieses gläubigen Katholiken nur schattenhaft erkennen. Er kommt aus kleinbürgerlichen Verhältnissen. Der Vater war Bankangestellter in Mailand, der seinen beiden Söhnen eine humanistische Ausbildung auf einem hochangesehenen Salesianer-Kolleg ermöglichte. Brennender Ehrgeiz, Fleiß und Erfolg sind schon für den Jurastudenten bezeugt. Der junge Silvio promovierte mit einer Arbeit über Rechtsfragen im Werbegeschäft. Der Fünfundzwanzigjährige begann seine Karriere als Immobilienmakler und Bauunternehmer. Mit kleinen, dann rasch wachsenden Projekten nutzte er die Boomjahre der urbanistischen Expansion Mailands. Anfang der siebziger Jahre baute er mit „Milano 2" und „Milano 3" schon ganze Satellitenstädte für Zehntausende von Einwohnern, vor allem für den gehobenen und höheren Bedarf. Mit seinem ausgeprägten Selbstbewußtsein wollte Berlusconi immer der Erste sein. Der Primus heute im Rückblick: „Ich habe immer gezeigt, daß ich recht hatte. ... Ich habe immer gewonnen."

In seiner Satellitenstadt „Milano 3" ließ Berlusconi Mitte der siebziger Jahre ein internes Fernsehen einrichten. Hier begriff er die mit dem neuen Medium verbundenen Chancen.

Ende der siebziger Jahre stieg er mit „Telemilano" und „Canale 5" in großem Stil in das Fernsehgeschäft ein. Zu den langfristig gewinnbringenden Zügen zählte der mit hohen Kosten verbundene Aufbau eines „Filmarchivs", eines großen Bestandes an älteren italienischen und ausländischen, vor allem amerikanischen Spielfilmen, die zielstrebig an andere lokale und regionale Sender weitervermietet wurden, zum Teil unter Einschluß der inkorporierten Werbung. Schrittweise entstand so ein über große Teile des Landes reichendes Verbundnetz. 1980 verfügte Berlusconi schon über einen Bestand von über 6000 Stunden Film- und Fernsehmaterial. Ähnlich erfolgreich erwies sich der Erwerb der Senderechte einer Reihe von amerikanischen „Soap-Operas" wie „Dallas", „Dynasty" oder „Falcon Crest". 1978 trat Berlusconi der von Licio Gelli geleiteten geheimen Freimaurerloge „Propaganda 2" (P2) bei. Gelli hatte 1975 angesichts der drohenden kommunistischen Machtergreifung einen Geheimplan „Projekt für die demokratische Wiedergeburt" entworfen, in dem als einer der Hauptpunkte die Unterwanderung der Presse und der Aufbau eines privaten Fernsehnetzes vorgesehen war. Ob die enormen Finanzmittel und Kreditmöglichkeiten, über die Berlusconi Anfang der achtziger Jahre verfügte, mit solchen Plänen zusammenhingen (wie seine Feinde immer wieder behauptet haben), muß mangels solider Quellen offenbleiben.

Der Siegeszug des Medien-Newcomers bleibt erstaunlich. Um die Werbeeinnahmen zu organisieren, gründete Berlusconi 1979 die „Publitalia 80", eine Firma, die sich mit ihrem bald landesweiten Netz von Agenturen in den folgenden Jahren zu einer der Hauptsäulen der Unternehmensgruppe entwickelte. In kurzer Zeit erwies sich der Werbesektor als wahrer Dukatenesel. 1982 verteilten sich in Italien die Einnahmen aus der Werbung im TV-Bereich in Höhe von circa 530 Mrd. Lire zu 50 % auf die drei Sender der RAI. An die zweite Stelle hatte sich schon Canale 5 Berlusconis mit 110 Mrd. Lire (= 20 %) geschoben. Durch zielstrebige Abwerbung der beliebtesten Programme, Stars, Sprecher, Conferenciers und Talk-Show-Spezialisten konnte Berlusconi schrittweise seine Marktanteile erweitern. Die „Einschaltquoten" wurden zum entscheidenden Kriterium der Programmgestaltung, da von ihnen die Werbeeinnahmen abhingen. Bis 1984 konnte Berlusconi seine Hauptkonkurrenten, die defizitären „Rete 4" (Mondadori) und „Italia 1" (Rusconi), aufkaufen und in sein entstehendes Medienimperium eingliedern. Scharfe Rationalisierung und Synergien brachten auch diese Programme bald in die schwarzen Zahlen. Der Mailänder Medien-mogul hatte sich damals mit Bettino Craxi alliiert, mit dem ihn eine enge Freundschaft verband. Wie wertvoll diese politische Rückendeckung war, zeigte sich im Oktober 1984, als die Gerichte in Rom und Turin die offenbare Illegalität landesweiter Ausstrahlung der Fernsehprogramme zum Anlaß nahmen, die Sendungen Berlusconis zu verbieten. Innerhalb von 48 Stunden hatte die Regierung Craxi mit Hilfe eines Gesetzesdekrets das Vorgehen des Mailänder Medienfreundes legalisiert.

Der Oktober 1984 erwies sich als Höhepunkt eines durch keinerlei gesetzgeberische Vorschriften behinderten Konkurrenz- und Verdrängungskampfes, mit dem sich der italienische Markt zu einer der am stärksten TV-geprägten Kulturen der westlichen Welt entwickelte. Seit 1984 etablierte sich so ein medientechnisches Duopol zwischen dem in die Defensive gedrängten staatlichen Fernsehen RAI und dem Mailänder Medienzaren, den die amerikanische Zeitschrift *Forbes* schon damals für den reichsten Mann Italiens hielt. Unter dem Diktat der Einschaltquoten und des Massengeschmacks entwickelte sich so das Niveau der Programme nach unten. „Panem et circenses" hieß bei Berlusconi die Devise. Mit einem eigens gegründeten demoskopischen Institut, dem Diakron, ließ Berlusconi Neigungen, Wünsche und Vorlieben seines Fernsehpublikums auf das genaueste erforschen und die Programme danach einrichten. „The medium is the message." Und diese Botschaft lautet: Glaubt an die Welt des schönen Scheins und des himmelblauen Optimismus. Kein Gedanke daran, daß dieses Fernsehen auch erzieherische Aufgaben haben könnte. Mit diesem formidablen Konkurrenten an den Hacken sah sich auch die personell übersetzte und unrentabel arbeitende RAI gezwungen, ihre Programmgestaltung schrittweise zu popularisieren.

1986 kaufte Berlusconi für 20 Mrd. Lire den traditionsreichen, aber hochverschuldeten Fußballclub AS Milano. Diese bizarr wirkende und anscheinend aus jedem unternehmerischen Kalkül herausfallende Entscheidung besaß indes ihre eigene Logik. Sport im allgemeinen und insbesondere der Fußball bilden in Italien eine Massenleidenschaft und einen täglichen Gesprächsgegenstand. Sportsendungen, z.B. über Fußball-Länderspiele oder Spitzenbegegnungen der National-Liga, erreichen Traumwerte bei den Einschaltquoten. Berlusconi ließ für den AS Milano in verschwenderischem Stil Spieler einkaufen – mit durchschlagendem Erfolg. Innerhalb kurzer Zeit verfügte er über die weltbeste Mannschaft, die unter der neuen Regie vier italienische Meisterschaften und zwei Weltcups hereinholte.

In eine völlig andere Richtung zielte Mitte der achtziger Jahre der Kauf der bedeutendsten Kaufhauskette Italiens, des „Standa"-Unternehmens. 1991 schließlich konnte Berlusconi mit „Mondadori" das größte italienische Verlagshaus seinem Imperium einverleiben. Dieses umfaßt heute einige hundert Unternehmen in den Bereichen Bauwesen, Fernsehen, Werbung, Kino, Warenhäuser, Verlagswesen, Sport, Tourismus, Zeitungen und Zeitschriften. Unter dem Stichwort „von der Wiege bis zur Bahre" konnte der *Espresso* 1994 schreiben: „Der Bürger arbeitet in den Unternehmen von Berlusconi (dem Staat z.B.), kauft im Supermarkt von Berlusconi ein, in dem sich lauter Waren befinden, für die Berlusconi Werbung macht. ... Zu Hause stellt er das Fernsehen an mit Berlusconi-Programmen (RAI und Fininvest), wenn er dazu Lust hat, liest er ein Buch oder hört eine CD-Platte, die bei Berlusconi verlegt wurden." Abends besucht er Berlusconi-Kinos, um einen Berlusconi-Film zu sehen. Am Sonntag geht er ins Stadion, um eine Berlusconi-Mannschaft spielen zu sehen. Die Ferien organisiert ihm ein Berlusconi-Reisebüro in einem Berlusconi-Feriendorf. Der ewig strahlende Siegertyp Silvio Berlusconi ist in dem Italien von heute in der Tat ein rechter Herr Kannitverstan mit einer allpräsenten Gegenwart. Mit über 11,5 Mrd. DM Umsatz (1993) beherrscht er heute das zweitgrößte private Firmenimperium in Italien.

Als sich in der zweiten Jahreshälfte 1993 immer deutlicher ein Sieg der Linken bei den künftigen Parlamentswahlen abzeichnete, mußte er um die Zukunft seines Medienreichs fürchten, das ganz im Schatten einer ihm wohlgesonnenen Politik gewachsen war. Eine Novellierung des Mediengesetzes, eine Nichtverlängerung der Lizenzen, eine drastische Erhöhung der Konzessionsgebühren, eine Übernahme der Brüsseler Vorschriften für den Medienbereich – schon *einer* dieser Faktoren konnte bei einer kritisch oder feindlich gesonnenen Politik längerfristig tödliche Konsequenzen haben. Um die Jahreswende entschloß sich Berlusconi, den schon seit Mitte 1993 vorbereiteten Einstieg in die Politik zu vollziehen. Ein deutliches Signal war die rüde Vertreibung von Indro Montanelli vom Chefsessel der von ihm 1975 gegründeten Zeitung *Il Giornale Nuovo*. Berlusconi ließ in seinem Kanal „Rete 4" ein Kesseltreiben veranstalten und holte nach dem Selbstverzicht Montanellis einen ihm ergebenen Journalisten an die Spitze des Blattes. Der Nestor des italienischen Journalismus, Montanelli, gründete daraufhin innerhalb von zwei Monaten mit *La Voce* eine neue Tageszeitung und zog über die Hälfte seiner alten Redaktion hinter sich her.

Die Unternehmensgruppe Fininvest (Berlusconi) plante den Einstieg in die Politik wie die Einführung eines neuen Markenprodukts. Als Namen für seine politische Bewegung wählte Berlusconi den Anfeuerungsruf für die italienische Fußballmannschaft „Forza Italia" (etwa: „Vorwärts! Italien"). Abgeordnete und Senatoren von „Forza Italia" heißen die „Azzurri" (= die Blauen, das traditionelle Spielertrikot). Fahne, Hymne, Symbole, Abzeichen, Kleidung, Gadgets usw. wurden nach einem einheitlichen Marketingkonzept entworfen. Mit Hilfe seiner – landesweit größten – Werbeagentur Publitalia ließ der Medienzar in ganz Italien Sympathisanten und Anhänger werben, die nach einer „Club"-Struktur organisiert wurden. Ende März soll es landesweit schon 15 000 solcher Vereine gegeben haben. Sie wurden als großer Beitrag zur Mobilisierung und Demokratisierung der Gesellschaft gefeiert. Der Politologe Giuliano Urbani, einer der engsten Berater Berlusconis, spricht von „Forza Italia" als der ersten liberalen Massenpartei in der Geschichte Italiens. Hier seien fast eine Million Staatsbürger organisatorisch erfaßt. Das wenige, was bislang über Struktur, Aufbau und Aktivitäten der neuen Bewegung bekanntgeworden ist, läßt alle Skepsis zu. Es gibt ein Statut, aber dieses ist nirgendwo zugänglich. Die Leitung obliegt einem fünfköpfigen „Präsidium", in dem der „Cavaliere del lavoro" Silvio Berlusconi den Vorsitz führt. In Wirklichkeit handelt es sich um eine völlig hierarchisch konstruierte Wahlkampfmaschine, die der Kontrolle eines einzigen untersteht, der zudem über fast unbegrenzte finanzielle Möglichkeiten verfügt, von denen alle Mitbewerber nur träumen können.

Nach Berlusconi braucht Italien „eine starke Kur und starke Männer". Dazu Montanelli: „Er hält sich für eine Mischung aus Churchill und de Gaulle". Das Schlimme ist, „er glaubt wirklich daran". Wie Mussolini oder Craxi ist Berlusconi ein großer Bewunderer Machiavellis. Wie die beiden Vorgenannten hat er dem Florentiner Staatsdenker einen Essay gewidmet und den „Principe" in seinem Verlag neu herausgegeben. „Ich finde", so schreibt er, „daß dieses Werk auch nach fünfhundert Jahren eine enorme Faszination ausübt." Es enthält eine „Sammlung von Normen und Anregungen", die auch für die heute Herrschenden „von einzigartigem Wert" sind. Zu diesen Maximen zählen zum Beispiel, es gelte „bei jeder Aktion von sich den Eindruck des großen und hervorragenden Mannes" zu erwecken. „Jeder sieht das, was Du scheinst, wenige erkennen das, was Du bist." Schließlich als fundamentale Regel für den Politiker: für ihn gilt „die unerbittliche, absolute Ausrichtung auf die Macht. Jede Aktion muß diesem Ziel eisern untergeordnet sein, auch wenn das Handeln über den Bereich des ethisch Erlaubten hinausführt."

Die Wahlen vom 27./28. März 1994

Der politische Auftritt Silvio Berlusconis veränderte die politische Szene Italiens radikal. Hatte noch im Dezember 1993 nach allen Meinungsumfragen der Wahlsieg der linken „progressiven" Allianz mit dem Kern des PDS als fast sicher ausgesehen, so zeigten die Hochrechnungen schon Ende Februar/Anfang März, daß „Forza Italia" auf 15 %, ja 20 % und vielleicht sogar auf 25 % der Stimmen kommen werde. Das neue Mehrheitswahlrecht mußte diese Meinungsverschiebungen innerhalb der Wählerschaft noch vergrößern.

Die Wahlen vom 27./28. März 1994 (vgl. Tab. 9 und 10) wirkten dann als Triumph der neuartigen bürgerlichen Rechtskoalition und als eine Eisdusche für die Progressiven. Unter den zentrifugalen Auswirkungen des einstufigen, proportional gemilderten Mehrheitswahlrechts wurde das Zentrum zertrümmert. Die katholische Mitte zerfiel in vier, nach links und rechts auseinanderstrebende Teilparteien (Centro Cristiano Democratico, mit Berlusconi verbündet, Partito Popolare Italiano, Patto Segni, Rete), Sozialisten, Sozialdemokraten und Republikaner verschwanden fast ganz. Der von dem Mehrheitswahlrecht ausgehende Koalierungszwang schuf zwei völlig heterogene Bündnisse: im Süden zwischen Forza Italia und Alleanza Nazionale unter dem Titel „Polo del buongoverno" (Pol der guten Regierung), im Norden zwischen Forza Italia und Lega Nord unter dem Titel „Polo della Libertà". Der angestrebte Effekt des neuen Wahlrechts, die Herausbildung klarer Mehrheiten, schien zumindest für die Kammer erreicht. Die von Berlusconi zusammengebrachte Allianz verfügte hier mit 42,9% der Stimmen über 58,1% der Abgeordnetenmandate. Kritischer sah es im Senat aus, wo die Allianz mit 40,4% der Stimmen und 49,2% der Mandate knapp die absolute Mehrheit verfehlte. Da das einstufige Mehrheitswahlrecht Absprachen aufs Ungewisse hin erzwang, konnte sich auch Forza Italia kaum mit den Ergebnissen befreunden. In Norditalien hatte sie in vielen Wahlkreisen auf die Aufstellung eigener Kandidaten zugunsten der Lega verzichtet, obwohl sie, wie sich am Wahltag herausstellte, numerisch dort in Führung lag. So ergab sich das Fazit (wie Tab. 9 zeigt), daß Forza Italia mit 21,0% der Stimmen weniger Mandate gewann als die Lega mit 8,3%. Viele der Legisten waren huckepack auf den Schultern von FI ins Parlament gelangt. Für die katholische Mitte wirkte sich das neue Wahlrecht verheerend aus. Die Umgründung der Democrazia Cristiana in den Partito Popolare Italiano dauerte quälend lange und war erst im Januar 1994 abgeschlossen. Aber weder Mino Martinazzoli noch Mario Segni gelang es, den alten Kern der Partei zu retten. Von 29,2% (1992) fielen PPI und Patto Segni auf 15,6% zurück. Wie Tab. 10 zeigt, rettete nur der 25prozentige Restbestand des Verhältniswahlrechts einen kleinen Block von zusammen 46 Abgeordneten. Aus Angst vor dem Tode hatten die Christdemokraten Selbstmord begangen.

Insgesamt konnte außer der Lega kaum jemand mit dem Wahlausgang zufrieden sein. Die erhoffte Polarisierung und Vereinfachung des Parteienspektrums ist nicht eingetreten. Im Gegenteil, die Fragmentierung ist noch gewachsen. Statt mit einer Vierparteienregierung wie vor 1992 hat man es 1994 mit einer Sechsparteienkoalition zu tun, der eine noch stärker fragmentierte und kaum zu gemeinsamen Aussagen fähige Opposition gegenübersteht.

Der Einzug eines Großunternehmers in die Politik ist für Italien – und für Westeuropa – ein Novum. Die potentiell möglichen Konflikte zwischen Privat- und Firmeninteresse und dem Gemeinwohl sind ungezählt und gravierend. Die hier auftauchenden Probleme erscheinen noch vervielfacht, wenn dieser Unternehmer auf einem für die Funktionsfähigkeit des demokratisch-parlamentarischen Systems so vital wichtigen Feld wie dem der Information und der Massenmedien tätig ist. In den USA gibt es für Interessenkonflikte dieser Art die Einrichtung eines „blind trust". Unternehmen und Besitz werden in eine Art Stiftung eingebracht, über deren weitere Entwicklung der frühere Inhaber keinerlei Verfügungsgewalt mehr hat, noch Kenntnisse über sie besitzt. Nichts Vergleichbares ist bislang in Italien geschehen. Außer blauäugigen Versicherungen der Einrichtung eines (von Berlusconi eingesetzten) „Rates der Weisen" und unverbindlichen Absichtserklärungen, man sei bereit zu verkaufen, ist bislang nichts geschehen, um den an vielen Stellen sichtbar gewordenen Konflikt zwischen Gemeinwohl und Unternehmensinteresse zu lösen. Dieses Problem hat die Regierung Berlusconi massiv geschwächt und zur Vergiftung der Atmosphäre beigetragen. Es gibt kaum einen Gesetzgebungsakt der Regierung, der nicht auch Firmeninteressen Berlusconis berührte. Das reicht von der Vergabe von Sendefrequenzen und dem Ladenschlußgesetz bis hin zum Buch-Copyright. Das in Berlusconi konzentrierte geballte Potential von Werbetechnik, Medien- und Finanzmacht und politischer Verfügungsgewalt hat im In- wie im Ausland beträchtliche Besorgnisse ausgelöst. Der französische Philosoph Paul Virilio sieht im Wahlsieg Berlusconis das Modell eines Medienstaatsstreichs. „Die technologische Macht des Bildes ist so groß geworden, daß die Demokratie bedroht ist durch die Telekratie." Die Schrift müsse wieder Vorrang vor dem Bildschirm gewinnen, wenn nicht, sei die Demokratie auf das massivste gefährdet. „Das Buch und das Gedächtnis wirken zusammen. Der Bildschirm und das Vergessen ebenso. Wort und Schrift sind das Fundament des Politischen und der Demokratie." Berlusconi hat „als erster die Mauer des Politischen durchbrochen".

Wie sieht, nach dem ersten halben Jahr, das Fazit der neuen Regierung aus? Von den hochtönenden Versprechungen Berlusconis hat sich wenig realisieren lassen. Trotz der wieder anlaufenden Wirtschaftskonjunktur und trotz eines durch die weitergehende Abwertung der Lira stimulierten Booms des Exports hat sich 1994 die Zahl der Beschäftigten nicht erhöht. Die versprochene eine Million neuer Arbeitsplätze bleibt ein schöner Traum. Die strukturelle Arbeitslosigkeit, vor allem die des Südens, der Frauen und der Jugendlichen, bleibt in all ihrer Bedrohlichkeit erhalten. Ebensowenig ist es der Regierung gelungen, auch nur einen Anfang bei den versprochenen Steuersenkungen zu machen. Im Gegenteil ist schon jetzt absehbar, daß im Frühjahr 1995 ein über neue Steuern zu finanzierender 20 000 bis 30 000 Mrd. Lire umfassender Nachtragshaushalt nötig sein wird.

Die Handlungsfähigkeit der Exekutive scheint durch wiederkehrende koalitionsinterne Polemiken und durch Wechselvetos gehindert, ja bisweilen blockiert.

Statt die Lebensfragen der Nation anzupacken, hat die Regierung sich auf einen Dauerkonflikt mit der Rechtsprechung eingelassen und viel Energie verbraucht, um das staatliche Fernsehen RAI zu erobern und gleichzuschalten. Hier wie auf anderen Gebieten, so in den Polemiken mit der Banca d'Italia oder dem Staatspräsidenten, sind Autorität, Kompetenzen und Einflußsphären der staatlichen Institutionen gefährlich in Mitleidenschaft gezogen worden.

Amüsiert sich Italien so zu Tode?

VIII. Italien und Europa

Europa hat für das neue demokratische Italien, das 1945 aus der Katastrophe des Faschismus hervorging, eine richtungsweisende Bedeutung gehabt. Auf der Suche nach Neuorientierung richtete sich der nationalismusernüchterte Blick Italiens auf den Norden. Schon nach 1918 hatte der Gedanke einer föderalistischen Union des alten Kontinents eine erste gedankliche Konkretisierung in den Projekten von Giovanni Agnelli und Attilio Cabiati erfahren. Im „Manifest von Ventotene", dem wichtigsten Dokument des antitotalitären europäischen Föderalismus, skizzierten Altiero Spinelli und Ernesto Rossi 1941, auf dem Höhepunkt der Herrschaft Hitlers über Europa, die Umrisse einer Föderierung des gemarterten Kontinents. Der Föderalismus wurde zum wichtigsten politischen Ideal, das aus der Katastrophe des Zweiten Weltkriegs hervorging.

Das galt besonders für das besiegte und gedemütigte Italien. Die Europa-Idee gab den desorientierten Italienern den Sinn ihrer eigenen Geschichte zurück. Hatte nicht schon Carlo Cattaneo, einer der großen politischen Denker Italiens im 19. Jahrhundert und überzeugter Föderalist, seinen Landsleuten vor 1848 gepredigt: „Vor allem ist festzuhalten, daß Italien sich im Einklang mit Europa halten muß." Schon im Programm der Christdemokraten vom 25. 7. 1943 hatte es geheißen: „Wir erstreben... eine Föderation der freiheitlichen europäischen Staaten, die unmittelbare Vertretung der Völker..., europäische Streitkräfte..., ein gemeinsames Rechtssystem und eine europäische neben der nationalen Staatsbürgerschaft." Mit der schrittweisen Wiedergewinnung der außenpolitischen Bewegungsfreiheit nach 1947 ergaben sich Chancen für eine aktive Europapolitik, für die auch in der Verfassung (Art. 11) schon gewisse Souveränitätsbeschränkungen vorgesehen waren. Diese Chancen – gegen den massiven Widerstand der Linken, vor allem der Kommunisten – genutzt zu haben, ist ein bleibendes Verdienst der damaligen christdemokratischen Eliten. Unter hohem persönlichem Einsatz Alcide De Gasperis hat Italien nach 1948 eine treibende Rolle bei der schrittweisen Integration Westeuropas gespielt.

Italien trat 1949 der Nato bei und gehörte 1951 zu den Gründungsmitgliedern der Montanunion. Bei der Trias der Stiftungsväter des neuen Bundes figurierte neben Konrad Adenauer und Robert Schuman auch Alcide De Gasperi. Der aus dem Trentino stammende Staatsmann verkörperte als früherer habsburgischer Untertan die praktische Weisheit der alten K. K. Monarchie, die das Zusammenleben von Sprachen, Kulturen und Ethnien in Mitteleuropa ermöglicht hatte. Sowohl bei der (dann gescheiterten) Europäischen Verteidigungsgemeinschaft 1953/54 wie bei der Schaffung der Europäischen Wirtschaftsgemeinschaft 1957 spielte die römische Politik eine wichtige Rolle. Nicht ohne Grund bleiben diese Entwicklungen mit dem Namen der Städte Messina und Rom verbunden. Ohne die Kriegsniederlage hätte vermutlich die Wirtschaft Italiens nicht auf die bis dahin existierenden protektionistischen und autarkistischen Schutzwälle verzichtet. Die Öffnung gegenüber Westeuropa führte zu einer zunehmenden Internationalisierung der italienischen Ökonomie. Die außenwirtschaftliche Verflechtung Italiens (Export plus Import) stieg von 22,2 % des Bruttoinlandsprodukts (1958) auf 53,5 % (1974). Die Öffnung erwies sich auf längere Sicht als Einbahnstraße, aus der es kein Zurück mehr gab. Eine Rückkehr zu einer rein nationalen, protektionistischen oder gar autarkistischen Wirtschaftspolitik ist nach 1955 von niemand mehr ernsthaft in Erwägung gezogen worden, es sei denn von postfaschistischen Nostalgikern. Der Außenhandel und der innereuropäische Wettbewerb wurden zu den großen Motoren, die die italienische Wirtschaft auf dem Weg zur Rationalisierung und der Dynamisierung vorantrieben. Der italienische Export hat in den Jahren 1955 bis 1991 jährlich im Durchschnitt um 15,5 % zugenommen.

Die Einbindung nach Europa hat schrittweise weitere Bereiche der italienischen Wirtschaft diesem rauheren Wind des internationalen Wettbewerbs ausgesetzt. Nach Effizienz, Produktivitätszuwachs, Marktorientierung und Kundenakzeptanz lassen sich heute deutlich zwei Bereiche der italienischen Volkswirtschaft unterscheiden: der binnengeschützte, noch immer sehr große Bereich der Monopole, Privilegien und Protektionismen und jener andere, der sich zumindest der europäischen Konkurrenz hat stellen müssen. Für die hier abgelaufenen oder jetzt stattfindenden Lernprozesse gäbe die Geschichte des Fiat-Konzerns ein aufschlußreiches Beispiel. Seit dem 1. 1. 1993 sieht sich auch das Finanz-, Kredit- und Versicherungswesen diesem Konkurrenzdruck ausgesetzt, mit schon jetzt sichtbaren wohltätigen Folgen.

Die von Europa ausgehenden Zwänge, Verpflichtungen und Vorschriften haben bei dieser Entwicklung vielfach eine Vorreiterrolle gespielt. Sie haben manche versteinerten Verhältnisse zum Tanzen gebracht. Sie haben bisweilen auch den römischen Verantwortlichen Entscheidungen abgenommen, die diese aufgrund des durch Kompromisse und Wechselvetos häufig blockierten politischen Systems nicht fähig waren zu treffen. In den Worten des Turiner Soziologen Gian Enrico Rusconi: „Europa ist für die Italiener ein starkes Argument, um Entscheidungen zu treffen und Verhaltensweisen anzunehmen, die auch sonst notwendig wären, damit ihr politisches und wirtschaftliches System funktioniert." Der selbstkritische frühere Nato-Botschafter Sergio Romano spricht von einem „Europäismus der Ohnmacht". Ein wachsender Teil der italienischen Führungsklasse halte das Land nicht mehr für fähig, selbst Ordnung im eigenen Hause zu schaffen. So wachse die verzweifelte Hoffnung auf den unabhängigen Schiedsrichter von außen. Der „Kaiser" in Brüssel werde die Entscheidungen treffen, zu denen die Politiker in Rom sich nicht mehr ermannen könnten. Die neuen europäischen Initiativen, die in der Konferenz von Maastricht und dem „Vertrag über die Europäische Union" vom 7. Februar 1992 gipfelten, stellten Politik und Öffentlichkeit Italiens vor bestimmte Daten, Fakten und Termine, die plötzlich in ihrer nackten, unerbittlichen Wirklichkeitshärte erschienen. Sie boten eine heilsame Lektion des Realismus, die vor allem in Kreisen der norditalienischen Wirtschaft aufgenommen wurde. In der Diskussion um Maastricht begriffen Teile der wirtschaftlichen, kulturellen und politischen Führungseliten, daß das bisherige System der dilatorischen Kompromisse, der vertagten Entscheidungen und der Wechselvetos nicht fortgeführt werden konnte, ohne Italien längerfristig von Europa zu entfernen.

In dem Europagedanken hat Italien eine Art Ersatzidentität gefunden. Bei allen Umfragen der letzten Jahrzehnte nahm Italien, was seine Europafreundlichkeit angeht, einen Spitzenplatz ein. Italien hat auch als einziges Land 1989 bei einer Volksabstimmung mit über 80% die Stärkung des Europa-Parlaments und den Ausbau des bisher Erreichten zu einem europäischen Bundesstaat bejaht.

Zwischen Soll und Sein, zwischen Worten und Taten besteht, wie so oft in Italien, eine große Distanz. Sergio Romano spricht von einem „lauen und instrumentellen Europäismus eines großen Teils der italienischen Führungsklasse". „Italien war... Mitglied Europas in ähnlicher Weise, wie es zwischen 1882 und 1914 Mitglied des Dreibunds gewesen war: mit einigen konsequenten Entscheidungen, mit viel Konformismus, viel Rhetorik und mit einigen schlauen Winkelzügen." Wer auf die Europa-Personalpolitik der italienischen Regierung schaut, könnte diese These bestätigt finden. Rom hat Brüssel stets mit einer gewissen Nachlässigkeit betrachtet und kaum je Spitzenleute in die belgische Hauptstadt entsandt. Ein letztes schlechtes Beispiel lieferte die Regierung Berlusconi 1994, als sie die beiden ihr zustehenden Posten der EG-Kommissare monatelang unbesetzt ließ und bei dem dann entstehenden Personalschacher in letzter Minute den weit höher qualifizierten, aber zur Opposition gehörigen Giorgio Napolitano gegen eine eher farblose Kandidatin der Regierungskoalition, Emma Bonino, auswechselte. Damit verzichtete Italien als einziger der Großstaaten auf das Prinzip, auch der innenpolitischen Opposition eine Stimme auf dem Europa-Parkett zu gewähren.

De facto gehörte Italien – und gehört es heute noch – in vielen praktischen Bereichen zu den Schlußlichtern. Ein Drittel aller beim Europäischen Gerichtshof vorgebrachten Klagen wegen

Verzögerung oder Nichteinführung von EG-Regelungen betreffen Italien. 50 % aller für Strukturbeihilfen vorgesehenen Gelder aus Brüssel sind in den letzten beiden Jahrzehnten nicht abgerufen worden, da die zuständigen Ministerien in Rom und vor allem die regionalen und kommunalen Verwaltungen in Süditalien nicht in der Lage waren, entsprechende Projektanträge mit allen geforderten Unterlagen und Garantien termingerecht einzureichen. In den vorstehenden Kapiteln über die organisierte Kriminalität und über die Südfrage finden sich die Erklärungen für solche Fehlfunktionen und Aporien. Einen Spitzenplatz nimmt Italien auch bei den aufgedeckten Betrügereien im Zusammenhang mit Subventionen und Prämien, vor allem im Agrarbereich, ein. Die Experten sind sich einig, daß die etwa für 1991 genannte Summe von 100 Mio. Ecu nur die Spitze eines Eisbergs darstellt und daß die wirklich hinterzogenen Summen in weit größeren Dimensionen zu sehen sind.

Die letzte Regierung Andreotti versprach 1991, bis zum Beginn der zweiten Stufe der Währungsunion 1994 die Inflation auf 3,5 %, das jährliche Haushaltsdefizit auf 5,5 % und die Gesamtverschuldung auf circa 100 % des BIP zu senken. Diese Zusagen trugen schon 1991 einen eher utopischen Charakter und wurden von den europäischen Partnern mit Skepsis aufgenommen.

Diese Skepsis war mehr als berechtigt. Auch wenn die Inflationsrate wie durch ein Wunder heute bei 4 % liegt, so beträgt das erwartete Haushaltsdefizit für 1994 fast 10 %. Die Gesamtverschuldung hat im Dezember 1994 die magische Grenze der 120 % BIP überschritten. Der Vertrag von Maastricht hatte als Bedingungen für den Eintritt in die Endstufe der Europäischen Union festgelegt: 1) Der Anstieg der Verbraucherpreise darf nicht mehr als 1,5 % über der Inflationsrate der drei stabilsten Länder liegen, 2) das Haushaltsdefizit darf nicht 3 % des BIP überschreiten, 3) die Staatsverschuldung muß unter 60 % des BIP liegen, 4) die langfristigen Zinssätze dürfen das Zinsniveau der drei preisstabilsten Länder um höchstens 2 % übersteigen. Von diesen vier Bedingungen wird Italien bis 1996, wenn überhaupt, nur die Bedingung Nr. 1 erfüllen können. Mit dem Argument, daß bei den Verhandlungen 1991 der Umfang und die

Auswirkungen der schwersten Wirtschaftskrise der Nachkriegszeit noch nicht erkennbar gewesen seien, versucht seither die römische Außenpolitik, eine Revision der Beschlüsse von Maastricht psychologisch vorzubereiten und faktisch in die Wege zu leiten. Formell besitzt Rom hier ein besonderes Recht, da die im Maastrichter Vertrag für 1996 vorgesehene Regierungskonferenz auf italienischem Boden tagen wird.

Dies erklärt auch, warum in der italienischen Presse und Politik heftig gegen alle Pläne und Überlegungen einer „variablen Geometrie" oder unterschiedlicher Geschwindigkeiten beim Einigungsprozeß polemisiert wird. Nach den Plänen der CDU-Bundestagsfraktion vom September 1994 soll „der feste Kern von integrationsorientierten und kooperationswilligen Ländern, der sich bereits herausgebildet hat", weiter gefestigt werden. Bezug genommen wird dabei auf die Währungsunion und die Konvergenzkriterien des Maastrichter Vertrages. De facto laufen diese Pläne auf die Schaffung eines Kerneuropa der Fünf (Deutschland, Frankreich, Benelux) hinaus.

Würde dies ein Moment der Teilung oder des rascheren Fortschritts sein? Nach den Äußerungen von Ministerpräsident Ciampi auf dem Kopenhagener Gipfel 1993 „darf und soll sich der Bau des (europäischen) Hauses nicht deshalb verzögern, weil der eine oder andere Einwohner noch nicht einzugsbereit ist". Unter den Regierungen Amato und Ciampi konnte die europäische Öffentlichkeit den Eindruck gewinnen, daß Italien unter härtesten Opfern den Weg des Realismus und der neuen Tugend der Übereinstimmung von Wort und Tat eingeschlagen hatte. Dies neue Vertrauenskapital ist von der Regierung Berlusconi – in der mit der Alleanza Nazionale eine Partei sitzt, die 1992 *gegen* die Verträge von Maastricht gestimmt hat – weitgehend aufgebraucht worden. Giovanni Spadolini nannte ein Jahr vor seinem Tod das Europa-Ideal „die einzige Hoffnung für die zukünftigen Generationen". Es gäbe ein Europa der Mikronationalismen und der Rassismen, das ein Anti-Europa sei. „Wir handeln aus dem Bewußtsein, daß die europäische Union nicht nur ein Instrument für den Handelsaustausch und für wirtschaftliche Stabilität ist, sondern eine vorrangige historische Aufgabe darstellt. Das Schicksal Italiens ist unauflöslich mit dem Projekt eines größeren Vaterlandes verbunden. Und dieses bildet die Alternative zu allen Fehlern und Schrecken (errori ed orrori) dieses Jahrhunderts."

Schluß

Nach diesem langen Ausflug durch die Vergangenheit und Gegenwart Italiens bleibt zum Schluß nur Gelegenheit zu einem knappen Fazit.

Italien befindet sich an der Jahreswende 1994/95 noch mitten in der Krise des Übergangs.

Carlo De Benedetti äußerte alarmiert in einem Interview im Dezember 1994, Italien lebe in einer „akuten Notsituation". Es geht nicht mehr darum, „ob einer *mit* oder *dagegen* rudert. Es geht darum zu vermeiden, daß wir alle zusammen untergehen."

Jenseits aller tagespolitischen Polemiken und jenseits auch aller verfassungspolitischen, institutionellen und juristischen Debatten und Entscheidungen, jenseits schließlich auch eines Pro oder Kontra in Sachen Berlusconi geht es um die Bewältigung der großen Lebensfragen der Nation. Die „Stunde der Wahrheit" (so Carlo De Benedetti) ist gekommen. Vier dieser „Lebensfragen" sind vorstehend knapp porträtiert worden. Bei der Frage nach der Priorität der Notstände fällt es schwer, zwischen den apokalyptischen Reitern der Großkriminalität, der unaufhaltsam weiter steigenden Staatsverschuldung und der unlösbar erscheinenden Südfrage eine Wahl zu treffen. Bei einer weiteren Ausbreitung des Krebsübels der Großkriminalität könnte sich das übrige Europa weigern, Italien in Zukunft als Partner zu akzeptieren. Ein weiteres Treibenlassen der Staatsverschuldung kann nur zu galoppierender Inflation und/oder dem Staatsbankrott führen. Bei einer Aufgabe der nationalen Solidarität und einem Auseinanderbrechen der staatlichen Einheit der Südfrage wegen können alle Beteiligten in Italien nur verlieren. Eine neue Ethik des Gemeinwohls bildet die vierte Lebensfrage der Nation. Diese „moralische Frage" betrifft jeden einzelnen Italiener. Es gibt viele leichtfertige Hoffnungen, die Kunst des Überlebens und des Sich-Arrangierens, die die Italiener schon aus so vielen verzweifelten Situationen gerettet hatten, würden sich auch in der Zukunft bewähren. Wie Münchhausen werde es den Italienern gelingen, sich am eigenem Zopf aus dem Sumpf zu ziehen. Norberto Bobbio hat die Neigung seiner Landsleute gegeißelt, aus ihren Fehlern eine Tugend zu machen. Die Technik der Problemlösung „all'italiana", das heißt mit Improvisation, aufs Ungefähre, mit Durchwursteln und (faulen) Kompromissen, ist nach Bobbio durch Film und Theater quasi zu einer nationalen Tugend verklärt worden. Man betrachte die Filme von Alberto Sordi. Dies scheint, so Bobbio, „das stärkste und augenfälligste Merkmal unserer Selbstidentifikation". „Hier gibt es eine wahre *omertà*, ein mafioses Einverständnis mit unseren Fehlern." Andererseits: Ein Land, das einen Heiligen wie Franziskus von Assisi hervorgebracht hat, kann noch viele innere Wandlungen und Renaissancen erleben.

Italien besitzt alle materiellen, kulturellen und moralischen Ressourcen, um die genannten Probleme zu lösen und um die wolkenverhangenen Horizonte der Gegenwart wieder in ein verjüngtes neues Sonnenlicht zu tauchen.

Vermutlich stärker noch als der Zusammenbruch der Mauer 1989 haben die Anforderungen von Maastricht und der europäischen Einigung revolutionierend auf die italienische Szene eingewirkt. Niemand unter den Außenstehenden hat die Explosion moralischer Energien erwartet, die – unter breiter Zustimmung der italienischen Öffentlichkeit – die Aktion der Richter von „mani pulite" vorangetrieben hat.

Heute ist mehr denn je notwendig, auch außerhalb Italiens, eine vertiefte und damit verständnisbereitere Kenntnis der historischen, kulturellen und moralischen Grundlagen dieses Landes zu gewinnen. In dem besten deutschsprachigen Italienbuch der letzten Jahrzehnte hieß es 1988, niemand habe bislang einleuchtend erklären können, „warum Italien trotz Regierungskrisen und Konflikten aller Art vorankommt und in mancher Hinsicht üppiger gedeiht als viele seiner offensichtlich besser regierten europäischen Partner". Und Wieser/Spotts gaben in ihrem „zuversichtlichen Fazit" die Antwort, die Italiener seien eine Nation, „die für ihre Ausdauer, Geduld und Improvisationsgabe" bekannt sei. „Die unterschwelligen Kräfte des italienischen Volkes sind hinter offensichtlichen Mängeln und Schwächen verborgen. In paradoxer Weise kommt ihm dabei auch der politische Fatalismus und sein Mißtrauen gegenüber dem Staat zustatten: der Bürger ist imstande, mit Krisen, Erschütterungen und Skandalen zu leben, weil er von Regierung und Behörden gar nichts Besseres erwartet."

Mit einem Pessimismus der Vernunft, der die Verantwortlichen zu einer realistischen Lageeinschätzung befähigt, und einem Optimismus des Willens, der ihnen die Kraft zum Planen, zum Hoffen und zum Handeln gibt, sollte Italien einen Weg in die Zukunft finden können.

Dieses Land hat schon manche „Umwälzung" überstanden. So, wie es in Italien war, konnte es nicht bleiben. So wie es ist, wird es nicht bleiben, und so, wie es sein sollte, wird es leider nicht werden. Ein Urteil über das Resultat dieser seltsamen Revolution bleibt schwierig. Aber besser ein lebendig fließender Strom, dessen Richtung man nicht kennt, als ein fauler, stehender Sumpf. Und in diesen hatte Italien sich nach und nach verwandelt.

Anhang

Statistiken

Tab. 1: Staatliche Wirtschaftsförderung für Süditalien 1951–1992
(Cassa per il Mezzogiorno, Agensud) (in Lire 1992)

	Direkt-investition	Kredit-beihilfen	andere Unter-stützungen	Gesamt
1950–57	13 629,7	764,2	1 676,7	16 070,6
∅ pro Jahr	1 947,1	109,2	239,5	2 295,8
1958–65	15 997,0	4 767,4	7 894,0	28 658,4
∅ pro Jahr	1 999,6	595,6	986,7	3 582,3
1966–70	10 477,8	8 265,8	5 723,4	24 467,0
∅ pro Jahr	2 095,6	1 653,2	1 144,7	4 893,4
1971–75	21 671,7	14 027,5	5 435,1	41 134,3
∅ pro Jahr	4 334,3	2 805,5	1 087,0	8 226,9
1976–80	32 324,1	12 754,5	3 686,1	48 764,7
∅ pro Jahr	6 464,8	2 550,9	737,2	9 753,0
1981–86	35 155,8	9 499,6	3 653,1	48 308,5
∅ pro Jahr	5 859,3	1 583,3	608,9	8 051,4
1987–92	21 967,3	11 171,4	5 754,3	46 251,0
∅ pro Jahr	3 661,2	1 861,9	959,1	7 708,5
1950–92	151 223,4	61 250,4	33 822,7	253 654,5
∅ pro Jahr	3 688,4	1 493,9	824,9	6 186,7

Nach: Sole 24 Ore, 2. 1. 1994

Tab. 2: Einnahmen und Ausgaben der öffentlichen Hand 1992
(nach Regionen) (Pro Kopf, in Lire 1992, nach Größe
der Einnahmen gestaffelt)

	Einnahmen	Ausgaben	Differenz
Lombardei	13,1	10,7	+ 2,4
Emilia Romagna	12,0	12,0	+/– 0,0
Piemont	11,8	11,0	+ 0,8
Friaul/Julisch-Venetien	11,5	13,1	– 1,6
Ligurien	11,4	13,5	– 2,1
Latium	11,2	10,6	+ 0,6
Trient-Südtirol	11,1	12,5	– 1,4
Venetien	10,9	10,1	+ 0,8
Toskana	10,7	11,8	– 1,1
Marken	9,9	11,4	– 1,5
Umbrien	9,7	12,0	– 2,3
Abruzzen	8,5	10,8	– 2,3
Sardinien	7,4	10,4	– 3,0
Molise	7,1	10,4	– 3,3
Sizilien	7,0	10,0	– 3,0
Apulien	7,0	9,0	– 2,0
Kampanien	6,8	9,7	– 3,1
Basilikata	6,7	11,5	– 4,8
Kalabrien	6,5	9,8	– 3,3

Nach: Il Giornale Nuovo, 16. 2. 1994.
    Die Angaben beruhen auf einer Studie der Fondazione Agnelli, Turin.

Tab. 3: Italien, Bevölkerung, Beschäftigte und Arbeitslose 1981–1992

1	2	3	4	5	6	7	8	9	10	11
Jahr	Bevöl-kerung	Beschäf-tigte	Arb.-lose	% 5:4	Frauen arb.los	% 7:4	Arb.lose Süden	% 8:4	davon Frauen	% 10:8
1981	56479	20544	1794	8,7	1039	57,9	830	46,3	448	54,0
1982	56536	20493	1956	9,5	1089	55,7	897	45,9	463	51,6
1983	56742	20557	2163	10,5	1215	56,2	973	45,0	515	52,9
1984	56929	20629	2304	11,2	1317	57,2	1003	43,5	525	52,3
1985	57080	20735	2381	11,5	1358	57,0	1079	45,3	572	53,0
1986	57202	20856	2611	12,5	1496	57,3	1272	48,7	674	53,0
1987	57291	20836	2832	13,6	1604	56,6	1505	53,1	789	52,4
1988	57399	20983	2868	13,7	1637	57,1	1637	57,1	869	53,1
1989	57505	21004	2865	13,6	1646	57,5	1694	59,1	898	53,0
1990	57576	21304	2621	12,3	1519	58,0	1669	63,7	889	53,3
1991	57746	21592	2653	12,3	1511	57,0	1607	60,6	852	53,0
1992	56777	21459	2799	13,0	1573	56,2	1658	59,2	864	52,1

Nach: SVIMEZ, Rapporto 1993 sull'economia del Mezzogiorno, Bologna 1993, S. 328f.

Tab. 4: Kumulativ-Index: Reihenfolge der Regionen 1985 und 1992

	1985			1992		
Pos.	Region	Index-Nr.	Pos.	Region	Index-Nr.	Verl./Gew.
1	Emilia Romagna	4,60	1	Trient/Südtirol	5,18	1
2	Trient/Südtirol	4,42	2	Emilia Romagna	4,57	-1
3	Ligurien	3,55	3	Marken	3,42	1
4	Marken	3,45	4	Ligurien	3,26	-1
5	Friaul/Jul. Ven.	2,82	5	Friaul/Jul. Ven.	3,06	0
6	Latium	2,63	6	Latium	2,55	0
7	Toskana	1,98	7	Venetien	2,23	1
8	Veneto	1,62	8	Toskana	1,84	-1
9	Lombardei	1,43	9	Lombardei	1,54	0
10	Umbrien	0,88	10	Umbrien	1,39	0
11	Aostatal	0,88	11	Aostatal	0,71	0
12	Abruzzen	0,65	12	Abruzzen	0,69	0
13	Piemont	0,12	13	Piemont	-0,04	0
14	Molise	-0,94	14	Molise	-1,34	0
15	Sizilien	-3,68	15	Apulien	-3,58	1
16	Apulien	-3,85	16	Kalabrien	-4,21	1
17	Kalabrien	-4,11	17	Basilikata	-4,53	1
18	Basilikata	-4,51	18	Sizilien	-4,94	-3
19	Kampanien	-4,68	19	Kampanien	-5,90	0
20	Sardinien	-6,96	20	Sardinien	-5,91	0
1	Nordost	2,87	1	Nordost	3,08	0
2	Mittelitalien	2,32	2	Mittelitalien	2,26	0
3	Nordwest	1,50	3	Nordwest	1,63	0
4	Süden	-4,06	4	Süden	-4,61	0
	Italien	-0,14		**Italien**	-0,28	

Erarbeitung CENSIS (nach Angaben Audipress, Banca d'Italia, Inps, Istat, Ordine dei Medici, Seat, Siae, Sip)
CENSIS, 27° rapporto sulla situazione sociale del paese, 1993, Milano/Roma 1993, S. 666.

Tab. 5: Italien: Arbeitslosigkeit nach Regionen
(Stand: Juli 1994 in tausend)

Region	Beschäftigte	Arbeitslose	%
Piemont	1 699	154	8,44
Aostatal	50	3	5,66
Lombardei	3 644	238	6 13
Trient-Südtirol	387	14	3,48
Venetien	1 785	109	5,76
Friaul/Julisch-Venetien	463	35	7,03
Ligurien	582	66	10,19
Emilia Romagna	1 714	92	5,09
Toskana	1 356	122	8,26
Umbrien	293	31	9,56
Marken	554	38	6,42
Latium	1 797	211	10,51
Abruzzen	428	38	8,14
Molise	107	23	17,69
Kampanien	1 540	428	21,74
Apulien	1 133	234	17,12
Basilikata	176	33	15,37
Kalabrien	569	158	21,73
Sizilien	1 284	325	20,20
Sardinien	489	128	20,78
Italien	20 020	2 481	11,03

Nach: Il Mondo 14./21. 11. 1994

Tab. 6: Staatsausgaben und Staatsverschuldung 1968–1992 (in Mrd. Lira des jeweiligen Jahres)

1	2	3	4	5	6	7	8
Jahr	Gesamtausgaben	Neuverschuldung	% 3:2	Gesamtausgaben ohne Zinsen	Zinsen	% 6:2	Neuverschuldung ohne Zinsen
1968	19208	– 1739	9,1	18252	956	5,0	– 783
1969	20890	– 2076	9,9	19803	1087	5,2	– 989
1970	24311	– 2821	11,6	23062	1249	5,1	– 1572
1971	28346	– 4664	16,3	26777	1569	5,5	– 3095
1972	32064	– 6071	18,9	30167	1897	5,9	– 4174
1973	37422	– 7244	19,4	34924	2498	6,7	– 4746
1974	46664	– 9259	19,8	43013	3651	7,8	– 5608
1975	60052	– 17161	28,6	54840	5212	8,7	–11949
1976	73651	– 17224	23,4	66290	7361	9,9	– 9863
1977	90580	– 19340	21,4	81173	9407	10,4	– 9933
1978	112702	– 26887	23,9	99646	13056	11,6	–13831
1979	134278	– 31579	23,5	118637	15641	11,6	–15938
1980	168809	– 34508	20,4	148175	20634	12,2	–13874

Tab. 6: Staatsausgaben und Staatsverschuldung 1968–1992 (in Mrd. Lira des jeweiligen Jahres) – Fortsetzung

1	2	3	4	5	6	7	8
Jahr	Gesamt-ausgaben	Neuver-schuldung	% 3:2	Gesamt-ausgaben ohne Zinsen	Zinsen	% 6:2	Neuver-schuldung ohne Zinsen
1981	222026	– 54041	24,3	193249	28777	13,0	–25264
1982	273112	– 63761	23,3	233804	39308	14,4	–24453
1983	327855	– 70296	21,4	279826	48029	14,6	–22267
1984	374590	– 85780	22,9	315250	59340	15,8	–26440
1985	431271	–104724	24,3	364923	66348	15,4	–38376
1986	473487	–105210	22,2	395987	77500	16,4	–27710
1987	515864	–112169	21,7	436565	79299	15,4	–32870
1988	573271	–122033	21,3	483154	90117	15,7	–31916
1989	639023	–124001	19,4	531124	107899	16,9	–16102
1990	722425	–148890	20,6	594989	127436	17,6	–21454
1991	793394	–151286	19,1	646029	147365	18,6	– 3921
1992	867953	–155682	17,9	694559	173394	20,0	+17712

Nach: Giancarlo *Morcaldo*, La finanza pubblica in Italia, Bologna 1993, S. 236f.

Tab. 7: Nettoersparnisse in % des Nettonationalprodukts

Jahr	Gesamt	privater Bereich	öffentliche Hand
1968	19,7	19,5	0,2
1969	20,2	20,5	−0,3
1970	20,8	20,8	0,0
1971	18,7	20,8	−2,1
1972	17,8	21,6	−3,8
1973	17,5	21,1	−3,6
1974	17,2	20,5	−3,3
1975	13,8	21,2	−7,4
1976	16,0	20,9	−4,8
1977	16,3	20,8	−4,5
1978	16,6	22,4	−5,8
1979	16,7	22,5	−5,8
1980	14,9	19,5	−4,6
1981	11,8	19,3	−7,5
1982	11,0	18,6	−7,6
1983	11,3	18,7	−7,5
1984	11,6	19,3	−7,7
1985	10,6	18,2	−7,6
1986	10,8	18,1	−7,3
1987	10,2	16,9	−6,7
1988	10,3	17,0	−6,7
1989	9,5	15,6	−6,1
1990	9,0	15,9	−6,9
1991	8,0	14,9	−6,9
1992	5,9	14,6	−8,7

Nach: Giancarlo *Morcaldo*, La finanza pubblica in Italila, Bologna 1993, S. 194.

Tab. 8: Entwicklung der Staatsschuld 1984–1993 (in Mrd. Lire) (des jeweiligen Jahres)

1	2	3	4	5	6	7
Jahr	mittel- u. langfr. Anleihen	kurzfr. Anleihen (BOT u. BTE)	Postspar-kasse	andere Anleihen	Ausland	Gesamt
1984	207892	152691	50626	133872	16408	561489
1985	295961	150814	59693	169810	18435	683044
1986	374454	159187	70960	171364	17618	793583
1987	429752	191427	83877	181950	23536	910542
1988	483509	239318	94873	189349	28763	1035812
1989	534483	284821	110237	203704	35116	1168361
1990	616535	319111	122954	211438	48899	1318936
1991	711721	334914	134700	249609	54798	1485742
1992	772809	385957	146114	305677	64719	1675276
1993	927587	388886	160027	301028	85410	1862937

Nach: Banca d'Italia, Assemblea generale ordinaria dei partecipanti …, anno 1993, centesimo esercizio, Roma 1994, Anhang, S. 123 (Tabelle aC4).

Tab. 9: Parlamentswahlen am 27./28. März 1994

A. Die Kammer

	in %	Sitze	Bündnisse	Sitze
Alleanza Nazionale	13,5	105		
Forza Italia	21,0	101		
Lega Nord	8,3	118	Mitte	366
Lista Panella	3,5	6	Rechts	
Centro Crist. Democr. und andere	4,0	36		
Part. Popolare Ital.	11,0	33	Kathol.	46
Patto Segni	4,6	13	Mitte	
Alleanza Democratica	1,2	17		
Verdi	2,7	11		
Partito Social. Ital.	2,7	15	Progres-	213
La Rete	1,8	9	sisten	
Part. Democr. Sinistra	20,4	115		
Rifondazione Comunista	6,0	40		
Andere	–	6		5
nationale Minoritäten	–	5		
Gesamt	**100,0**	**630**		**630**

B. Senat Sitzverteilung

Rechts/Mitte	155
Kathol. Mitte PPI/Patto Segni	31
Progressisten	122
Andere	7
Gesamt	**315**

Tab. 10: Parlamentswahlen am 27./28. März 1994
Die Auswirkungen des modifizierten Mehrheitswahlrechts

Kammer

Parteien	% Stimmen	% Mandate Mehrheits- wahl	% Mandate Verhältnis- wahl	% Gesamt
Progressisten	34,4	34,5	31,6	33,8
Mitte	15,7	0,8	27,1	7,3
Polo delle Libertà/				
Polo del Buongoverno	42,9	63,6	41,3	58,1
Andere	7,0	1,1	–	0,8
Gesamt	100,0	100,0	100,0	100,0

Senat

Progressisten	33,2	41,4	31,3	38,8
Mitte	16,7	1,3	33,7	9,8
Polo delle Libertà/				
Polo del Buongoverno	40,4	55,2	32,7	49,2
Andere	9,7	2,1	2,5	2,2
Gesamt	100,0	100,0	100,0	100,0

Nach: Ilvo *Diamanti*, Renato *Mannheimer*, Milano a Roma. Guida all'Italia elettorale del 1994, Roma 1994, S. 12.

Tab. 11: Umrechnungskurse Lire/DM

	1975	1979	1981	1983	1985	1987	1989	1991	1993
1000 Lire	3,84	2,15	1,88	1,65	1,47	1,35	1,33	1,32	1,02
1 Mio. Lire	3840	2150	1880	1650	1470	1350	1330	1320	1020
1 Mrd. Lire	3,84 Mio.	2,15 Mio.	1,88 Mio.	1,65 Mio.	1,47 Mio.	1,35 Mio.	1,33 Mio.	1,32 Mio.	1,02 Mio.
1000 Mrd. Lire	3,84 Mrd.	2,15 Mrd.	1,88 Mrd.	1,65 Mrd.	1,47 Mrd.	1,35 Mrd.	1,33 Mrd.	1,32 Mrd.	1,02 Mrd.

Nach: Michael *Braun*, Italiens politische Zukunft, Frankfurt/M. 1994, S. 188.

Chronik

4. 10. 1991

Die italienische Bischofskonferenz erläßt einen Hirtenbrief „Erziehung zur Legalität". „Niemals dürfen die grundlegenden Werte der Person und der Allgemeinheit aufgeopfert werden zugunsten der Konsensgewinnung." „Politisches Handeln hat die Aufgabe, zum Wachstum der Allgemeinheit beizutragen und darf nicht zur einfachen Machtverwaltung verkommen." „Die ungerechten Bindungen zwischen Politik und Geschäft müssen getrennt werden.".

17. 02. 1992

Der Präsident des Mailänder Altersheimes Pio Alberto Trivulzio, Mario Chiesa, wird bei der Entgegennahme einer Schmiergeldzahlung von 7 Mio. Lire in flagranti verhaftet.

12. 03. 1992

Salvo Lima, DC-Abgeordneter im Europaparlament und einer der einflußreichsten christdemokratischen Politiker Siziliens, wird in Mondello (bei Palermo) ermordet. S. Lima war eng befreundet mit Giulio Andreotti.

5./6. 04. 1992

Parlamentswahlen, DC (-4,6 %) und Sozialisten (-0,7 %) erleiden deutliche Verluste. Die Lega Lombarda/Lega Nord wird zur stärksten Partei im Norden und zur drittstärksten Partei in ganz Italien.

23. 05. 1992

Der Leiter der Antimafia-Kommission im Justizministerium, der Richter Giovanni Falcone, wird mit seiner Frau und seiner Eskorte durch eine Sprengladung in der Nähe Palermos ermordet.

25. 05. 1992

Unter dem Eindruck der Mafiamorde wählt das vereinte Parlament den als integer geltenden konservativen Christdemokraten Oscar Luigi Scalfaro zum neuen Staatspräsidenten.

4. 07. 1992

Nach langen Verhandlungen wird der Sozialist und enge Mitarbeiter Bettino Craxis, Giuliano Amato, zum Chef der neuen Regierung. Sie wird gebildet aus DC, Sozialisten, Sozialdemokraten und Liberalen.

19. 07. 1992

Der bedeutendste Kopf des Antimafia-Pools in der Staatsanwaltschaft von

Palermo, der Richter Paolo Borsellino, wird in Palermo mit seinen Begleitern durch eine Autobombe ermordet.

12. 09. 1992

Nach dem Rücktritt von Arnaldo Forlani wählt der Nationalrat der DC den aus Brescia stammenden Mino Martinazzoli zum Generalsekretär der Partei.

13.–17. 09. 1992

Kursverfall der Lira. Nach einer De-facto-Abwertung von circa 20 % scheidet die Lira aus dem Europäischen Währungssystem aus.

15. 12. 1992

Die Mailänder Staatsanwaltschaft teilt mit, daß sie ein Ermittlungsverfahren gegen den Generalsekretär des PSI, Bettino Craxi, wegen Korruption und Erpressung eingeleitet hat.

1. 01. 1993

Beginn des geeinten europäischen Marktes. Offener ökonomischer und finanzieller Wettbewerb zwischen den Nationalwirtschaften Westeuropas.

11. 01. 1993

Die Mailänder Richter stellen Antrag beim Parlament auf Aufhebung der parlamentarischen Immunität von Bettino Craxi.

14. 01. 1993

Die EG-Behörden in Brüssel gewähren Italien einen Großkredit in Höhe von 14000 Mrd. Lire in Ecu. Der Kredit soll in vier Raten gezahlt werden.

15. 01. 1993

Die Carabinieri verhaften in Palermo den seit über zwei Jahrzehnten gesuchten Chef der Cosa Nostra, Totò Riina. Als neuer Chef der Staatsanwaltschaft in Palermo wird Caselli ernannt.

16. 01. 1993

Das Verfassungsgericht erklärt Zehn (von 13) Referendumsbegehren für verfassungsgerecht. Der Wahltermin wird für den 18./19. April festgesetzt.

28. 01. 1993

Kammer beschließt neues Kommunalwahlgesetz: Direktwahl des Bürgermeisters mit doppeltem Durchgang und „geschlossener" Liste (zwei Kandidaten) beim zweiten Wahlgang.

8. 02. 1993

Kommunalwahlen in Isernia. Die DC fällt von 62 % auf 39 % zurück. Die vereinigte Linke erreicht 45 %.

10.02.1993

Nach den Aussagen von Silvio Larini gehörte das Schweizer Konto „Protezione" Bettino Craxi und Claudio Martelli. Letzterer tritt als Justizminister zurück und erklärt seinen Austritt aus der Sozialistischen Partei.

11.02.1993

Bettino Craxi tritt als Generalsekretär des PSI zurück. Er hatte dieses Amt seit 1976 inne. Zu seinem Nachfolger wählt die Delegiertenversammlung am 12.02. den früheren Gewerkschaftschef Giorgio Benvenuto.

19.02.1993

Rücktritt des Gesundheitsministers Francesco De Lorenzo wegen eines Ermittlungsbescheids. Gegen De Lorenzo wird wegen passiver Bestechung durch Pharmafirmen ermittelt.

1.03.1993

Primo Greganti, ein hoher Funktionär des früheren PCI, wird wegen illegaler Parteienfinanzierung verhaftet.

5.03.1993

Die Regierung Amato erläßt auf Vorschlag von Justizminister Giovanni Conso ein Gesetzesdekret, mit dem ein Abschluß der Tangentopoli-Ermittlungen erreicht werden soll. Die illegale Parteienfinanzierung wird zu einem bloßen Verwaltungsvergehen herabgestuft. Die öffentliche Meinung antwortet höchst alarmiert, Staatspräsident Scalfaro verweigert die Unterschrift unter das Dekret.

27.03.1993

Die Staatsanwaltschaft in Palermo stellt beim Senat den Antrag, die Immunität von Senator Giulio Andreotti aufzuheben. Nach den Aussagen von sechs „Pentiti" werden ihm Verbindungen zur Mafia vorgeworfen.

29.03.1993

Mario Segni verläßt die Democrazia Cristiana mit dem Ausspruch: „Der Versuch, diese Partei von innen her zu reformieren, ist aussichtslos."

18./19.04.1993

Volksabstimmung über acht Einzelthemen. Das Mehrheitswahlrecht für den Senat wird mit 83 % Jastimmen angenommen.

24.04.1993

Der Vorstandssprecher der Fiat-Werke, Cesare Romiti, übergibt der Mailänder Staatsanwaltschaft ein Dossier über illegale Parteifinanzierungen des Konzerns.

26. 04. 1993

Staatspräsident Oscar Luigi Scalfaro beauftragt den Gouverneur der Banca d'Italia, Carlo Azeglio Ciampi, die neue Regierung zu bilden. Ciampi benötigt nur drei Tage, um sein Kabinett von Fachleuten zusammenzustellen. Das Kabinett wird am 29.04. vereidigt.

29. 04. 1993

Die Kammer verweigert in einer Abstimmung die Aufhebung der parlamentarischen Immunität für den früheren Generalsekretär der Sozialisten, Bettino Craxi. Aus Protest treten vier Minister des PDS und der Grünen zurück.

5. 05. 1993

Als Nachfolger von Carlo Azeglio Ciampi wird Antonio Fazio zum Gouverneur der Banca d'Italia ernannt.

7. 05. 1993

Die Regierung Ciampi erhält von der Kammer mit 309 Ja- und 60 Neinstimmen bei 185 Enthaltungen das Vertrauen ausgesprochen. Der Senat folgt am 12.05. mit 162 Ja-, 36 Neinstimmen und 50 Enthaltungen.

14. 05. 1993

In Rom im Stadtteil Parioli explodiert eine Autobombe, die vermutlich dem Showmaster Maurizio Costanzo galt, der unverletzt entkommt.

15. 05. 1993

Prof. Paolo Prodi wird zum Präsidenten des hochverschuldeten Staatskonzerns IRI ernannt mit dem Auftrag, eine Reihe von Privatisierungen vorzubereiten.

17. 05. 1993

Der Präsident des Olivetti-Konzerns, Carlo De Benedetti, erklärt, daß er in den zurückliegenden Jahren über 20 Mrd. Lire an Schmiergeldzahlungen geleistet hat.

20. 05. 1993

Giorgio Benvenuto tritt von seinem Posten als Sekretär der Sozialistischen Partei zurück. Zu seinem Nachfolger wird am 27.5. Ottavio Del Turco gewählt.

21. 05. 1993

Der Ministerrat beschließt ein Gesetzesdekret zur Eindämmung des Haushaltsdefizits. Vorgesehen sind 6000 Mrd. Lire neue Einnahmen und 6400 Mrd. Lire Ausgabenkürzungen.

27. 05. 1993

In Florenz, direkt neben den Uffizien, explodiert eine Autobombe. Fünf Tote und zahlreiche Schäden an Kunstwerken.

2. 06. 1993

In Catania wird der seit elf Jahren gesuchte Mafiaboß Giuseppe Pulvirenti verhaftet.

20. 06. 1993

Zweiter Durchgang der Kommunalwahlen. In vielen Städten Norditaliens gewinnt die Lega.

3. 07. 1993

Unternehmer und Gewerkschaften akzeptieren nach längerem Tauziehen einen Verhandlungsvorschlag der Regierung Ciampi über die Entwicklung der Lohnkosten.

20. 07. 1993

Der frühere Präsident der staatlichen Energiegesellschaft, Gabriele Cagliari, begeht nach viermonatiger Haft Selbstmord.

23. 07. 1993

Der frühere Chef des Feruzzi-Konzerns, Raul Gardini, begeht Selbstmord in seiner Mailänder Wohnung.

27. 07. 1993

Explosion zweier Autobomben in Mailand und Rom, fünf Tote und sieben Verletzte.

4. 08. 1993

Das Parlament verabschiedet das neue Mehrheitswahlrecht für den Senat.

3. 09. 1993

Der zweithöchste Mailänder Richter, Diego Curtò, wird verhaftet. Er hat in der Angelegenheit Enimont eine „Tangente" von 320 Mio. Lire kassiert.

16. 09. 1993

Giuseppe Puglisi, Pfarrer einer Innenstadtgemeinde in Palermo, wird von der Mafia ermordet.

28. 10. 1993

Beginn des Prozesses gegen den Finanzmakler Sergio Cusani, die zentrale Vermittlerfigur zwischen dem Montedison-Konzern (Raul Gardini) und dem Parteiensystem. Cusani wird zu acht Jahren Gefängnis und zur Rückzahlung von 168 Mrd. Lire verurteilt.

28. 10. 1993

Nach der Kammer billigt auch der Senat eine Einschränkung der parlamentarischen Immunität.

November 1993

Aufdeckung eines Skandals um den Geheimdienst SISDE, der nach der Anklage viele Milliarden Lire veruntreut hat.

21.11./5.12.1993

Kommunalwahlen, u. a. in Neapel und Rom. In beiden Städten unterliegen neofaschistische Kandidaten nur knapp. In Genua, Venedig und Triest werden Kandidaten von Linkskoalitionen zu Bürgermeistern gewählt.

28.11.1993

Anläßlich der Eröffnung eines neuen Supermarktes gibt Silvio Berlusconi eine Sympathieerklärung für den Chef des Movimento Sociale Italiano, Gianfranco Fini, ab. Berlusconi erklärt seine Bereitschaft, in die Politik zu gehen.

7.12.1993

Alessandro Patelli, Schatzmeister der Lega Nord, kommt in Untersuchungshaft. Er wird angeklagt, 200 Mio. Lire vom Montedison-Konzern bekommen zu haben.

18.12./22.12.1993

Kammer und Senat billigen, auch mit den Stimmen der PDS, das Finanzgesetz für 1994.

22.03.1994

Es erscheint die erste Nummer (Startauflage 535000) von „La Voce. Quotidiano di Indro Montanelli".

27./28.03.1994

Bei den Parlamentswahlen erringt das Mitte-Rechts-Bündnis zwischen Forza Italia, Lega Nord und Alleanza Nazionale einen deutlichen Sieg. Mit 42,9 % der Stimmen erzielt die Koalition 58,1 % der Sitze im Abgeordnetenhaus.

16.04.1994

Die neue Mehrheit wählt zu den Präsidenten von Kammer und Senat Irene Pivetti (Lega Nord) und Carlo Sconamiglio (Forza Italia). Im Senat unterliegt Giovanni Spadolini mit 160 zu 161 Stimmen.

25.04.1994

Mit großen Massendemonstrationen erinnern Linksparteien und Gewerkschaften an den 49. Jahrestag der Befreiung von Faschismus und deutscher Besetzung.

7.05.1994

Antonio Di Pietro lehnt den Vorschlag Silvio Berlusconis ab, als Justizminister in die kommende Regierung einzutreten.

20. 05. 1994

Die Regierung Berlusconi erhält von der Kammer mit 366 Jastimmen bei 245 Neinstimmen das Vertrauen ausgesprochen.

12. 06. 1994

Bei den Wahlen zum Europaparlament erringt die Regierungskoalition einen deutlichen Sieg. Forza Italia allein erreicht 30,6 %, Lega und Alleanza Nazionale gehen von 21,9 % auf 19,1 % zurück.

11. 07. 1994

Die Präsidenten von Kammer und Senat ernennen den neuen Verwaltungsrat des staatlichen Rundfunk- und Fernsehunternehmens RAI. Die fünf Repräsentanten aus Kultur und Wirtschaft gelten als regierungsnah. Vorsitzende wird die Mailänder Industrielle Letizia Moratti.

14. 07. 1994

Die Regierung Berlusconi (Justizminister Alfredo Biondi) erläßt ein Dekret, das die Möglichkeiten zur Verhängung von Untersuchungshaft drastisch einschränkt und die Rechte der Verteidigung erweitert. Der Pool der Mailänder Richter erklärt, unter diesen Umständen seine Arbeit nicht fortsetzen zu können. Nach heftigen Polemiken zieht die Regierung ihr Dekret zurück.

7. 09. 1994

Der Pool der Mailänder Richter formuliert ein Gesetzesprojekt „Vorschläge in Sachen Verhinderung von Korruption und illegaler Parteienfinanzierung". Hoher Strafnachlaß bei Bereitschaft zur Zusammenarbeit mit der Justiz, Rückgabe der illegal entzogenen Gelder, Verzicht auf künftige politische Betätigung, Heraufsetzung der Strafe für passive und aktive Bestechung. Die Vorschläge stoßen auf heftigen Widerstand von seiten der Regierung und der regierungsnahen Öffentlichkeit.

November 1994

Der Justizminister Alfredo Biondi beschließt eine justizinterne Kontrolle der Arbeit der Mailänder Richter und schickt eine fünfköpfige Untersuchungskommission in die lombardische Hauptstadt.

20. 11. 1994

Kommunalwahlen für circa 2 Mio. Italiener. Verglichen mit den Parlamentswahlen vom 27. 03. 1994 fällt Forza Italia auf 12 % zurück, Zunahmen für die Flügelparteien Alleanza Nazionale und Rifondazione Comunista.

22. 11. 1994

Ministerpräsident Silvio Berlusconi erhält einen Ermittlungsbescheid des Pools der Mailänder Staatsanwälte. Nach Aussagen der Finanzpolizei haben einige Unternehmen des Berlusconi-Konzerns Fininvest bei Steuerkontrollen die Finanzbeamten bestochen. In einer über alle Fernsehsender ausge-

strahlten Rede spricht Berlusconi von einem „niederträchtigen Mißbrauch"
und einer völligen „Instrumentalisierung des Strafrechts" zu politischen
Zwecken. Er fühle sich unschuldig und werde nicht zurücktreten.

29. 11. 1994

Das oberste Kassationsgericht in Rom beschließt, den Prozeß gegen 49
Angeklagte der Finanzpolizei, der am 5. 12. 1994 hätte beginnen sollen, von
Mailand nach Brescia zu verlegen. Grund: „Befangenheit" der Mailänder
Richter.

6. 12. 1994

Der Mailänder Staatsanwalt Antonio Di Pietro tritt von seinem Posten
zurück und scheidet aus dem Justizdienst aus. Die oppositionelle Presse
wertet diesen Schritt als potentielles Ende von „mani pulite".

Bibliographie

Die folgenden bibliographischen Hinweise beschränken sich auf nur wenige
unentbehrliche Titel und auf die im Text genannte Literatur. Eine fast vollständige periodische Bibliographie zum Italien der Gegenwart enthalten die
vom Deutschen Historischen Institut in Rom vierteljährlich herausgegebe-
nen *Bibliographischen Informationen zur italienischen Geschichte im 19. und
20. Jahrhundert* (bislang ca. 35 000 Titel, mit weiterführenden Angaben zu
Autoren, Inhalt und Ergebnissen, nur italienischsprachige Titel). Die vom
gleichen Institut herausgegebene Zeitschrift *Quellen und Forschungen aus
italienischen Archiven und Bibliotheken* enthält einen umfangreichen
deutschsprachigen Rezensionsteil zur italienischen Zeitgeschichte.

Beyme, Klaus von, Das politische System Italiens, Stuttgart 1970.
Braun, Michael, Die Zukunft Italiens, Frankfurt/M. 1993.
Cafagna, Luciano, La grande slavina. L'Italia verso la crisi della democrazia,
    Venezia 1993.
Cavazza, Fabio Luca, *Graubard,* Stephen R (Hgg.), Il caso italiano, Milano
    1974.
(CENSIS), 27° Rapporto sulla situazione sociale del Paese, 1993, Milano
    1994.
Farneti, Paolo, Il sistema dei partiti in Italia 1946–1979, Bologna 1983.
Ginsborg, Paul (Hg.), Stato dell'Italia. Il bilancio politico, economico, so-
    ciale e culturale di un paese che cambia, Milano 1994.
Hausmann, Friederike, Kleine Geschichte Italiens seit 1943, Neuausgabe
    Berlin 1994.
La Palombara, Joseph, Die Italiener oder Demokratie als Lebenskunst,
    Wien 1988.

Lill, Rudolf, Geschichte Italiens in der Neuzeit, Darmstadt ³1986.

Roques, Valeska von, Die Stunde der Leoparden. Italien im Umbruch, Wien, München 1994.

Scoppola, Pietro, La repubblica dei partiti. Profilo storico della democrazia in Italia (1945–1990), Bologna 1991.

Wieser, Theodor, *Spotts,* Frederic, Der Fall Italien. Dauerkrise einer schwierigen Demokratie, 2. Aufl. München 1988 (dtv 10973).

Kapitel I

Bolaffi, Angelo, Il sogno tedesco. La nuova Germania e la coscienza europea, Roma 1993 (deutsche Ausgabe beim Siedler Verlag Berlin in Vorbereitung).

Ferraris, Luigi Vittorio, Wenn schon, denn schon – aber ohne Hysterie. An meine deutschen Freunde, München 1988.

Petersen, Jens, Die Einigung Deutschlands 1989/90 aus der Sicht Italiens, in: *Becker,* Josef (Hg.), Wiedervereinigung in Mitteleuropa, München 1992, S. 55–90.

Petersen, Jens (Hg.), L'emigrazione tra Italia e Germania, Manduria 1993.

Vertone, Saverio, Il ritorno della Germania. Dove va la nuova superpotenza europea, Milano 1992.

Voigt, Klaus, Zuflucht auf Widerruf. Exil in Italien, 1933–1945, 2 Bde, Stuttgart 1989, 1993.

Kapitel II

De Mauro, Tullio, Storia linguistica dell'Italia unita, Bari, Roma 1991.

Patria. Lo scrittore e il suo Paese, Roma 1992.

Pavone, Claudio, Una guerra civile. Saggio storico sulla moralità nella Resistenza, Torino 1991.

Petersen, Jens, Wandlungen des italienischen Nationalbewußtseins nach 1945, in: Quellen und Forschungen aus italienischen Archiven und Bibliotheken 71, 1991, S. 696–748.

Rusconi, Gian Enrico, Se cessiamo di essere una nazione, Bologna 1993.

Soldani, Simonetta, *Turi,* Gabriele (Hgg.), Fare gli italiani. Scuola e cultura nell'Italia contemporanea, 2 Bde, Bologna 1993.

Spadolini, Giovanni (Hg.), Nazione e nazionalità in Italia, Roma, Bari 1994.

Severgnini, Beppe, Italiani con valigia. Il Bel Paese in viaggio, Milano 1993.

Tobia, Bruno, Una patria per gli italiani, Bari, Roma, 1991.

Kapitel III

Arlacchi, Pino, La mafia imprenditrice. L'etica mafiosa e lo spirito del capitalismo, Bologna 1993.

Arlacchi, Pino, Gli uomini del disonore. La mafia siciliana nella vita del grande pentito Antonino Calderone, Milano 1992.

Arlacchi, Pino, Addio Cosa Nostra. La vita di Tommaso Buscetta, Milano 1994.

Della Chiesa, Nando, Delitto imperfetto. Il generale, la mafia, la società italiana, Milano 1984.

Deaglio, Enrico, Raccolto rosso. La mafia, l'Italia. E poi venne giù tutto, Milano 1993.

Falcone, Giovanni, Mafia intern, hg. von Marcelle Padovani, München 1993.

Falcone, Giovanni, Interventi e proposte (1982–1992), Firenze 1994.

Hess, Henner, Mafia. Ursprung, Macht und Mythos, 3. Aufl. Freiburg 1993 (Herder Spektrum 4244).

Lupo, Salvatore, Storia della mafia, Roma 1993.

Mafia e politica, Roma, Bari 1993 (= Bericht der parlamentarischen Anti-mafia-Kommission).

Mafia: panorama bibliografico (1945–1992), hg. von Angela *Bedotto*, Milano 1994.

Rapporto sulla Camorra. Relazione approvata dalla Commissione Antimafia il 21 dicembre 1993, Roma 1994.

Sciascia, Leonardo, A futura memoria (se la memoria ha un futuro), Milano 1989.

Sciascia, Leonardo, La Sicilia come metafora, hg. von Marcelle Padovani, Milano 1979.

Tranfaglia, Nicola, La mafia come metodo, Bari, Roma 1991.

Tranfaglia, Nicola (Hg.), Mafia, politica e affari nell'Italia repubblicana 1943–1991, Bari, Roma 1992.

Kapitel IV

Bevilacqua, Piero, Breve storia dell'Italia meridionale dall'Ottocento a oggi, Roma 1993.

Banfield, Edward C., Le basi morali di una società arretrata, Bologna 1976.

Bocca, Giorgio, La disUnità d'Italia, Milano 1990.

Bocca, Giorgio, L'inferno. Profondo sud, male oscuro, Milano 1992.

Cafagna, Luciano, Nord e Sud. Non fare a pezzi l'unità d'Italia, Venezia 1994.

Putnam, Robert, Making Democracy work. Civic Traditions in modern Italy, Princeton 1993.

Schinzinger, Francesca, Die Mezzogiorno-Politik, Möglichkeiten und Grenzen der Agrar- und Infrastrukturpolitik, Berlin 1970.

Storia d'Italia. Le regioni dall'Unità a oggi, Torino (Einaudi Verlag). Hier von besonderem Interesse die Bände La Calabria (1985), La Sicilia (1987), La Puglia (1989) und La Campania (1990).

(SVIMEZ), Rapporto 1993 sull'economia del Mezzogiorno, Bologna 1993.

Vöchting, Friedrich, Die italienische Südfrage, Berlin 1951.

Kapitel V

(Banca d'Italia), Assemblea generale ordinaria dei partecipanti, anno 1993, centesimo esercizio, 3 Bde, Roma 1994.

Il disavanzo pubblico in Italia. Natura strutturale e politiche di rientro, 2 Bde, Bologna 1992.

Franco, Daniele, L'espansione della spesa pubblica in Italia, Bologna 1993.

Mazzanti, Paolo, L'oro alla Patria, mit einem Vorwort von Mario Segni, Milano 1993.

Morcoaldo, Giancarlo, La finanza pubblica in Italia, Bologna 1993.

Monti, Mario, Il governo dell'economia e della moneta. Contributi per un'Italia europea: 1970–1992, Milano 1992.

Pesole, Dino, La vertigine del debito, Roma 1994.

Reviglio, Franco, Meno Stato, più mercato. Come ridurre lo Stato per risanare il Paese, Milano 1994.

Wagner, Alessandro, Due milioni di miliardi. L'incredibile ma vera storia del debito dello Stato, Milano 1993.

Kapitel VI

Cazzola, Franco, Della corruzione. Fisiologia e patologia del sistema politico, Bologna 1988.

Cazzola, Franco, L'Italia del pizzo. Fenomenologia della tangente quotidiana, Torino 1992.

Craxi, Bettino, Il caso C., Milano 1994.

Della Porta, Donatella, Lo scambio occulto. Casi di corruzione politica in Italia, Bologna 1992.

Di Pietro, Antonio, Costituzione italiana. Diritti e doveri, Bergamo 1994.

Kapitel VII

De Luna, Giovanni (Hg.), Figli di un benessere minore. La Lega 1979–1993, Firenze 1993.

Ignazi, Piero, Postfascisti? Dal Movimento Sociale Italiano ad Alleanza nazionale, Bologna 1994.

Locatelli, Goffredo, *Martini,* Daniele, Duce addio: La biografia di Gianfranco Fini, Milano 1994.

Maccanico, Antonio, Intervista sulla fine della prima Repubblica, Bari, Roma 1994.

Mannheimer, Renato (Hg.), La Lega lombarda, Milano 1991.

Ruggeri, Giovanni, *Guarino,* Mario, Berlusconi. Inchiesta sul signor TV, Milano 1994.

Register